AF625573

E-Book inside

Mit dem Kauf dieses Buchs erhalten Sie das zugehörige E-Book gratis. Sie können dabei aus zwei Dateiformaten wählen: EPUB (gängiges Format für E-Reader und Tablets) und PDF (für PC und Laptop). So kommen Sie an Ihr kostenloses E-Book:

Rufen Sie im Internet diese Website auf:
↗ http://www.junfermann.de/ebook-inside

Geben Sie den unten stehenden Code in das dafür vorgesehene Feld ein und klicken Sie → Code einlösen. Nach Eingabe Ihrer E-Mail-Adresse und Auswahl des E-Book-Formats erhalten Sie sofort einen Download-Link für das gewünschte E-Book an Ihre E-Mail-Adresse.

Bitte beachten Sie, dass der Code für Sie personalisiert wird und nur einmal gültig ist. Die Datei müssen Sie zunächst auf Ihrem Computer speichern, bevor Sie sie auf ein mobiles Endgerät überspielen können.

793KFVHW

Annika Felber

Wenn die Familie nicht guttut

Toxische Beziehungen erkennen und lösen

www.junfermann.de

planetpsy.de

blogweise.junfermann.de

www.facebook.com/junfermann

www.youtube.com/user/junfermann

www.instagram.com/junfermannverlag

ANNIKA FELBER

WENN DIE FAMILIE NICHT GUTTUT

TOXISCHE BEZIEHUNGEN ERKENNEN UND LÖSEN

Junfermann

Coverfoto © David (https://stock.adobe.com)

Covergestaltung / Reihenentwurf JUNFERMANN Druck & Service GmbH & Co. KG, Paderborn

Satz & Layout JUNFERMANN Druck & Service GmbH & Co. KG, Paderborn

Junfermann Verlag GmbH, Driburger Straße 24d, D-33100 Paderborn, Tel.: +49 5251 1344-0, E-Mail: infoteam@junfermann.de

Bibliografische Information der Deutschen Nationalbibliothek

Die Deutsche Nationalbibliothek verzeichnet diese Publikation in der Deutschen Nationalbibliografie; detaillierte bibliografische Daten sind im Internet über http://dnb.d-nb.de abrufbar.

ISBN 978-3-7495-0473-2
Dieses Buch erscheint parallel als E-Book.
ISBN 978-3-7495-0493-0 (EPUB), 978-3-7495-0494-7 (PDF).

Förderung nachhaltiger Waldbewirtschaftung
PEFC
PEFC/04-31-0810 www.pefc.co.uk

Für Caro und ihre Schwestern

Inhalt

Einleitung

„Meine Mutter hat mir noch nie gesagt, dass sie mich liebhat. Aber ich verstehe das. Es ist nicht ihre Schuld. Sie hatte ja selbst eine schwere Kindheit.“

„Ich kann mich nicht erinnern, dass mein Vater mich jemals für etwas gelobt oder mich wertschätzend behandelt hat, während Kritik auf der Tagesordnung stand.“

„Ich habe immer davon geträumt, fernab der Heimat zu studieren, aber das konnte ich meiner Mutter nach der Scheidung nicht antun.“

„Über die Krebserkrankung meines Vaters wurde in unserer Familie nie gesprochen, damit musste ich als Kind allein klarkommen.“

Solche oder ähnliche Aussagen höre ich im Rahmen meiner Beratungen häufig und jedes Mal bin ich aufs Neue bestürzt: Bestürzt darüber, dass jene, denen Gewalt in der eigenen Familie widerfahren ist, häufig empathischer mit den Verursacherinnen und Verursachern[1] sind als mit sich selbst; bestürzt darüber, dass Gewalt – insbesondere psychische Gewalt – noch immer etwas zu sein scheint, was billigend in Kauf genommen wird. Weil sie „jedem in der Kindheit irgendwann einmal begegnet ist und man daher keine große Sache daraus machen sollte“. Ich halte diese Behauptung einer Klientin für unzutreffend. Doch selbst wenn wir für einen Moment annehmen, dass sie stimmte, wäre dann nicht der einzig logische Schluss, den Blick für das Thema (psychische) Gewalt weiter zu schärfen, anstatt weiterhin die Augen davor zu verschließen? Nur weil es Kriege gibt, kann dies doch kein Argument dafür sein, den Frieden nicht weiter anstreben zu wollen.

1 Im Folgenden werde ich dem Lesefluss zuliebe zwischen männlicher und weiblicher Form wechseln. Gemeint sind immer beide Geschlechter sowie all jene, die sich keinem Geschlecht zuordnen möchten.

Zur Verwendung des Begriffs „Gewalt“ in diesem Buch …

Jede toxische Familienbeziehung ist von Gewalt geprägt. Unter Gewalt verstehe ich all jene elterlichen Verhaltensweisen, die Kinder absichtlich oder unabsichtlich für die eigenen Zwecke instrumentalisieren, die bedeutsame (systemische) Familiengesetze verletzen und/oder Kindern langfristig Leid zufügen. Ich fasse den Begriff also weiter, als viele es möglicherweise gewohnt sind. Warum ich dies für gerechtfertigt halte und was genau du dir unter den einzelnen Aspekten vorstellen kannst, werde ich im weiteren Verlauf erläutern.

Mit diesem Buch möchte ich für die verschiedenen Ausdrucksformen toxischer Familienbeziehungen sensibilisieren und dazu beitragen, sie als das zu sehen, was sie sind: Formen der Gewalt. Ich möchte Betroffenen Mut machen, sich die nötige Selbstempathie zu gestatten und ihre Wunden (endlich) ernst zu nehmen. Ihnen und den Menschen, die mit ihnen arbeiten oder leben, möchte ich die Varianten und Auswirkungen toxischer Familiensysteme aufzeigen.

Toxische Beziehungserfahrungen in unserer Kindheit sind häufig dafür verantwortlich, dass wir im Laufe unseres Lebens psychisch und psychosomatisch erkranken oder uns in neue ungesunde, dysfunktionale Beziehungsdynamiken begeben. Menschen, die unter Depressionen, Ängsten, diffusen körperlichen Beschwerden oder massiven Beziehungsproblemen leiden, suchen die Ursachen für ihre Schwierigkeiten gemeinhin in der Gegenwart, ohne zu ahnen, dass die Gründe viel weiter zurückreichen.

So erging es auch Caro. Sie ist eine der Betroffenen, der Sie in diesem Buch öfter begegnen werden. An ihrem Beispiel möchte ich aufzeigen, wie toxische Beziehungen sich über das Leben hinweg darstellen und auswirken und zugleich, wie es gelingen kann, sich aus ihnen zu lösen. Caro wurde zunächst ein paarmal die Woche, später täglich von Schwindelanfällen überwältigt. Sie kamen auf dem Weg zur Arbeit, vor dem Fernseher, im Gespräch mit Kolleginnen oder abends im Bett und folgten augenscheinlich keiner Logik. Caro wurde auf einen Schlag schwindelig, ihr Hals schnürte sich zu, das Herz raste, ihr wurde heiß und kalt zugleich und sie schnappte nach Luft wie ein an Land gespülter Fisch. Zwischen den Anfällen litt sie unter einem Kloß im Hals, Sehstörungen, Lähmungserscheinungen und einem unerträglichen Dauerrauschen im Ohr. Caro schaffte es dennoch, jeden Tag zur Arbeit zu gehen und, so gut es ging, den Alltag zu bewältigen. Es gelang ihr, den berühmten Schein zu wahren. Schaute man hinter die Fassade, so wusste sie allerdings oft nicht einmal mehr, wie sie die nächste Stunde überstehen sollte, ohne verrückt zu werden. Ihre Hausärztin vermutete zunächst Asthma und überwies Caro zum Lungenfacharzt – ohne Befund. Beim Kardiologen wurde sie auf einen möglichen Herzfehler untersucht und schlussendlich prüfte der Gastroenterologe, ob eine Nahrungsmittelunverträglichkeit vorliegen könnte. Keiner von ihnen fand etwas, das ursächlich für ihre Anfälle hätte sein können. Sie war gesund. Man riet ihr, beruflich kürzer zu treten und ihr privates Umfeld auf mögliche Stressquellen hin zu überprüfen. Caro zweifelte mehr und mehr an ihrem Verstand. Ihr Leben war besser denn je: Sie hatte einen tollen Job, eine schöne Wohnung, keinerlei finanzielle Sorgen, einen großen Freundeskreis und einen wunderbaren Mann. Oder redete sie sich das vielleicht doch alles nur schön? Überforderte sie der Job insgeheim, schadeten ihr die eigenen Freunde und war die Beziehung zu ihrem Mann am Ende schädlich für sie?

Erst zwei Jahre später, nach zahlreichen Ärzte-, Heilpraktiker- und Osteopathen-Terminen, begriff sie, dass ihre Körpersymptome Ausdruck dessen waren, was sie dachte, längst verstanden und bewältigt zu haben: die Erlebnisse aus ihrer Kindheit, die von einer Mutter mit einer Persönlichkeitsstörung dominiert worden war.

Mittlerweile sind sich viele Menschen bewusst darüber, dass ein Leben in toxischen Paarbeziehungen, Freundschaften oder Arbeitsverhältnissen Dauerstress für Körper und Seele bedeutet. Insbesondere wenn toxische Dynamiken mithilfe von Gewalt bewusst und systematisch generiert werden, wird von Fachleuten sinnvollerweise zu einer möglichst schnellen Trennung geraten. Doch was soll man tun, wenn die Beziehung zu den eigenen Eltern, Geschwistern oder Großeltern toxisch ist? Wie sollen Menschen damit umgehen, wenn sie feststellen, dass sie in einer toxischen Familie groß geworden sind? Ist es legitim, der eigenen Familie den Rücken zu kehren? Und wie groß muss der Schaden sein, um diesen drastischen Schritt zu gehen? Oder sollte man besser vergeben und verzeihen? Weil Blut dicker ist als Wasser?

In diesem Gedankenchaos war auch Caro verstrickt, nachdem sie erkannt hatte, dass sie in einer toxischen Familie aufgewachsen war. Welche Schlüsse sollte sie aus ihren Erkenntnissen ziehen? Wie sollte sie sich zukünftig der Mutter gegenüber verhalten? Und wie gegenüber den restlichen Familienmitgliedern?

Nicht immer äußern sich die Folgen toxischer Familienbeziehungen derart massiv wie bei Caro und nicht immer braucht es Schläge oder sexuelle Übergriffe, um von einem toxischen Umfeld zu sprechen. Gewalt hat viele Gesichter. Manchmal braucht es einen genauen Blick und vor allem Mut, um das Verhalten von Müttern und Vätern als missbräuchlich zu erkennen. Häufig fürchten Betroffene sich davor, zu übertreiben, illoyal zu sein oder endgültig aus dem Familienverbund ausgeschlossen zu werden, wenn sie ihre Vorwürfe laut aussprechen. Diese oder ähnliche Ängste verhindern eine realistische Einschätzung der eigenen familiären Situation und lassen Betroffene ratlos zurück. Mit diesem Buch möchte ich Ihnen helfen, einen Umgang mit Ihren Ängsten zu finden und einen lösungsorientierten Blick in die Vergangenheit zu werfen. Dabei geht es nicht darum, Familien im Allgemeinen und Eltern im Speziellen als Schuldige zu stigmatisieren. Schuldzuweisungen (allein) können niemals der Schlüssel zu einem autonomen und glücklichen Leben sein. Eigenverantwortung schon. Und zu dieser möchte ich Sie ermutigen.

Schauen wir uns gemeinsam an,

- was in Familien (noch) gesund und was (schon) ungesund ist,
- welche Erscheinungsformen toxische Familienbeziehungen annehmen,
- woran Sie erkennen, dass Sie in dysfunktionalen Familienverhältnissen aufgewachsen sind,
- welche Auswirkungen Gewalterfahrungen in der Familie haben und
- was Sie tun können, um toxische Familiensysteme zu „entgiften" oder sich aus ihnen zu lösen.

Dabei ist es mir eine Herzensangelegenheit, Ihnen keine Dogmen vorzusetzen. Ich möchte Sie vielmehr behutsam aus der Ohnmacht (zurück) in die Handlungswirksamkeit führen und Sie darin bestärken, Ihren individuellen Weg zu finden, um mit dem Geschehenen umzugehen. Menschen und die Familiensysteme, in denen sie leben, sind immer individuell und hochkomplex. Für mich bedeutet das, dass Sie sich jederzeit von ihrer Familie abwenden *dürfen,* dass Sie Ihre Eltern, Geschwister und Großeltern ehren *dürfen,* dass Sie vergeben *dürfen.* Aber dass Sie nichts von alledem *müssen.* Wichtig ist einzig und allein, dass Sie das tun, was sich für Sie in Ihrer aktuellen Lebensphase stimmig anfühlt. Bitte bedenken Sie in diesem Zusammenhang, dass dieser Ratgeber als Impulsgeber und Begleiter gedacht ist. Eine Psychotherapie kann er selbstverständlich nicht ersetzen.

Beziehungen im Allgemeinen und Familienbeziehungen im Speziellen sind überaus intime Bereiche. Man bespricht sie lieber mit Freunden als mit Fremden. Um die Distanz zwischen Ihnen und mir im Rahmen der Möglichkeiten zumindest ein wenig zu schmälern, möchte ich Sie daher im Folgenden gern duzen. All jene, die sich aus beruflichen Gründen für die Thematik interessieren, möchte ich bitten, mir das „Du" nachzusehen. Ich habe mich ganz im Sinne der Nähe zum Leser für jene Anrede entschieden, die mir für Betroffene am hilfreichsten erschien. So oder so freue ich mich, dass du mein Buch in den Händen hältst, und ich hoffe, dass ich dir ein paar der Fragen beantworten kann, die dich dazu veranlasst haben, es lesen zu wollen.

Deine

Annika Felber

1. Die Familie – der Grundstein für unser Leben

„Am Anfang ist die Beziehung. Alles, was wir sind, ist in Beziehung entstanden."

(Martin Buber)

Seine Familie kann man sich nicht aussuchen. Doch Fakt ist: Wir alle kommen hilflos zur Welt und sind auf die Versorgung unserer Eltern oder anderer Bezugspersonen[2] angewiesen. Zu dieser Versorgung gehört nicht nur die Sicherstellung des körperlichen, sondern auch die des emotionalen Überlebens. Inwieweit unsere Eltern dieser Aufgabe nachkommen (können), entscheidet maßgeblich darüber, wie sich unsere körperliche und seelische Gesundheit und die Beziehungen zu uns und anderen entwickelt. Diese Erkenntnis zieht sich seit mindestens 70 Jahren durch die Entwicklungspsychologie. Und doch erhält sie häufig (noch immer) keine ausreichende Beachtung in der Praxis, wenn es bei Menschen zu gesundheitlichen Beschwerden oder belastenden Beziehungsschwierigkeiten kommt. Treten körperliche und seelische Probleme auf, wird zumeist danach geschaut, ob das interne System eines Menschen intakt ist. Ist es das nicht, versucht man, Körper oder Seele an der vermeintlich beschädigten Stelle zu reparieren. So wurden bei Caro der Hals, die Ohren, der Magen und das Herz untersucht. Aber ihre Organe waren gesund. Demnach zogen die Experten Stress als Ursache heran. Damit lagen sie grundsätzlich richtig. Allerdings gingen sie von aktuellem Stress aus. Stress kann sich aber auch im Laufe des Lebens in Körper und Seele dauerhaft niederschlagen und irgendwann auf unterschiedliche Art und Weise an die Oberfläche drängen. Diese Form von Stress ist komplex und lässt sich nicht durch ein schlichtes Ursache-Wirkungsprinzip erklären oder gar lösen. Aufgestauter Stress geht oft zurück auf unsere ersten, lebensnotwendigen Beziehungen. Und er kann auch nur unter Berücksichtigung dieser Beziehungen dauerhaft gelöst werden. In Caros Fall war der Ursprung zum einen in der Dyade zu ihrer Mutter zu finden und zum anderen in der Rolle, die die Mutter-Tochter-Beziehung im restlichen Familienverbund spielte. In anderen Fällen mag es die Beziehung zum alkoholkranken Vater, dem lieblosen Stiefvater oder der schwer traumatisierten Großmutter sein. Auch zeigen sich alte Themen nicht immer in Form von psychosomatischen Beschwerden, sondern können sich in Beziehungsproblemen, beruflichen Schwierigkeiten oder psychischen Erkrankungen manifestieren.

---

2 Im Sinne des Leseflusses sind im Folgenden immer dann, wenn von Eltern die Rede ist, die Bezugspersonen, zu denen eine wichtige emotionale Bindung bestand bzw. besteht, gemeint.

Die Erfahrungen, die wir innerhalb unserer Herkunftsfamilie machen, bilden das Fundament, auf dem wir unser Erwachsenenleben aufbauen (müssen). Was wir hier lernen bzw. nicht lernen, prägt uns für unser ganzes Leben. Das gilt sowohl für gesunde Verhaltens- und Beziehungsmuster, Glaubenssätze und Rollen als auch für ungesunde. Wer in der eigenen Familie Gewalt erfährt, läuft Gefahr, als Erwachsener selbst eine größere Toleranz gegenüber physischer und psychischer Gewalt aufzuweisen (Tempel et al. 2017). Wer hingegen eine positive Eltern-Kind-Bindung erlebt hat und in seinem positiven Selbstkonzept und der eigenen Selbstwirksamkeit gestärkt wird, weist in späteren Lebensjahren eine höhere psychische Widerstandskraft (sogenannte Resilienz) und eine niedrigere Anfälligkeit für psychische und physische Erkrankungen auf als jene, die in psychosozial ungünstigen Verhältnissen aufgewachsen sind (Hohm 2017). Wenn du mehr zu diesem Thema wissen möchtest, empfehle ich dir die umfangreiche ACE-Studie zu belastenden Kindheitserfahrungen, welche Erkenntnisse aus den Daten von über 17.000 Klinikpatienten und -patientinnen umfasst (Felitti & Anda 2014). In Abschnitt 6.1 werde ich noch einmal auf sie zurückkommen.

Definition und Verwendung des Begriffs „Herkunftsfamilie“

Unter Herkunftsfamilie verstehe ich in Anlehnung an Fuhs (2007) all jene Personen, die für einen Menschen regelmäßig ökonomische, soziale, kulturelle und emotionale Leistungen erbracht haben und die er selbst im Kontext Familie als bedeutsam bezeichnen würde. Wenn im Folgenden von Herkunftsfamilie gesprochen wird, sind demnach (Stief-)Eltern bzw. primäre Erziehungsberechtigte, (Stief-)Geschwister, (Stief-)Großeltern, (Stief-)Urgroßeltern sowie weitere individuell bedeutsame Personen gemeint.

Das übergeordnete Herkunftsfamiliensystem setzt sich aus mehreren Subsystemen (z. B. Mutter – Kind, Vater – Mutter oder erstes Geschwister – zweites Geschwister) zusammen. Unsere Herkunftsfamilie ist der Verbund, in dem wir aufgewachsen sind. Unsere Gegenwartsfamilie ist der Verbund, in dem wir aktuell mit unseren Partnern und Kindern leben.

Auch wenn es immer wieder erstaunliche Fälle von unerklärlicher Resilienz geben mag: Der Großteil der Menschen kann nicht einfach mit kognitiver Anstrengung alles hinter sich lassen, was ihm an emotionalen Wunden in seiner Kindheit und Jugend zugefügt wurde.

Kognitive Anstrengung allein heilt emotionale Wunden nicht.

Caro hat es versucht. Und mit ihr viele andere meiner Klienten und Klientinnen. Sie alle haben ein stilles Bewusstsein dafür, dass ihre Kindheit schwierig war, aber sie haben im Laufe ihres Lebens Strategien entwickelt, die sie glauben ließen, dass mittlerweile alles in

Ordnung sei und dass sie die schlimmen Kindheitserfahrungen ohne Probleme dort lassen können, wo sie hingehören – in der Vergangenheit. So arbeitete Caro beispielsweise diszipliniert und ehrgeizig an ihrem beruflichen Erfolg und ihrer Persönlichkeitsentwicklung. Das gab ihr das Gefühl, von dem Schmerz, der ihr in der Kindheit zugefügt wurde, genesen zu sein. Wäre sie nicht geheilt, könnte sie schließlich nicht derart erfolgreich sein. Die Beschäftigung mit ihrer Kindheit war somit scheinbar überflüssig geworden. Andere meiner Klientinnen trinken vermehrt Alkohol, kümmern sich bis zur Selbstaufgabe um andere, geraten in emotionale Abhängigkeiten oder laufen vor tiefen Verbindungen zu ihren Mitmenschen davon. Bei diesen teils gesellschaftlich anerkannten und erwünschten, teils destruktiven Verhaltensweisen handelt es sich um sogenannte (Über-)Lebensstrategien. Überlebensstrategien sind die Antwort auf unerfüllte Kernbedürfnisse eines Menschen wie die nach Kontakt, Autonomie oder Liebe. Sie helfen uns dabei, zu funktionieren und den unbewältigten Stress aufgrund ungelöster Erfahrungen in der Kindheit zu kompensieren. Zugleich hindern sie uns aber auch daran, ein gesundes und freies Leben zu führen, weil sie noch immer Ausdruck des Mangels sind und oft in Verbindung stehen mit körperlichen und seelischen Blockaden. Im Erwachsenenalter können wir in der Regel keine bewusste Verbindung zwischen diesen Blockaden, Charakterzügen oder Verhaltensmustern und den Kindheitserfahrungen herstellen.

REFLEXION

(Über-)Lebensstrategien

Du fragst dich jetzt vielleicht, ob auch du ganz persönliche (Über-)Lebensstrategien entwickelt hast und wie diese aussehen. Was hat dir bisher in deinem Leben dabei geholfen, Krisen zu meistern und bis hierher zu kommen?

Wenn dir eine Antwort auf die Frage schwerfällt, versuche es hiermit: Was, glaubst du, würden die Menschen, die dich sehr gut kennen und dir nahestehen, z. B. deine beste Freundin, Schwester o. Ä., auf diese Frage antworten?

Was immer deine persönlichen Strategien sind, du hast diese nicht aus Spaß oder Dummheit in dein Leben integriert, sondern um zu überleben. Dein Organismus ist ein Wunderwerk der Natur, welches von Geburt an das Ziel verfolgt, sich – auch in Zeiten höchster Not und größten Stresses – selbst zu erhalten. Und jede deiner vermeintlich destruktiven oder unnötigen Verhaltensweisen hat auf deinem Lebensweg irgendwann einmal genau diesen Zweck erfüllt. Vielleicht kannst du dich (gerade) nicht (mehr) an diese Situationen erinnern und deshalb erscheint dir diese These absurd. Dann möchte ich dich bitten, mir an dieser Stelle einen kleinen Vertrauensvorschuss zu geben.

1.1 Bindungsstile begleiten uns das gesamte Leben

Bereits im Säuglingsalter[3] wird der Grundstein dafür gelegt, ob wir als Erwachsene körperlich und psychisch gesund und in guter Verbindung zu uns und anderen leben werden. Das jedenfalls postuliert die Bindungstheorie, die bereits Ende der 50er-Jahre von John Bowlby entwickelt und von Mary Ainsworth empirisch geprüft wurde. Trotz gesellschaftspolitischer (Mikolajczak & Roskam 2018), konzeptionell methodischer (Vicedo 2017) und ethischer (Keller 2019) Kritik hat sie sich bis heute durchsetzen können und gilt noch immer als bahnbrechender Meilenstein in der Entwicklungspsychologie. Deshalb darf sie nicht fehlen, wenn wir über die Wichtigkeit familiärer Bindung bzw. Beziehung sprechen wollen.

Menschen verfügen über ein genetisch verankertes Bindungssystem.

Bowlby konnte im Rahmen seiner Forschungen zeigen, dass Säuglinge ein genetisch verankertes Bindungssystem besitzen, welches mit der Geburt aktiviert wird.

Wir kommen also alle mit einem angeborenen Bindungsbedürfnis zur Welt, welches unser Überleben sichern soll. Dieses zeigt sich immer dann, wenn sich ein Säugling in einer sogenannten bindungsrelevanten Situation befindet, also wenn er Schutz durch die Bindungsperson benötigt, z. B. bei äußerer und innerer Bedrohung oder Trennung. Das Bindungsbedürfnis äußert sich darin, dass das Kind sich an seine Bezugsperson klammert, bei Abwesenheit nach ihr sucht / verlangt, weint oder anderweitig protestiert oder sich emotional zurückzieht und resigniert. Sicher hast du ein solches Verhalten schon einmal bei Säuglingen und Kleinkindern beobachten können.

3 Einige Forschungsarbeiten betonen bereits die Bedeutsamkeit der vorgeburtlichen Mutter-Kind Bindung (z. B. Auhagen-Staphanos 2020).

Unterschied zwischen Bindung und Beziehung

Bindung

Der Begriff Bindung meint ein angeborenes, im Gehirn lokalisierbares Schutzsystem, welches dem Überleben des Neugeborenen dient und mit der Geburt aktiviert wird. Durch den Bindungsreflex entsteht „eine interpersonale Beziehung, die dem noch unreifen Geist ermöglicht, die reifen mentalen Funktionen der Eltern [oder andere Bezugspersonen] zu nutzen, um die eigenen geistigen Prozesse zu organisieren" (Siegel 2010). Das unwissende Kind lernt also über die Eltern, wie zwischenmenschliche Beziehung funktioniert und was es tun muss bzw. nicht tun muss, um in lebensnotwendige Verbindung zu treten und zu bleiben. Unter Bindung kann man demnach eine biologisch verankerte Beziehungsblaupause verstehen, die unser Leben lang überdauert.

Beziehung

Der Bindungsreflex überdauert ein Leben lang. Er steht also immer am Anfang einer jeden Beziehung. Von Beziehung spricht man, wenn das Denken, Handeln oder Fühlen von mindestens zwei Menschen wechselseitig aufeinander bezogen ist. Wir stehen demnach sowohl zu den Mitgliedern unserer Herkunftsfamilie als auch zu Partnern, Freunden oder Arbeitskolleginnen in Beziehung (nicht jedoch zwangsläufig in Bindung). Unsere Bindungsblaupause ist immer ein Teil unserer Vorstellungen über Beziehung. In Beziehungskontexten spielen jedoch auch andere Aspekte eine Rolle, z. B. das angeborene Temperament, die vorhandene Resilienz oder der Einfluss späterer Beziehungspartner (Erzieher, Lehrerinnen, Peer-Groups etc.). Beziehungen sind im Gegensatz zur Bindung sozial motiviert und können aufgekündigt werden.

Je nachdem, wie die Bindungsperson typischerweise auf das Bindungsbedürfnis reagiert, z. B. feinfühlig in Form von Trösten oder ablehnend in Form von Ignorieren, entwickelt der Säugling ein bestimmtes internes Konzept von Bindung. Dieses wird mit steigendem Alter zunehmend verinnerlicht und zu einem Gesamtbild zusammengefügt, welches zukünftige Vorhersagen ermöglicht, etwa „Wenn ich weine, tröstet Mama mich" oder „Wenn ich weine, tut Mama nichts". Bowlby nennt dieses mentale Konzept von Bindung das „innere Arbeitsmodell". Jenes speist sich aus allen Bindungserfahrungen, die das Kind mit unterschiedlichen Bezugspersonen sammelt. Bindungstheoretiker gehen davon aus, dass das „innere Arbeitsmodell" einen Menschen sein Leben lang begleitet. So beeinflusst es z. B. die eigene Empathiefähigkeit, die Ausbildung sozialer, kognitiver und reflexiver Kompetenzen, den Selbstwert sowie die Gedanken und Gefühle. Darüber hinaus entwickeln sich aus ihm unterschiedliche Haltungen und Verhaltensweisen, die wir in unseren späteren Beziehungen als Muster zeigen: sogenannte Bindungsstile (Brisch 2013).

Diese Bindungsstile werden grob in *sicher* und *unsicher* unterschieden und dann weiter unterteilt in:

- sicher-autonom,
- unsicher-vermeidend,
- unsicher-ambivalent und
- unsicher-desorganisiert.

Wichtig zu verstehen ist, dass die verschiedenen Bindungsstile als schematische Orientierung dienen und nicht als in Stein gemeißelte Wahrheiten. Menschliches Verhalten ist derart komplex, dass es niemals eins zu eins im Ursache-Wirkungs-prinzip vorhersagbar ist. So gibt es auch bei Bindungsstilen immer Mischformen, Grenzbereiche und Ausnahmen. Man kann davon ausgehen, „dass es sich nicht um ein Entweder-oder von ‚sicher' oder ‚unsicher' handelt, sondern um ein Mehr oder Weniger an Sicherheit und Unsicherheit" (Grossmman & Grossmann 2012, S. 649). Nichtsdestotrotz gibt es in Abhängigkeit des Bindungsstils jeweils höhere Wahrscheinlichkeiten für bestimmte Entwicklungen. Und wenn wir verstehen, dass unsere Gesundheit, unser Selbstbild und unser Beziehungsleben eng mit unserer Bindungserfahrung in der Kindheit verknüpft sind, verstehen wir auch, dass wir unsere Probleme nur unter Einbezug derselben lösen können.

1.1.1 Sicher-autonomer Bindungsstil

Die verschiedenen Bindungsstile wurden ursprünglich anhand des sogenannten Fremde-Situation-Tests (nachzulesen bei Grossmann 2020) entwickelt und überprüft. Im Rahmen dieses Tests wird das Bindungsverhalten zwischen Kind und Bindungsperson in bindungsrelevanten Situationen, vornehmlich bei äußerer und innerer Bedrohung, z. B. in Trennungssituationen, beobachtet. Ein sicher gebundenes Kind vertraut darauf, dass es von der entsprechenden Bindungsperson zuverlässig getröstet und aufgefangen wird, wenn es das Bedürfnis danach verspürt und anzeigt. Sicher gebundene Kinder untersuchen selbstsicher und ungestört ihre Umgebung. Bei der Trennung von der Bindungsperson zeigen sie deutliches Bindungsverhalten wie z. B. Rufen, Suchen und Weinen. Wendet sich die Bezugsperson dem Kind zu, freut sich dieses und nimmt sofort körperlichen Kontakt auf. Es differenziert zwischen der Bindungsperson und anderen Personen und lässt sich von Fremden nicht trösten. Schnell wendet es sich nach der Kontaktaufnahme wieder dem Explorieren seiner Umwelt zu. Sicher gebundene Kinder speichern Bezugspersonen im „inneren Arbeitsmodell" als zuverlässig ab.

Auswirkungen auf Beziehung im Erwachsenenalter[4]

In der Regel führen Menschen mit einem sicher-autonomen Bindungsstil gesunde, stabile Beziehungen zu Partnern, Freundinnen, Kollegen und Familienmitgliedern. Dieser Umstand wirkt sich ebenfalls positiv auf ihre körperliche und seelische Gesundheit aus. Da sie großes Vertrauen in sich und andere haben, nehmen sicher gebundene Menschen Beziehung als sicheren Ort wahr, an dem sie sich entfalten können. Sie haben einen gesunden Selbstwert und stehen in guter Verbindung zu sich selbst. Es fällt ihnen leicht, eigene Bedürfnisse und Grenzen zu erkennen und zu äußern. Sie führen zumeist Beziehungen auf Augenhöhe, in denen wichtige Parameter, wie z. B. Geben und Nehmen sowie Autonomie und Bindung, in einem gesunden Ausgleich zueinanderstehen. Menschen mit sicher-autonomen Bindungsstil geraten seltener in ungesunde Beziehungsdynamiken und emotionale Abhängigkeiten als solche mit einem unsicheren Bindungsstil. Ebenso sind sie resilienter und leiden weniger häufig an psychischen Erkrankungen.

Eine typische Aussage eines sicher gebundenen Menschen wäre: „Ich verstehe zwar gerade nicht genau, was in dir vorgeht, aber das ist in Ordnung für mich, weil ich dir und unserer Beziehung vertraue."

1.1.2 *Unsicher-vermeidender Bindungsstil*

Kinder mit diesem Bindungsstil zeigen in bindungsrelevanten Situationen wie Trennung und Abwesenheit der Bindungsperson keine Beunruhigung. Im Gegensatz zum sicher gebundenen Kind zeigen sie nur wenig Bindungsverhalten wie z. B. Suchen, Rufen oder Weinen. Sie explorieren ungestört weiter und akzeptieren Trost durch ihnen fremde Personen. Äußerlich wirken sie durch ihr Verhalten ruhig und gelassen. Innerlich stehen sie jedoch durch die Deaktivierung bzw. Unterdrückung des angeborenen Bindungssystems unter extremem Stress. Kehrt die Bindungsperson nach einer Trennung zurück, wird sie zumeist ignoriert.

Das „innere Arbeitsmodell" eines unsicher-vermeidenden Kindes speichert die Bindungsperson als zurückweisend, unzuverlässig und wenig vertrauensvoll ab. Um die Zurückweisung nicht immer durchleben zu müssen, koppelt sich das Kind so-

4 Die vier Bindungsstile wurden von Bowlby, Ainsworth und Main entwickelt und untersucht. Die Erkenntnisse über die Auswirkungen auf das Erwachsenenalter sind in zahlreichen Forschungsarbeiten und Längsschnittstudien weiterentwickelt und überprüft worden. Die hier folgenden Ausführungen sind den Übersichtswerken Grossmann & Grossmann (2012) sowie Grossmann (2020) entnommen. Weitere Ergebnisse zur Bielefelder sowie zur Regensburger Längsschnittstudie finden sich z. B. bei Zimmermann et al. (1999).

wohl physisch als auch emotional möglichst von der Bindungsperson ab. Es sucht wenig Körperkontakt und zeigt wenig negative Gefühle oder Verunsicherung. Die Bindungsperson des unsicher-vermeidenden Kindes zeichnet sich dadurch aus, dass sie mit Ausnahme von Verärgerung ebenfalls wenig Gefühle zeigt und ihrerseits den körperlichen Kontakt tendenziell vermeidet. Besonders interessant ist die Beobachtung, dass unsicher-vermeidende Bindungspersonen sich angemessen verhalten, solange es dem Kind gut geht und es keine Ansprüche an sie stellt (Grossmann & Grossmann 2012). Dies könnte erklären, warum Kinder unsicher-vermeidender Bezugspersonen in späteren Beziehungen die eigenen Bedürfnisse konsequent zurückstellen.

Auswirkungen auf Beziehungen im Erwachsenenalter

Menschen mit einem unsicher-vermeidenden Bindungsstil sind in Beziehungen in der Regel in einem dauerhaften Dilemma gefangen: Sie sehnen sich einerseits nach Nähe, fürchten diese allerdings gleichzeitig, weil Beziehungspartner als potenzielle Enttäuschungsquellen internalisiert wurden.

> Menschen mit einem unsicher-vermeidenden Bindungsstil sehnen sich nach Nähe und fürchten sie zugleich, weil Beziehungspartner potenzielle Enttäuschungsquellen darstellen.

Phasen der Glorifizierung und des Klammerns lösen sich beim kleinsten „Fehltritt“ des Gegenübers mit größtmöglicher Distanz ab. Die Ursachen für Beziehungsprobleme werden tendenziell beim Beziehungspartner gesucht und weniger bei sich selbst. Weil unsicher-vermeidende Menschen davon ausgehen, dass ihre Bedürfnisse und Wünsche beim Gegenüber keine Beachtung finden, versuchen sie meist nicht, diese transparent zu kommunizieren. Stattdessen ziehen sie sich sowohl körperlich als auch emotional zurück. In der Rückkopplung findet häufig eine selbsterfüllende Prophezeiung statt: Indem die Person sich bewusst oder unbewusst gemäß ihrer Einstellung („Meine Bedürfnisse zählen nicht“) verhält, bewirkt sie selbst, dass das Vorhergesagte letztlich auch eintritt. Oder anders gesagt: Sie erfüllt ihre eigene Prophezeiung.

Ein typischer Gedanke eines Menschen mit unsicher-vermeidendem Bindungsstil wäre: „Ich wusste doch, dass er mich sowie enttäuschen wird. Gut, dass ich mich erst gar nicht in Gänze darauf eingelassen habe!“ Unsicher-vermeidende Menschen versuchen, ihre Gefühle möglichst zu drosseln, und sind überwiegend rational fokussiert. Autonomie ist für sie ein zentraler Wert im Leben. Außerhalb von Beziehung sind sie häufig selbstsicher und gut mit sich verbunden. In Verbindung neigen sie jedoch dazu, stark an Autonomie und Selbstwert einzubüßen. Beziehung ist für sie demnach nicht nur eine Quelle der Enttäuschung, sondern auch der Angst vor Autonomieverlust.

1.1.3 *Unsicher-ambivalenter Bindungsstil*

Ein unsicher-ambivalenter Bindungsstil zeichnet sich dadurch aus, dass die Kinder eine starke Fixierung auf die Bindungsperson zeigen. Da diese durch ihre wechselhaften Reaktionen in bindungsrelevanten Situationen als unberechenbar abgespeichert wurde, ist das Kind beim Explorieren der Umwelt stark eingeschränkt. Es wirkt unsicher und abgelenkt, lässt die Bezugsperson nicht aus den Augen und zeigt vermehrtes Bindungsverhalten wie Weinen, Rufen sowie Festklammern, auch wenn die Bindungsperson im Raum ist. Wenn die Bindungsperson versucht, das Kind zu trösten, reagiert es zunächst mit Wut und Widerstand. Sofort darauf ist jedoch häufig zu beobachten, dass es händeringend Nähe und Kontakt sucht.

Auswirkungen auf Beziehungen im Erwachsenenalter

Ähnlich wie einem Menschen mit unsicher-vermeidendem Bindungsstil fällt es Menschen mit unsicher-ambivalenten Mustern schwer, in einer Beziehung ein gesundes Maß an Autonomie und Bindung zu leben. Ihr größter Wert ist dabei jedoch nicht die Autonomie, sondern die Bindung. Sie finden sich daher häufig in symbiotischen Beziehungen wieder, in denen sie dazu tendieren, den anderen in seinem Verhalten und seinen Emotionen zu kontrollieren. Mithilfe dieser Strategie versuchen sie, ihr mangelndes Sicherheitsgefühl und ihr generelles Misstrauen in Beziehungen zu kompensieren. Sie brauchen viel Bestätigung des Gegenübers und müssen sich häufig rückversichern, dass dieses sie noch immer liebt bzw. mag. Sie sind in großer Sorge, dass morgen andere Beziehungsgesetze und Emotionen gelten könnten als heute. Unsicher-ambivalent gebundene Menschen sind gedanklich und emotional mehr mit dem anderen verbunden als mit sich selbst.

> Unsicher-ambivalent gebundene Menschen sind gedanklich und emotional mehr mit dem anderen verbunden als mit sich selbst.

Diese Fixierung, gepaart mit häufig vorhandenen Selbstwertproblemen, führt dazu, dass Menschen mit unsicher-ambivalentem Bindungsstil die Ursache für Beziehungsprobleme eher bei sich als beim Gegenüber suchen. Da sie in großer Sorge sind, Ihr Gegenüber zu verlieren, betreiben sie – oft auch insbesondere dann, wenn sie zurückgewiesen werden – einen hohen Aufwand, um gemocht zu werden oder um Beziehungen doch noch zum Besseren zu wenden. So kann die Augenhöhe in ihren Beziehungen schnell verloren gehen und eine emotionale Abhängigkeit entstehen.

Ein typischer Gedanke eines unsicher-ambivalent Gebundenen könnte z. B. folgender sein: „Wenn ich mich in Zukunft in der Beziehung nur genug anstrenge oder noch mehr investiere, dann wird sicher am Ende doch noch alles gut zwischen uns.“

Im Gegensatz zum unsicher-vermeidenden Bindungsstil regulieren Menschen mit unsicher-ambivalentem Bindungsstil ihre Gefühle nicht nach unten, sondern sie werden vielmehr von ihnen übermannt. Sie handeln vermehrt impulsiv. Aus Verlustangst entschuldigen sie sich im Nachhinein meist übermäßig für ihr Verhalten. Ähnlich wie Unsicher-Vermeidende kommunizieren sie ihre Bedürfnisse nicht transparent. Allerdings nicht, weil sie von einer Enttäuschung durch den anderen ausgehen, sondern weil sie wenig rationalen Zugang zu ihren Emotionen haben und daher häufig nicht die richtigen Worte finden, um sich verständlich auszudrücken.

Die Abbildungen 1.1 bis 1.3 verdeutlichen die Unterschiede zwischen den drei Bindungsstilen noch einmal grafisch:

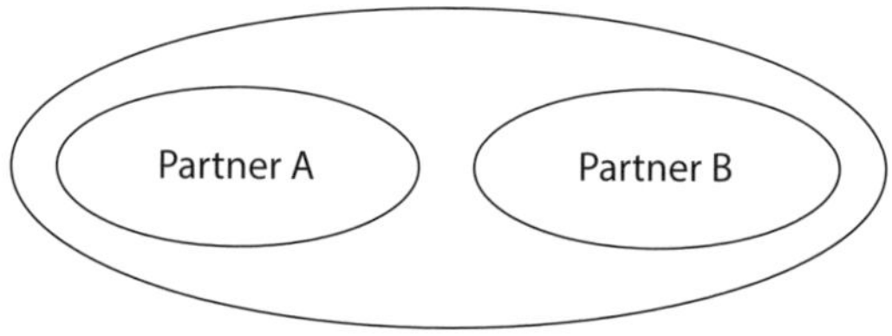

Abbildung 1.1: Autonomie und Bindung im Gleichgewicht (sicher gebunden)

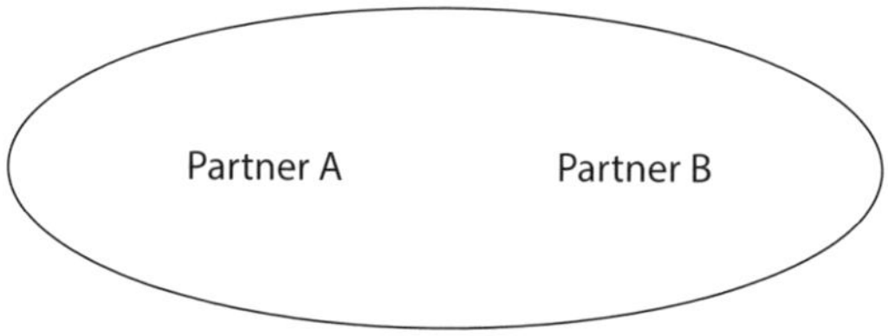

Abbildung 1.2: Bindung ohne Autonomie (unsicher-ambivalent gebunden)

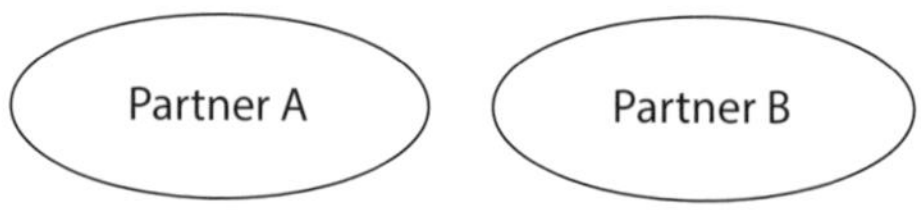

Abbildung 1.3: Autonomie ohne Bindung (unsicher-vermeidend gebunden)

1.1.4 Unsicher-desorganisierter Bindungsstil

Die Entwicklungspsychologin Mary Main hat diesen vierten Bindungsstil im Rahmen ihrer Forschungsarbeiten zu den drei Klassikern von Bowlby ergänzt (Main 1995). Das unsicher-desorganisiert gebundene Kind besitzt im Vergleich zu den Kindern mit einem der drei anderen Bindungsstile keine durchgängige Verhaltensstrategie. Es zeigt in bindungsrelevanten Situationen emotional widersprüchliches und inkonsistentes Bindungsverhalten. Kehrt die Bindungsperson nach einer Trennung zurück, wird sie gleichermaßen gesucht wie gemieden. Die Kinder nehmen ihr exploratives Verhalten wieder auf, erstarren dann allerdings plötzlich in ihrer Bewegung (sogenanntes Freezing), drehen sich im Kreis oder werfen sich weinend auf den Boden. Es wirkt für Außenstehende so, als käme es zum abrupten, unvorhersehbaren Zusammenbruch jeglicher organisierten Struktur. Gleichzeitig steigen wie beim unsicher-vermeidend gebundenen Kind die Stresswerte, weil das Kind die Bedrohungssituation nicht auflösen kann, da die Bindungsperson Verursacher und „Auflöser" der Angst zugleich ist. Das unsicher desorganisierte Bindungsmuster wird häufig von Kindern gezeigt, die im ersten Lebensjahr traumatischen Erlebnissen durch die Bezugsperson ausgesetzt waren, z. B. in Form von Vernachlässigung, körperlichem, sexuellem oder psychischem Missbrauch, oder sich in sogenannten Doppelbindungssituationen (siehe Kasten) befinden. Trotz realer Anwesenheit ist die Bindungsperson emotional unerreichbar für das Kind und unterbricht damit immer wieder das eigentliche Ziel des genetisch angelegten Bindungsverhaltens. Dies führt im psychischen System des Kindes zu einer permanenten Verstörung. Ursachen für das Verhalten der Bindungspersonen sind häufig eigene unverarbeitete Traumata sowie massiver sozialer Stress und / oder Suchterkrankungen. „Das Verhalten des eigenen Kindes, etwa das Schreien eines Säuglings, triggert das einst erlebte Trauma, da es etwa an das eigene Weinen und den eigenen Schmerz erinnert. Dadurch können dissoziative oder auch traumaspezifische und das Kind ängstigende Verhaltensweisen bei der Mutter oder dem Vater ausgelöst werden" (Brisch 2013, S. 100).

Doppelbindungssituationen (auch: Double-Bind-Situation)

„Bei der Doppelbindungssituation (auch: Beziehungsfalle) ist ein Individuum in eine intensive, ihm lebenswichtige Beziehung eingebunden und empfängt Botschaften, die einander widersprechen; ob das Individuum nun der einen oder der anderen Botschaft folgt – es erhält jedes Mal nur Nachteile, kann aber weder diesem Dilemma sich entziehen noch es aufklären. [...] Doppelbindungssituationen verhindern oder zerstören Kommunikationsfähigkeiten: Der Betroffene kann nicht mehr verstehen, was sein Partner wirklich meint" (Lautmann 2020, S. 160). So erzeugt zum Beispiel eine Mutter eine Double-Bind-Situation, wenn sie die Annäherungen ihres Kindes feindselig zurückweist, dann aber traurig wird und dem Kind Vorwürfe macht, wenn es sich als Reaktion auf ihre Feindseligkeit zurückzieht. Egal, ob das Kind sich zuwendet oder zurückweicht, es muss mit negativen Konsequenzen rechnen.

Auswirkungen auf Beziehungen im Erwachsenenalter

Für Erwachsene, die einen unsicher-desorganisierten Beziehungsstil aufweisen, sind Beziehungen sowohl ein Ort maximaler Bedrohung als auch ersehnter Heilung.

Für Menschen mit unsicher-desorganisiertem Bindungsstil sind Beziehungen sowohl bedrohlich als auch heilsam.

Sie zeigen häufig eine unvorhersehbare, irrationale Paarung typischer Verhaltensweisen des unsicher-vermeidend und des unsicher-ambivalenten Bindungsstils. So können sie in einem Moment sehr zugewandt und freundlich sein und sich kurze Zeit später „auf die Flucht" begeben oder zum unerwarteten, vermeintlich grundlosen Angriff übergehen. Nach außen ergibt ihr widersprüchliches Verhalten häufig keinen Sinn, weshalb es von Außenstehenden häufig als überdramatisierend interpretiert wird. Für die Betroffenen folgt ihr Verhalten jedoch durchaus einer internen Logik.

Ein typischer Gedanke eines unsicher-desorganisiert Gebundenen könnte z. B. sein: „XY liebt mich nicht. Er tut nur so, weil er mich verletzen und mir etwas Schlimmes antun will. Aber vermutlich habe ich es auch nicht besser verdient."

Menschen mit unsicher-desorganisierten Beziehungsstil weisen eine höhere Toleranz gegenüber Gewalt auf. Dies gilt sowohl für erlebte als auch ausgeübte Gewalt (Felitti & Anda 2014). Sie geraten demnach häufiger als andere Menschen in einseitig toxische Beziehungsdynamiken, die durch Gewalt und emotionale Abhängigkeit geprägt sind. Ebenso leiden sie häufig unter psychischen und psychosomatischen Erkrankungen oder einer Traumafolgestörung (s. Abschn. 6.1, S. 127 ff.).

Bindung ist Prägung

Die Bindungstheorie betrachtet den Menschen ebenso wie die Systemtheorie nicht als ein im luftleeren Raum lebendes Individuum, sondern als ein soziales Wesen, welches sich von der Geburt bis ins hohe Alter nach emotionaler Verbindung sehnt. Beide Theorien erklären menschliches (Problem-)Verhalten vor dem Hintergrund sozialer Interaktion. Dabei spielen für die Bindungstheoretiker die Beziehungen unserer ersten Lebensjahre eine tragende Rolle, weil das Bindungssystem in dieser Zeit besonders aktiv ist. Wir alle kommen aus bindungstheoretischer Sicht als leeres Blatt Papier auf die Welt. Wir wissen nichts über Beziehung. Unsere Eltern, unsere Geschwister oder andere Bezugspersonen beschreiben nach und nach dieses leere Blatt. Und je älter wir werden, desto mehr stellen wir Bezüge her und versuchen, die Notizen in eine Ordnung zu bringen. So haben wir am Ende einen einmaligen Notizblock, welcher die Vorstellungen über Beziehung, über uns selbst und darüber, ob die Welt ein sicherer oder unsicherer Ort ist, beinhaltet und komprimiert. Wenn du verstehen willst, warum du dich heute so verhältst, wie du dich verhältst, und warum du so denkst, wie du denkst, macht es Sinn, diesen Notizblock lesen zu lernen und die bisherigen Notizen möglicherweise nachträglich zu modifizieren oder zu ergänzen.

1.2 Familie als System mit eigenen Gesetzen, Rollen und Funktionen

Meine Beobachtungen als Beraterin stützen die Erkenntnisse über Bindungsstile und deren Auswirkungen auf das Erwachsenenalter. Ich würde aus systemischer Sicht allerdings einige Ergänzungen vornehmen wollen. Wir wachsen in den meisten Fällen nicht in isolierten dyadischen Konstellationen auf (Mutter – Kind, Vater – Kind), sondern leben in einem komplexen Gefüge aus mehreren Personen. Die Familie kann als Komplex (System) von mehreren größeren oder kleineren „Einzelteilen" verstanden werden: Individuen und Subsystemen wie Ehe-, Eltern-Kind-, Geschwistersystem. So ist die Beziehung zu unserer Mutter nur ein Bestandteil eines Gesamtsystems, zu dem zum Beispiel ebenfalls Vater und Großmutter gehören (s. Abb. 1.4).

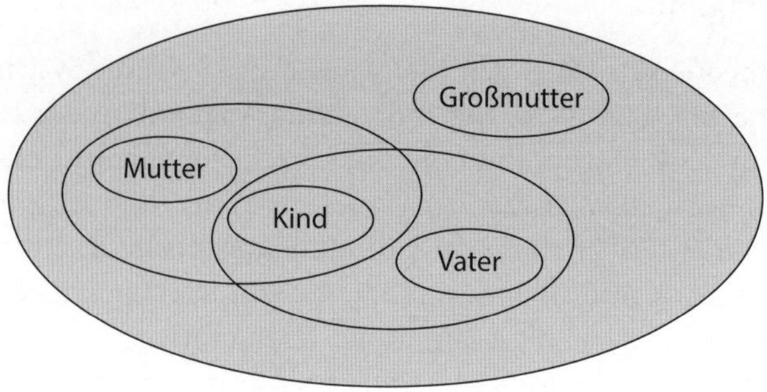

Abbildung 1.4: Die Familie als System

In einem solchen Gesamtsystem sind über die Bindung zu Einzelpersonen hinaus weitere Aspekte für unsere körperliche, seelische und zwischenmenschliche Entwicklung bedeutsam. So nimmt jede Person im Gesamtverbund eine individuelle Rolle ein, die mit einer Funktion verknüpft ist, die für den Erhalt der Familie von Bedeutung ist. Diese Funktion wiederum kann als Grundlage für Glaubenssätze über funktionierende Beziehungen, Liebe und Zuwendung gesehen werden. Wenn du Geschwister hast, hast du vielleicht schon beobachten können, dass ihr viele ähnliche, aber ebenso viele verschiedene Verhaltensweisen und Glaubenssätze habt. Dies liegt u. a. daran, dass Geschwister im Familiensystem unterschiedliche Position innehaben. Und diese bringen jeweils einen anderen Auftrag, eine andere Funktion mit sich. Um toxische Familienbeziehungen erkennen und verstehen zu können, ist es hilfreich zu wissen, dass die Familie als System bestimmten Gesetzen folgt, um reibungslos – „gesund" – zu funktionieren. Werden diese Gesetze verletzt, hat das für die Familie und ihre Mitglieder gravierende Folgen.

Funktionsaufträge und Glaubenssätze

Familie Meier besteht aus Mutter, Vater und drei Geschwistern. Bei der Mutter wurde eine Depression diagnostiziert. Es gibt Tage, an denen schafft sie es aufgrund der Erkrankung nicht aus dem Bett. Zwischen den Eltern gibt es oft Streit. Die Mutter beschwert sich über den Vater, weil er sie nicht ausreichend unterstütze. Der Vater ist mit der Situation überfordert und zieht sich deshalb oft aus dem Alltagsgeschehen heraus. Da Mutter und Vater immer wieder ausfallen, entstehen Versorgungslücken im Familiensystem. Diese verteilen sich auf die Kinder. So kümmert sich das erstgeborene Kind möglicherweise vermehrt um die erkrankte Mutter und um die jüngeren Geschwister. Sein Auftrag lautet: „Kümmere dich um die Mutter und spring für sie ein!“ Der dazugehörige Glaubenssatz könnte sodann als Erwachsene lauten: „Ich muss mich um die anderen kümmern, um Zuwendung zu erhalten.“ Das mittlere Kind hingegen bekommt beispielsweise den Auftrag, sein Hauptaugenmerk auf den immer wieder angeklagten Vater zu richten. Es wird zum Papakind und versucht, dafür zu sorgen, dass er nicht aus dem System gedrängt werden kann. Sein Auftrag lautet: „Halte Papa im System!“ Hieraus könnte sich für sein späteres Leben möglicherweise folgender Glaubenssatz entwickeln: „Ich muss immer loyal sein, um dazuzugehören.“ Nun braucht es im System noch jemanden, der diese Arbeitsabläufe überwacht. Diese Aufgabe könnte in der Familie Meier dem jüngsten Kind zuteilwerden. Es ist permanent wachsam und behält im Auge, ob für jeden gesorgt ist und ob das Gleichgewicht stimmt. Es springt immer dort ein, wo es gerade gebraucht wird und füllt entstehende Versorgungslücken. Ein aus dieser Funktion heraus resultierender Glaubenssatz könnte sein: „Ich muss Mängel erspüren und ausgleichen sowie sensibel auf Veränderungen reagieren, um geliebt zu werden!“

Wer welche Rolle im Familiensystem einnimmt, hängt u.a. mit der Ordnung zusammen. Ordnung meint hier die Reihenfolge, in der man in die Familie eintritt. So übernehmen z.B. die Ältesten häufig die Rolle des Versorgers, weil sie aufgrund ihres Entwicklungsstandes besser dazu befähigt sind als ein jüngeres Kind. Aber auch das jeweilige Temperament und der Charakter eines Kindes spielen bei der Zuordnung der Funktionen eine Rolle. So wird ein ruhiges, sensibles Kind eher zum Systemüberwacher werden als ein quirliger Springinsfeld.

Wenn Kinder das Gleichgewicht wiederherstellen (müssen)

Familienaufträge sind „stille Aufträge“, sie werden in den seltensten Fällen laut ausgesprochen und wirken oftmals unbewusst.

Familienaufträge werden selten laut ausgesprochen.

Der Bindungsreflex und das damit verbundene Grundbedürfnis, einem überlebensnotwendigen Familienverbund zugehörig sein zu wollen, sorgen vielmehr dafür, dass wir als feinfühlige Kinder offene Aufträge instinktiv und unbewusst übernehmen. Eine Familie kann nur dann ein sicherer Ort sein, wenn das System im Gleichgewicht ist. Eben dieses Gleichgewicht stellen Kinder bedürftiger Eltern her, indem sie die Funktionen, die eigentlich von den Erwachsenen erfüllt werden müssten, übernehmen. Dabei gibt es umso mehr Aufträge, je bedürftiger die eigentlichen Funktionsträger sind. Unsere Aufträge geben wir übrigens nicht mit unserem achtzehnten Lebensjahr an der Tür ab. Jede Funktion wird so lange erfüllt, bis sie entweder von einem anderen Verbundmitglied übernommen oder nicht mehr benötigt wird, z.B.

weil die Mutter (im obigen Beispiel) von ihrer Depression geheilt wird oder die Eltern einen Weg finden, ihre Probleme zu klären.

Zusammenfassung

Wir binden uns nicht ausschließlich an einen Menschen, damit dieser unser Überleben sichert, sondern wir binden uns an einen ganzen Verbund: unsere Herkunftsfamilie. Ob wir als selbstbewusste, körperlich bzw. seelisch gesunde Menschen durch unser Leben gehen oder nicht, hängt also zum einen vom erlernten Bindungsstil ab und zum anderen von unseren individuellen, systeminternen Funktionen, die wir innerhalb des Familienverbundes übernehmen (vgl. Trost 2018). Im Unterschied zu außerfamiliären Beziehungen zeichnen sich familiäre Beziehungen daher vor allem durch drei zentrale Aspekte aus:

1. Als Kind sind wir auf die körperliche und seelische Versorgung durch unsere Eltern angewiesen. Wir befinden uns also per se in einer (unfreiwilligen) Abhängigkeitsbeziehung zu ihnen, aus der wir uns als Kinder nicht ohne Weiteres lösen können.
2. Wir entwickeln in unseren Familienbeziehungen einen wegweisenden Bindungsstil. Dieser ist maßgeblich für unsere körperliche und seelische Gesundheit sowie für unser Selbstbild und unsere Vorstellung von Beziehung und Zuneigung verantwortlich.
3. Innerhalb des Familienverbundes erfüllen wir bestimmte Funktionen. Diese lehren uns, wie man in der Welt und in Beziehungen funktionieren bzw. überleben kann. Sie binden uns an unsere Familie und sie werden erst aufgegeben, wenn ein anderer sie erfüllt oder sie nicht mehr benötigt werden.

Für unser körperliches, emotionales und soziales Überleben bildet unsere Herkunftsfamilie das entscheidende Fundament. Ob wir uns als Erwachsene gesund entwickeln können, hängt maßgeblich davon ab, ob unsere Eltern ihrer Funktion als schützende Bezugsperson zum einen und organisierender Familienvorsteher zum anderen nachkommen. Inwiefern ihnen dies möglich ist, hängt zum einen stark von ihrer aktuellen Lebenssituation ab. Mindestens ebenso entscheidend ist, ob sie ihrerseits als Kinder hinreichend geschützt und versorgt wurden oder ungesunde Funktionen in ihrer Familie erfüllen mussten. Ist Letzteres der Fall und wurde dies bisher durch die Betroffenen nicht reflektiert und verarbeitet, bleibt zumeist eine Bedürftigkeit seitens der Eltern zurück, die nun an die nächste Generation weitergegeben wird. Häufig treten in diesem Fall unsichere Bindungen in Kombination mit ungesunden Familienfunktionen auf. Heißt das im Umkehrschluss, dass nur jene Eltern gesunde Familien gründen können, die bedürfnislos sind? Und wenn dem nicht so ist, wie viel Bedürftigkeit ist erlaubt? Welche Funktionen sind für Kinder noch gesund? Welche schon ungesund, toxisch und schädlich? Kurz: Was genau unterscheidet eine gesunde von einer ungesunden Familie? Dieser Frage wollen wir im nächsten Kapitel auf den Grund gehen. Vorher möchte ich dich jedoch zu einer kleinen Übung einladen.

REFLEXION

Bestandsaufnahme Herkunftsfamilie

Zeichne auf: Wer gehört alles zu deiner Herkunftsfamilie? Wer war besonders wichtig für dich und warum?

____

____

____

____

Was weißt du über dein Säuglings- und Kleinkinddasein? Was sind deine Vermutungen über deinen Bindungsstil?

____

____

____

____

Waren deine Eltern bedürftig? Gab es unbesetzte Funktionen? Wenn ja, welche Funktion hast du in deiner Familie übernommen? Was würden deine Mutter, dein Vater, deine Schwester / dein Bruder dazu sagen? Was eine sehr gute Freundin der Familie? Oder ein Familientherapeut?

____

____

____

____

2. Was macht eine gesunde Familie aus?

„Familie ist wie ein Baum. Die Äste können in unterschiedliche Richtungen wachsen, doch die Wurzeln halten zusammen.“

(Unbekannt)

Wer viel macht, macht viele Fehler. Das gilt natürlich auch für Eltern, Großeltern oder andere bedeutsame Familienmitglieder. Fehler machen uns nicht zu Gewalttätern oder Toxikern. Sie machen uns zu Menschen. Das bedeutet aber nicht, dass es nicht solche Haltungen und Taten gibt, die der Entwicklung von Kindern schaden. In den 60er-Jahren sind Pädagogen zu der Erkenntnis gelangt, dass es sinnvoll sei, weinende Babys schreien zu lassen. Viele Eltern sind dieser Empfehlung nachgekommen, weil sie das Beste für ihre Kinder wollten. Heute wissen wir, dass dieser Verhaltenstipp grober Unfug war. Wir würden das Verhalten der Eltern also retrospektiv als Erziehungsfehler bezeichnen. Doch Fehler ist nicht gleich Fehler ist nicht gleich Gewalt. Schließlich haben die Eltern in den 60ern nach bestem Wissen und Gewissen gehandelt.

Wann also wird ein Erziehungsfehler zu Missbrauch? Wann wird eine Familie zu einem ungesunden Ort? Um dies festlegen zu können, ist es hilfreich, zunächst eine Antwort darauf zu finden, was genau unter dem Pendant – einer gesunden Familie – zu verstehen ist. Dabei solltest du im Hinterkopf haben, dass Fragen nach richtig und falsch bzw. gesund und ungesund niemals abschließend zu beantworten sind. Der jeweilige kulturelle Hintergrund sowie aktuelle gesellschaftliche Konventionen und der wissenschaftliche Erkenntnisstand spielen dabei stets eine große Rolle. Ebenso wird es immer Grauzonen geben, die von Menschen unterschiedlich bewertet werden. So werden bestimmte Strafen, wie z. B. Haus- oder Zimmerarrest, von einigen Menschen noch als gesund eingestuft, während andere bereits von psychischer Gewalt sprechen. Und was ist mit der Mutter, die nach der Trennung überwältigt von den eigenen Emotionen ihrem Kind den Vater schlechtredet? Was mit dem depressiven Vater, der aufgrund seiner Erkrankung viel Unterstützung von seinen Kindern einfordert? Oder dem Bruder, der alles besser kann und dich dies täglich spüren lässt? Auch wenn es keine Letztantwort auf diese Fragen gibt, ist es dennoch wichtig, einen objektiven Bezugsrahmen für die Beantwortung festzulegen. Klienten erkennen lange nicht, dass sie in toxischen, dysfunktionalen Familienbeziehungen groß geworden sind, weil sie keine Vorstellung davon haben, wie es anders hätte sein sollen. Woher sollten sie es auch wissen?

Toxische Familienbeziehungen werden lange nicht erkannt, weil die Vorstellung davon, wie es anders aussehen könnte, fehlt.

Menschen halten schließlich das für normal, was sie jeden Tag erleben und beobachten. Da du dieses Buch in den Händen hältst, vermute ich, dass auch du Unsicherheiten bezüglich deiner Familie verspürst. Im Folgenden möchte ich dir daher ein paar Merkmale, die eine gesunde Familie kennzeichnen, vorschlagen. Sie basieren auf systemischen lern- und bindungstheoretischen Erkenntnissen. Sie sollen dir zu einer ersten Orientierung verhelfen. Bitte lies sie in einem möglichst ruhigen Moment und, wenn du damit in Resonanz gehst, am besten gleich zweimal.

2.1 Sicherheit und Vertrauen

In gesunden Familien gibt es keine Gewalt und kein (dauerhaftes) Leid

Ein gesundes Familiensystem ist ein gänzlich gewaltfreier Raum. Weder Erwachsene noch Kinder fürchten, körperlich, sexuell oder emotional angegangen oder missbraucht zu werden. Sowohl der Alltag als auch herausfordernde Situationen wie Konflikte oder Stressmomente laufen friedlich und lösungsorientiert ab. Das heißt nicht, dass ein unter Zeitdruck stehender Vater nicht auch einmal ungeduldig und genervt sein kann, wenn sein Sohn nicht bereit ist, seine Mütze aufzusetzen. Eine gereizte Stimmung ist in gesunden Familien jedoch nicht an der Tagesordnung, sondern bleibt die Ausnahme. In gesunden Eltern-Kind-Beziehungen sind die Eltern in der Lage, ihre eigenen Emotionen angemessen zu regulieren, sodass sie diese nicht ungefiltert an die Kinder weitergeben. Sie nutzen den Wissensvorsprung, den sie gegenüber ihren Kindern haben, um Konflikte und Stresssituationen friedlich aufzulösen. So hat der Junge, der zehn Minuten diskutiert, weil er die Mütze nicht aufsetzen will, keine Vorstellung über abstrakte Konzepte wie Zeit oder Termindruck. Ein konstruktiv agierender Vater weiß, dass sein Sohn nicht verstehen kann, wie dringlich das Mütze-Aufsetzen ist. Er wird an den meisten Tagen wohlwollend nach Lösungen suchen.

Gewaltfreiheit mag für viele selbstverständlich klingen, aber leider ist es das nicht. Insbesondere im Kontext psychischer Gewalt werden die Grenzen noch immer nicht eng genug gesteckt. Insbesondere dann, wenn es um die Instrumentalisierung von Kindern für eigene Bedürfnisse geht. Gesunde Eltern sind nicht bedürftig bzw. sie erwarten die Heilung eigener emotionaler Missstände, die sich in ihrer eigenen Kindheit und / oder aufgrund aktueller Lebensumstände (Trennung, psychische Erkrankung, Arbeitslosigkeit etc.) entwickelt haben, nicht von ihren Kindern. In gesunden Familien helfen Eltern sich selbst bzw. sie holen sich externe Hilfe.

2.2 Zugehörigkeit, Ordnung und Ausgleich

In gesunden Familien werden die systemischen Grundprinzipien der Liebe eingehalten

Eine Familie ist mehr als die Summe ihrer Teile. Sie ist ein vielschichtiges Gefüge aus komplexen Einzelpersonen und Subsystemen, welche sich wiederum zu einem Gesamtsystem verflechten. Damit der Zusammenhalt dieses Gesamtsystems gewährleistet werden kann, entwickelt jede Familie über Generationen hinweg individuelle, interne Gesetze und Verhaltensregeln. So wird z. B. in einigen Familie großer Wert auf eine hierarchische Ordnung mit strengen Regeln gelegt, während andere demokratische Strukturen mit möglichst wenig rigiden Vorgaben bevorzugen. Manche Familien legen Wert auf Traditionen wie Ehe oder einen Weihnachtsbaum. Andere identifizieren sich mit dem Verzicht auf tierische Produkte, Konsumverhalten o. Ä. Es gibt jedoch auch einige universelle Gesetze, die in jedem Familiensystem von großer Bedeutung sind. Bert Hellinger[5], der Begründer der systemischen Familienaufstellungen, bezeichnet diese als die Grundprinzipien der Liebe. Diese Prinzipien, die eng miteinander verzahnt sind, müssen erfüllt sein, um von einem gesunden Familiensystem sprechen zu können (Hellinger 2015):

- das Prinzip der Zugehörigkeit (jedes Familienmitglied ist willkommen und hat die gleichen Rechte),
- das Prinzip der Ordnung (jeder nimmt seinen Platz ein) und
- das Prinzip des Ausgleichs (jeder bekommt, was ihm zusteht).

2.2.1 *Jedes Familienmitglied ist willkommen und hat die gleichen Rechte*

In einer intakten Familie dürfen alle Familienmitglieder dazugehören. Doch was genau meint das: dazugehören? Gehören wir automatisch dazu, sobald wir in eine Familie hineingeboren oder adoptiert werden? Ganz so einfach ist es nicht. Wenn Systemikerinnen von Zugehörigkeit sprechen, meinen sie vielmehr ein Gefühl bzw. so etwas wie eine gefühlte Gewissheit. Diese lässt sich nicht an Fakten oder Umständen bemessen. Caro wurde zum Beispiel im Laufe ihres Lebens immer wieder erzählt, dass sie ein sogenanntes Tro-Pi-Kind (= Trotz-Pille-Kind) sei. Obwohl sie ihr Leben lang versuchte, diese Aussagen „nicht so eng zu nehmen“, und obwohl

---

5 Hellingers Erkenntnisse sind für die systemische Praxis bahnbrechend gewesen. Daher arbeite auch ich mit einigen seiner Grundsätze. Ich möchte mich allerdings an dieser Stelle in aller Deutlichkeit von seinen Werten, Idealen und Moralvorstellungen abgrenzen.

ihre Mutter ihr durchaus sagte, dass sie sie liebe, hatte dieser Ausdruck doch zur Folge, dass sie sich „irgendwie nicht richtig willkommen fühlte“. Um sich als nicht zugehörig zu fühlen, braucht es nicht immer konkrete Aussagen oder Handlungen wie bei Caro. Kinder sind ausgesprochen sensibel für die Emotionen ihrer Eltern und die Stimmung im Raum. Das gilt auch dann, wenn die Eltern versuchen, sie vor ihnen zu verbergen (Karnilowicz et al. 2019). Ihre feine Wahrnehmung ermöglicht es ihnen nicht nur wahrzunehmen, ob sie selbst in einer Familie angenommen werden, sondern sie spüren auch, ob jeder bedeutungsvolle Erwachsene vom System akzeptiert wird oder nicht. Ist Letzteres der Fall, versuchen Kinder zumeist intuitiv, den Ausgestoßenen auf irgendeine Art und Weise in das System zurückzuholen, um dieses wieder zu komplettieren. Dies kann sich z. B. darin äußern, dass Kinder bei Ausschluss eines Elternteils nach einer Trennung oder einem Todesfall plötzlich Charaktereigenschaften und Verhaltensweisen an den Tag legen, die den Ausgeschlossenen ausgemacht haben. So wird beispielsweise ein abenteuerlustiges, quietschfideles Kind aus dem Versuch heraus, die tote Mutter zu reintegrieren, plötzlich ebenso ängstlich und introvertiert, wie die Mutter es zu Lebzeiten es war. Derartige Kompensationsversuche haben gleich mindestens zwei negative Konsequenzen für das Kind. Zum einen übernimmt es eine Integrationsfunktion, die der Ordnung entsprechend eigentlich ein Erwachsener innehaben sollte, und zum anderen kann es das Kind an der eigenen Persönlichkeitsentwicklung hindern. Hierbei handelt es sich übrigens um einen Prozess, der Betroffenen nicht nur im Kindesalter verborgen bleibt, sondern häufig auch noch als Erwachsenen nicht bewusst ist.

Warum das Dazugehören in Familien wichtig ist

Hellinger postuliert, dass nur der lieben und sich geliebt fühlen kann, der sich einem Verbund zugehörig fühlt. Wer es nicht tut, wird immer das Gefühl haben, nicht gesehen zu werden. Zugehörigkeit ist überdies die Bedingung dafür, dass jedes Familienmitglied die gleichen Rechte sowie immaterielle und materielle Ressourcen erhält. Aus dem bedingungslosen Platz innerhalb der Familie und die daran geknüpfte Gleichbehandlung entsteht in intakten Familiensystemen eine gesunde, durchlässige Loyalität.

> Bedingungslosigkeit und Gleichberechtigung sorgen in intakten Familiensystemen für gesunde Loyalität.

So wird ein Kind den Mut haben, sich entsprechend seiner Anlagen und Wünsche zu entwickeln – ohne Angst vor Ausschluss oder Degradierung. Es kann eigene Werte, Ideale und Persönlichkeitsmerkmale leben, Konflikte mit anderen Familienmitgliedern führen oder interne Familiengesetze anzweifeln, ohne die Zugehörigkeit zum System zu verlieren. Wenn Theo zum Beispiel lieber Künstler werden will, anstatt die Anwaltskanzlei des Vaters zu übernehmen, wird er in einem gesunden Familiensystem durch diese Entscheidung nicht seinen Platz im Familienverbund verlieren. Das Prinzip der Zugehörigkeit ist in gesunden Familien nicht an ein Wenn-dann gekoppelt. Das bedeutet nicht, dass der Rest der Familie, in diesem Fall der Vater, von Theos Künstler-Idee begeistert sein muss. Seine mögliche Enttäuschung kann der Vater selbstverständlich äußern. Aber Ausschluss ist in gesunden Familiensystemen keine Option. Umgekehrt haben in intakten Familiensystemen auch Eltern und Großeltern die Möglichkeit, die jüngere Generation zu kritisieren oder andere Werte, Ideale oder Wünsche zu vertreten. Sie werden nicht ausgeschlossen, weil sie etwa dem Enkelkind trotz eines Verbotes Süßigkeiten geben oder es auf Bäume klettern lassen. Kommt es hier doch zu einer nachhaltigen Spannung, kann man davon ausgehen, dass es einen tieferliegenden Konflikt gibt, der bereits länger unausgesprochen vor sich hin schwelt.

2.2.2 *Jeder nimmt seinen Platz ein*

Die Rangordnung ist das zweite Grundprinzip der Liebe. In jedem Familiensystem gibt es eine universell festgelegte Grundordnung, die eingehalten werden muss, damit man von einer intakten Familie sprechen kann. Sie wird festgelegt durch den Eintrittszeitpunkt ins System und sie ist an bestimmte Funktionen gekoppelt. Was zunächst abstrakt klingen mag, ist dir sicher längst bekannt. Eltern und Kinder befinden sich nicht auf Augenhöhe. Die Eltern stehen in der Ordnung höher. Sie nähren, beschützen, erziehen ihre Kinder und sind dafür zuständig, das Familiensystem am Laufen zu halten. Kinder hingegen haben den Eltern gegenüber keine Funktion. Auch die Geschwisterreihe folgt in gesunden Familien einer festgelegten Ordnung, wobei das ältere Kind jeweils Vorrang vor Folgekindern hat. „Höher“ und „Vorrang“ sind im systemischen Ordnungskontext übrigens ausschließlich strukturell und wertfrei zu verstehen. An die Rangordnung der Geschwister sind unterschiedliche Aufträge, Rechte und Pflichten geknüpft. So ist das älteste Kind z. B. häufig der Lehrer für die jüngeren. Das mittlere exploriert seine Umwelt stärker als das älteste Kind und das jüngste vertritt die Rolle des Nesthäkchens. Natürlich hängen die Verhaltensweisen und Aufträge ebenfalls stark vom angeborenen Temperament ab. So wird ein introvertiertes, schüchternes Kind vielleicht weniger stark explorieren als ein extrovertierteres Geschwister. Anders als bei den Eltern gibt es unter Geschwistern keine universellen Aufgaben, sondern vielmehr individuell zu belegende Plätze. Jeder Platz wird dabei nur einmal vergeben. Konkurrieren zwei Geschwister um einen Platz, z. B. den des „Mutigsten“ oder „Klügsten“, gerät das Geschwistersystem langfristig aus dem Gleichgewicht, was zu Konflikten führt.

Warum die richtige Ordnung in Familien wichtig ist

Damit Kinder sich körperlich und emotional gesund entwickeln können, müssen sich die Eltern entsprechend der korrekten Ordnung um sie kümmern. Sie sind dafür verantwortlich, eine materielle Grundversorgung zur Verfügung zu stellen, Konflikte zu lösen, empathisch und lösungsorientiert zu sein u. v. m. Ebenso lösen gesunde Eltern, die sich entsprechend dem Grundprinzip der Ordnung verhalten, Paarkonflikte und persönliche Konflikte untereinander bzw. mit sich selbst oder anderen Erwachsenen. Sie werden ihre Kinder nicht in diese Konflikte einbeziehen. Wenn die Ordnung zwischen Eltern und Kindern dauerhaft aus den Fugen gerät und Kinder im Alltag zu mentalen und emotionalen Versorgern werden, nennt man das Parentifizierung, die sich als „eine subjektive Verzerrung, als Rollentausch in der Beziehung zwischen Eltern und Kindern dar[stellt]. Kindliche und elterliche Systeme vermischen sich, Grenzen und natürliche Hierarchien werden aufgelöst und elterliche Aufgaben und Verantwortlichkeiten an das Kind bzw. die Kinder übergeben“ (Polz 2018, S. 48). Eltern werden also zu Kindern und Kindern zu Eltern umfunktioniert. Diese ist meinen Beobachtungen zufolge die meist unterschätzte Form psychischer Gewalt an Kindern. Ich werde in Kapitel 3 ausgiebig darauf eingehen.

Zur Verschiebung der Ordnung kommt es häufig dann, wenn die Eltern selbst bedürftig sind, weil sie überfordert, traumatisiert, sucht- oder psychisch erkrankt sind. Auch dann, wenn Kinder den Eltern als (ebenbürtige) Bezugspersonen dienen, kann dies in bestimmten Kontexten zu Problemen führen (vgl. Kap. 3).

Zu einer Verschiebung einer gesunden Familienordnung kommt es, wenn Eltern überfordert, traumatisiert, sucht- oder psychisch erkrankt sind.

Das bedeutet nicht, dass alle bedürftigen Eltern *unordentliche,* toxische Systeme generieren. In einer intakten Ordnung zu leben, hat in erster Linie etwas damit zu tun, Verantwortung entsprechend der eigenen Position zu übernehmen. Seiner Elternfunktion nachzukommen kann demnach auch heißen, sich seiner Bedürftigkeit bewusst zu sein und sich dementsprechend Unterstützung zu holen, um die Kinder davor zu schützen, unbewusst einspringen zu wollen.

2.2.3 *Jeder bekommt, was ihm zusteht*

Das dritte Grundprinzip, welches für eine gesunde Familienstruktur wichtig ist, ist das des Ausgleichs. Dabei spielen die Parameter Geben und Nehmen, Autonomie und Bindung sowie die Ressourcenverteilung eine besondere Rolle. Nur wenn diese Größen dauerhaft im – der Ordnung entsprechend – richtigen Verhältnis stehen, kann man von einem intakten Familiensystem sprechen.

Geben und Nehmen (Voraussetzung: intakte Ordnung)

Während in Beziehungen zwischen zwei Erwachsenen der Ausgleich zwischen Geben und Nehmen im Gleichgewicht sein sollte, ist in gesunden Familien ein Ungleichgewicht zugunsten der Kinder vorhanden. Entsprechend der Grundordnung und der damit verbundenen Funktionen werden Eltern in intakten Familiensystemen immer mehr geben als ihre Kinder. Diese können und müssen ihnen nichts Gleichwertiges zurückgeben. In gesunden Eltern-Kind-Beziehungen sind sich die Eltern dieses Grundprinzips bewusst oder handeln zumindest intuitiv danach. Sie erwarten keine Gegenleistungen und sie generieren kein schlechtes Gewissen. Aussagen wie „Ich habe dir doch alles gegeben, jetzt kannst du auch mal etwas für mich tun" werden in gesunden Familien nicht getätigt. Das bedeutet nicht, dass Eltern sich nichts von ihren Kindern wünschen dürfen. In gesunden Familien sind Kinder allerdings auch dann weiterhin akzeptiert, wenn sie diesen Wünschen nicht (sofort und aus freien Stücken) nachkommen. Eltern werden in diesem Fall das kooperative Gespräch suchen. Das heißt übrigens nicht, dass Eltern kein Recht auf Respekt haben, sofern sie selbst respektvoll mit ihren Kindern umgehen. Es heißt ebenfalls nicht, dass es nicht auch Tage geben kann, an denen Eltern ihre Geberrolle leid sind. Problematisch wird es allerdings dann, wenn dies a) den Kindern unreflektiert kommuniziert und / oder b) zu einem dauerhaften Zustand wird. Damit dies nicht passiert, liegt es an den Eltern, die Situation zu überdenken und zu schauen, was es braucht, um sie zu verändern. In gesunden Familien suchen stets die Eltern nach Lösungsstrategien und nicht die Kinder. Das gilt auch für das Prinzip des Ausgleichs.

Autonomie und Bindung (Voraussetzung: Zugehörigkeit ist gegeben)

Du hast vielleicht schon einmal davon gehört, dass Kinder von ihren Eltern sowohl Wurzeln als auch Flügel bekommen sollten. Genau das ist gemeint, wenn vom Ausgleich zwischen Autonomie und Bindung die Rede ist. Kinder, die in gesunden Familien aufwachsen, sind durch das Prinzip der Zugehörigkeit derart mit ihr verwurzelt, dass sie sich das Fliegen jederzeit erlauben können, weil sie dadurch keine

Entwurzelung fürchten müssen. Diesen Punkt hatte ich weiter oben schon einmal aufgegriffen: Wer sich zugehörig fühlt, ist gebunden. Und wer gebunden ist, wird sich trauen, eigene Werte und eine starke Persönlichkeit zu entwickeln. Der Familientherapeut Stierlin hat in diesem Zusammenhang bereits in den 1980er-Jahren den Begriff „Bezogene Individuation" geprägt (Stierlin, 1989). Er meint den Erfahrungsprozess, in dem ein Kind lernt, die beiden menschlichen Grundmotive der Autonomie und Beziehung gemeinsam leben zu können, ohne dass sie sich gegenseitig ausschließen. Nur wer dies schon als Kind lernt, kann diese Erfahrung als Erwachsener in Beziehungen wiederholen und ist somit gefeit vor symbiotischen, emotionalen Abhängigkeiten auf der einen und Bindungsängsten auf der anderen Seite (vgl. Abb. 2.1–2.3). Doch nicht nur Kinder sollten gebunden und autonom zugleich sein. Auch Eltern dürfen sich von Zeit zu Zeit Freiräume nehmen und sich um sich selbst, ihre Partnerschaft, Freunde, ihre Hobbys oder ihren Job kümmern. In einem gesunden Familiensystem identifizieren sich Eltern nicht allein durchs Elternsein. Sie bleiben über die Elternschaft hinaus Partnerin, Freund, Arbeitskollegin etc. Je älter die Kinder werden, desto weniger ist das Elternsein der Identifikationsmittelpunkt. Diese Form der Autonomie ist aus systemischer Sicht unbedingt notwendig, um der Elternfunktion, z. B. der unausgeglichenen Geberrolle, dauerhaft nachkommen zu können und auch zu wollen. Partnerschaften funktionieren nach einem ähnlichen Prinzip. Gehen Menschen symbiotisch mit dem Partner auf, hat das langfristig den eigenen Identitätsverlust zur Folge. Bleibt dieser Umstand unreflektiert, hat dies oft zur Folge, dass Betroffene nur noch zwei Handlungsoptionen sehen: Selbstaufgabe oder Wiedererlangen der Autonomie, z. B. in Form einer Trennung. Letzteres ist als Elternteil in den meisten Fällen keine Option. Entsprechend werden sich Eltern, die ausschließlich für ihre Elternschaft leben, früher oder später selbst verlieren und dies im schlimmsten Fall den Kindern zum Vorwurf machen. In einer gesunden Familie sind also die einzelnen Mitglieder (Mutter, Vater, Kinder etc.) und die Subsysteme (Mutter – Vater, Kind 1 und Kind 2 etc.) als in sich autonome Systeme im Gesamtsystem gebunden.

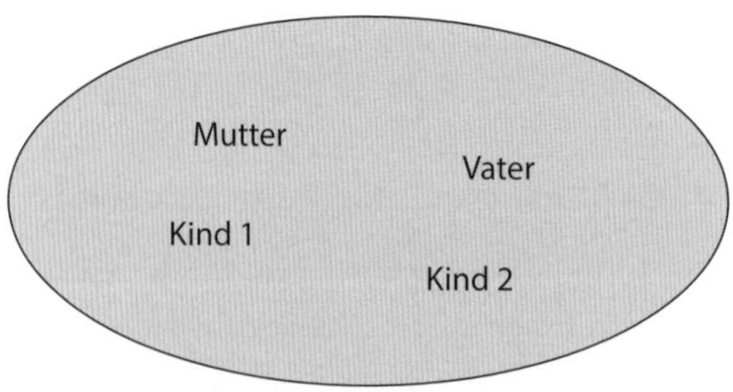

Abbildung 2.1: Symbiotische Bindung

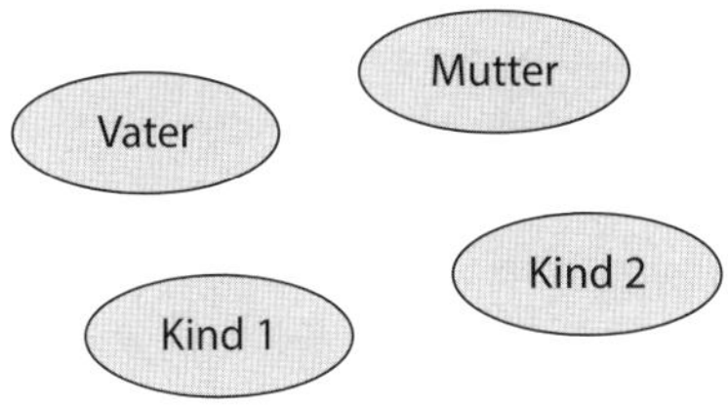

Abbildung 2.2: Keine Bindung

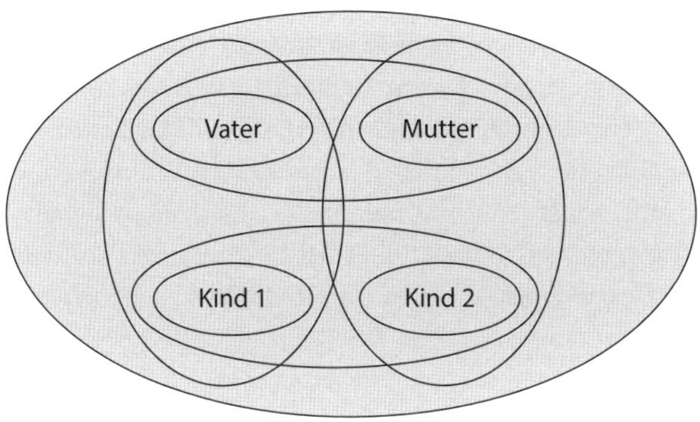

Abbildung 2.3: Gesunder Ausgleich zwischen Autonomie und Bindung (weitere Subsysteme sind möglich)

Ressourcenverteilung (Voraussetzung: Ordnung ist intakt und Zugehörigkeit ist gegeben)

Ebenso wichtig wie der Ausgleich zwischen Geben und Nehmen sowie Autonomie und Bindung ist die Gleichverteilung von materiellen Ressourcen (z. B. Ausstattung des Zimmers, Kleidung usw.) und immateriellen Ressourcen (z. B. Zuwendung oder Bestätigung) innerhalb des Familiensystems. Was in der Theorie für viele selbstverständlich klingen mag, ist in der Praxis häufig nicht leicht umzusetzen. Besonders gefordert sind Eltern, die neben anderen gesunden Kindern ein erkranktes oder gehandicaptes Kind haben. Auch in Familiensystemen, in denen es Adoptiv- oder Stiefkinder gibt, stehen Eltern häufig vor Herausforderungen. Studien zeigen überdies, dass ein Großteil der Eltern Lieblingskinder haben. So sollen laut einer Untersuchung der University of California 70 Prozent der Väter und 74 Prozent der Mütter eine Präferenz für ein Kind in der Familie aufweisen (Conger et al. 2005). Dabei bevorzugen Mütter signifikant häufiger den ältesten Sohn und Väter die jüngste Tochter. Dies hat nicht nur negative Folgen für die nicht präferierten Kinder. In den meisten Fällen versuchen bevorzugte Kinder unbewusst durch Ausgleichshandlungen, das Gleichgewicht zwischen den Geschwistern wiederherzustellen. Die Folge ist ein unnatürliches Verhalten, das die eigene Entwicklung unnötig bremsen kann.

Herausfordernde strukturelle Bedingungen wie ein krankes Kind oder der Umstand, dass einige Eltern ein Lieblingskind haben, bedeuten nicht zwangsläufig, dass eine Familienstruktur sich pathologisch oder toxisch entwickelt. Entscheidend ist, dass die Eltern sich und ihr Verhalten präsent und unter Beobachtung haben. Der gute Wille, dauerhaft einen Ausgleich herzustellen, zählt. Dabei kann es in einigen Fällen hilfreich sein, den Geschwistern gegenüber transparent vorzugehen und sie in den Lösungsprozess einzubeziehen. Einem Sechsjährigen kann man z. B. gut erklären, dass man sich in den nächsten Wochen um den kranken Bruder kümmern muss. Stellt man in Aussicht, dass danach wieder andere Zeiten kommen, und winkt dann vielleicht sogar eine selbst gewählte Belohnung, kann man sicher nicht von einer toxischen Familie sprechen. Ganz anders sieht es hingegen aus, wenn eine Mutter ohne Erklärung erwartet, dass das gesunde Kind sich über Wochen und Monate „zu benehmen hat“.

Warum ein stimmiger Ausgleich in Familien wichtig ist

Wenn der Ausgleich zwischen den Mitgliedern und Subsystemen nicht stimmt, gerät eine Familie ins Ungleichgewicht. Da jedes System ein internes Gleichgewicht (die sogenannte Homöostase) anstrebt, werden in einem solchen Fall ein oder mehrere Mitglieder versuchen, es wieder herzustellen. Dies geschieht in Form von Kompensationsstrategien, welche zwar grundsätzlich eine gute Absicht verfolgen (nämlich die Homöostase), jedoch in den meisten Fällen für die Betroffenen ungesund sind. So werden z. B. Kinder, die spüren, dass Eltern aufgrund eigener Bedürftigkeit und Überforderung nicht genug zu geben haben, selbst zu Gebern. Ich sprach in diesem Zusammenhang bereits über das Phänomen der Parentifizierung (vgl. S. 38). Die Kinder helfen in jungen Jahren im Haushalt, trösten die weinenden Eltern oder behalten ihre Sorgen für sich, um den Eltern Entlastung zu verschaffen. Ähnlich ungesunde Strategien können Kinder entwickeln, die keine „bezogene Individuation“ erfahren konnten: Kinder, die mehr Bindung als Autonomie angeboten bekommen, werden sich im schlimmsten Fall mit den Eltern überidentifizieren und keine eigene Persönlichkeit entwickeln. Im Umkehrschluss werden jene, die mehr Autonomie als Bindung bekommen, sich möglicherweise den angeborenen Wunsch nach Bindung regelrecht abtrainieren. Auch die materielle und immaterielle Ressourcenverteilung ist für die Homöostase bedeutsam. Ist sie im Ungleichgewicht, kann es zu belastenden, sekundären toxischen Geschwisterbeziehungen zwischen den Kindern kommen. In Abschnitt 4.1 wird dieses Thema noch einmal ausführlich behandelt.

2.3 Stabilität und Zuverlässigkeit

In gesunden Familien haben Kinder zu den primären Bezugspersonen eine sichere Bindung

Im vorherigen Kapitel habe ich dir gezeigt, wie wichtig die primären Bezugspersonen für die Entwicklung eines Kindes sind. Ob sich zwischen ihnen eine sichere oder eine unsichere Bindung entwickelt, hängt aus systemischer Sicht eng mit der Erfüllung bzw. Nichterfüllung der drei oben genannten Grundprinzipien zusammen.

So können Eltern nur dann ein verlässlicher, emotional stabiler Bindungspartner sein, wenn sie:

1. ihr Kind als das ihre annehmen können (Zugehörigkeit),
2. sich selbst als erwachsener Funktionsträger des Systems wahrnehmen und entsprechend dieser Rolle agieren (Ordnung),
3. genug physische, psychische und emotionale Kapazitäten besitzen, um dauerhaft mehr geben als nehmen zu können (Ausgleich).

Je nach Altersstufe benötigen Kinder unterschiedliche Dinge, um sich sicher gebunden zu fühlen. So sind Säuglinge z. B. besonders auf Körperkontakt angewiesen. Kleinkinder benötigen hingegen ein ausgeprägtes Maß an Feinfühligkeit, liebevoller Zuwendung und Empathie. Insbesondere dann, wenn sie beginnen, ihre Umwelt zu explorieren. In der mittleren Kindheit und Jugend spielt ein sozial kompetenter, lösungsorientierter Umgang mit negativen Affekten, Scheitern, Konflikten und Herausforderungen eine besonders große Rolle (Grosmman & Grossmann 2012). In gesunden Familien werden diese Bedürfnisse von den Eltern erfüllt. Unabhängig von altersspezifischen Besonderheiten zeichnet sich eine sichere Bindung zu Eltern, Geschwistern oder anderen Bezugspersonen durch ein hohes Maß an Stabilität, Sicherheit und Vertrauen aus.

> Eine sichere Bindung zu Eltern, Geschwistern oder anderen Bezugspersonen zeichnet sich durch ein hohes Maß an Stabilität, Sicherheit und Vertrauen aus.

Die Eltern sind präsent und erfüllen die körperlichen, mentalen und emotionalen Bedürfnisse ihrer Kinder. „Die emotionalen Transaktionen, die im Fall einer sicheren Bindung stattfinden, beinhalten daß [sic!] ein Elternteil auf die Signale des Kindes emotional sensibel reagiert und dadurch positive emotionale Zustände des Kindes verstärkt und negative moduliert" (Siegel 2010, S. 83). Gesunde, sichere Bindung zu Familienmitgliedern sind kohärent. Kinder können also sicher sein, dass das, was heute gilt, auch morgen gilt. Diese Kohärenz bezieht sich sowohl auf Zuwendung und Empathie als auch auf Regeln oder die Art und Weise der Konfliktbewältigungen. Die Stabilität der Bindung bzw. die Zugehörigkeit zum System wird durch ein vermeintliches Fehlverhalten nicht gefährdet. Themen können angstfrei angesprochen werden. Was falsch läuft, lässt sich korrigieren. Ein Kind, das sich sicher an die Familie gebunden fühlt, wird sich demnach niemals ausgeliefert, sondern immer selbstwirksam und handlungsfähig fühlen. Im Umkehrschluss sind Ohnmachtsgefühle innerhalb des Familienverbundes immer als Warnsignal zu sehen.

2.4 Respekt und Akzeptanz

In gesunden Familien besteht Raum für Persönlichkeitsentfaltung, Fehler und Konfliktlösung

Diesen Aspekt habe ich im Kontext des Zugehörigkeitsprinzips bereits angerissen. Da ich ihn besonders wichtig finde, greife ich ihn hier erneut auf. In einer gesunden Familie werden alle Familienmitglieder akzeptiert und respektiert. Auch dann, wenn man auf irgendeine Art und Weise „anders" ist. Wenn die gesamte Familie extrovertiert und abenteuerlustig ist, aber eines der Kinder introvertiert und ängstlich, wird es nicht ausgeschlossen, sondern seine Andersartigkeit wird respektiert. Kinder, die in gesunden Familien aufwachsen, werden sich demnach nicht übermäßig anpassen. Sie können sich frei entfalten und ihren Hobbys und Neigungen unabhängig von anderen Familienmitgliedern nachgehen. Ebenso können sie eigene Werte und Ideale entwickeln, die von den Eltern langfristig akzeptiert werden. Diese Akzeptanz muss sich nicht in Begeisterung äußern. Allerdings versuchen Eltern in gesunden Familien, ihren Kindern zuzuhören, um sie möglichst unvoreingenommen verstehen zu können. Das gilt auch in die andere Richtung. Man könnte also sagen, das Motto einer gesunden Familie ist „leben und leben lassen".

Doch nicht nur der Umgang mit Andersartigkeiten vollzieht sich in intakten Familiensystemen respektvoll. Auch die Kommunikation und die Lösung von Konflikten geschieht respektvoll und gewaltfrei. Kinder, die in einem gesunden Familiensystem aufwachsen, werden den Umstand, dass die Eltern grundsätzlich mehr geben als nehmen, nicht als Freifahrtschein nutzen, um verbal oder nonverbal ausfallend mit ihnen zu kommunizieren. Andererseits können gesund agierende Eltern aufgrund ihres mentalen und emotionalen Wissensvorsprungs – insbesondere im

Umgang mit Kleinkindern – auseinanderhalten, ob ihr Kind gerade tatsächlich respektlos auftreten will oder ob es schlicht mit seinen eigenen Emotionen überfordert ist. Auch im Zusammenhang mit Respekt und Akzeptanz gilt, dass Ausnahmen die Regel bestätigen. In keiner Familie wird es immer respektvoll zugehen. Natürlich wird auch in gesunden Familien hitzig und emotional diskutiert oder gestritten. Und selbstverständlich kann es auch Dinge geben, die man am Gegenüber nur äußerst zähneknirschend akzeptiert. Unterm Strich fühlen sich Kinder und Eltern in gesunden Familien allerdings wertgeschätzt und angenommen.

2.5 Verantwortung

In gesunden Familien sind sich Eltern ihrer Vorbildfunktion als Eltern und als Paar bewusst

Lerntheoretiker gehen davon aus, dass Kinder am Modell lernen. Das heißt, sie beobachten Erwachsene, um sich meist unbewusst an ihrem Verhalten zu orientieren. Im Kindergartenalter werden diese Verhaltenskopien besonders sichtbar. So habe ich als Sozialpädagogische Assistentin oft beobachten können, wie Kinder schlimme Schimpfwörter benutzten. Natürlich kannten sie ihre Bedeutung nicht. Sie adaptierten sie vielmehr unbedarft von ihren Eltern oder Geschwistern. Leider kopieren Kinder nicht nur Schimpfwörter. Sie beobachten auch genau, wie ihre Bezugspersonen Konflikte lösen, wie sie mit sich selbst, mit anderen Familienmitgliedern und mit Menschen außerhalb der Familie umgehen. Gesunde Eltern lösen persönliche Herausforderungen gelassen und lösungsorientiert. Sie behandeln sich selbst und ihre Mitmenschen achtsam. Sie ernähren sich gesund, achten auf ihre körperlichen und emotionalen Grenzen und leben ein akzeptables Maß an Genussmittelkonsum vor.

Doch Kinder beobachten nicht nur. Mehrere Studien belegen, dass Kinder sehr feinfühlig für das Wahrnehmen von Gefühlen sind. In unterschiedlichen Versuchsreihen konnte gezeigt werden, dass Eltern, die in einem separaten Raum in eine ärgerliche Stimmung versetzt wurden, ihre Kinder über ihre Stimmung nicht hinwegtäuschen konnten, wenn sie zu ihnen zurückkehrten. Auch dann nicht, wenn sie vorher dazu angehalten wurden, sich zu bemühen, ihre Stimmung möglichst zu verbergen (Cummings et al. 1993). In diesem Zusammenhang konnte auch gezeigt werden, dass häufige Konflikte zwischen den Eltern negative Auswirkungen auf die Entwicklung, insbesondere auf den Selbstwert der Kinder haben. Es spielte dabei keine Rolle, ob sie sich dabei aggressiv oder passiv aggressiv zeigten. Je jünger die Kinder waren, desto gravierender waren die Auswirkungen. Erst ab der Grundschule können Kinder verstehen, dass Konflikte zwischen den Eltern hin und wieder vorkommen, ohne dass dies zwangsläufig negative Konsequenzen für ihre Beziehung haben muss (Zemp & Bodemann 2020). Es gibt allerdings Hinweise darauf, dass es durchaus eine Rolle spielt, in welcher Art und Weise die Eltern während des Streits miteinander kommunizieren. In einer Studie mit ein- bis dreijährigen Kindern verglich Cummings Familien, die ihre Streitigkeiten lösungsorientiert und mit einem Lächeln diskutierten, mit solchen, die genervte Blicke und kritische Kommentare austauschten. Die Kinder mit den lachenden Eltern zeigten sich selbst ebenfalls fröhlicher und gelassener. Die Kinder der zweiten Gruppe waren hingegen unruhig und zeigten sich besorgt. Einige versuchten, soziale Verantwortung zu übernehmen und Frieden zu stiften. Ebenso konnte Cummings zeigen, dass die Auswirkungen elterlicher Dispute davon abhingen, ob die Streitigkeiten mit einer konstruktiven Lösung endeten (Cummings 1991). Diese Ergebnisse zeigen, wie wichtig es ist, dass Eltern sich sowohl ihrer emotionalen als auch ihrer Verantwortung als Role Model bewusst sind. Gesunde Eltern haben diese Verantwortung präsent und bemühen sich, sich dementsprechend zu verhalten. Damit ist nicht gemeint, dass Eltern in gesunden Familiensystemen jeden Tag perfekt und fehlerlos agieren. Es heißt vielmehr, dass sie im Sinne der richtigen Ordnung eine Reflexionsebene besitzen, von der aus sie ihr eigenes Verhalten beobachten und prüfen.

2.6 Wärme, Nähe und Geborgenheit

In gesunden Familien werden Kinder von ihren Eltern geliebt

Last, but not least ist das wohl zentralste Merkmal einer gesunden Familie, dass Kinder in gesunden Familiensystemen von ihren Eltern bedingungslos geliebt werden. Für die meisten Menschen mag dies glücklicherweise so selbstverständlich sein, dass es keiner Erwähnung bedarf. Leider ist Liebe aber nicht für alle Kinder etwas Selbstverständliches. Relativ junge Debatten um das sogenannte *Regretting Parenthood* (Bedauern der Elternschaft), neueste Studien über mangelnde Oxycotin-Produktionen bei traumatisierten Müttern und die in der Öffentlichkeit viel diskutierte Diagnose der narzisstischen Persönlichkeitsstörung beschäftigen sich ausgiebig mit dem Problem mangelnder Liebe in Eltern-Kind-Beziehungen. Ich werde in Abschnitt 3.3.1 näher darauf eingehen.

Liebe ist ein komplexer Begriff, der sich rein kognitiv schwer erfassen lässt. Die Anwesenheit von Liebe kann schlussendlich nur gespürt und nicht anhand von Fakten nachgeprüft werden. Wenn du in einer gesunden Familie aufgewachsen bist, wirst du schlicht wissen, dass du geliebt wurdest und noch immer geliebt wirst. Du brauchst für dieses stille Wissen keine Anleitung. Ebenso wirst du höchstwahrscheinlich eine Ahnung davon haben, wenn dies nicht der Fall war / ist.

REFLEXION

Zugehörigkeit, Ordnung und Ausgleich

Du hast jetzt einiges zu den Themen Zugehörigkeit, Ordnung und Ausgleich gelesen. Wie hast du diese Grundprinzipien in deinem Familiensystem wahrgenommen? Fühlst du dich deiner Familie bedingungslos zugehörig? Haben deine Eltern ihre Rolle als verantwortliche Erwachsene ausgefüllt? Oder haben sie beispielsweise mehr genommen als gegeben?

Wie würdest du die generelle Stimmung in deiner Familie beschreiben? Hast du dich sicher und geborgen gefühlt? Gab es Raum für deine Gefühle? Hattest du Angst? Hast du Respekt und Akzeptanz erfahren?

Fühl(te)st du dich in deiner Familie geliebt? Wenn nein: Von wem hast du dich aus welchen Gründen nicht hinreichend geliebt gefühlt? Leidest du heute (noch) darunter?

Teil I

Ungesunde Familienbeziehungen erkennen

Nachdem du eine Vorstellung davon gewonnen hast, was eine gesunde Familienstruktur ausmacht, möchte ich dir im Folgenden ein paar Beispiele für ungesunde Familienbeziehungen präsentieren. Die offensichtlichste Form einer toxischen Familienbeziehung ist ohne Frage der körperliche Missbrauch. Er ist zumeist auf den ersten, spätestens aber auf den zweiten Blick identifizierbar. Dies ist sicher ein Grund dafür, dass in der öffentlichen Wahrnehmung mittlerweile ein Bewusstsein dafür vorhanden ist, wie schädlich jegliche physische Gewalt gegen Kinder ist.

Weitaus schwieriger zu erkennen ist ein psychischer Missbrauch, da dieser sich nicht akut und augenscheinlich auf dem Körper abzeichnet. Häufig zeigt sich das volle Ausmaß der Folgen erst im Erwachsenenalter. Dieser Umstand ist besonders fatal für Betroffene, da zahlreiche Studien (z. B. Vachon et al. 2015). Hinweise darauf geben, dass emotionaler Missbrauch[6] und körperliche Züchtigung in gleichem Maße schädigend für Kinder und Jugendliche sind. Es ist unbedingt notwendig, die Wahrnehmung für dieses Thema sowohl unter Betroffenen als auch in der Öffentlichkeit zu schärfen. Deshalb wird psychische Gewalt den Schwerpunkt dieses Kapitels bilden. Diese Gewichtung steht in keinerlei Zusammenhang zu einem vermeintlichen Schweregrad der verschiedenen Gewaltformen. Gewalt ist Gewalt. Meistens treten verschiedene Formen des Missbrauchs gleichzeitig auf.

6 Im Folgenden nutze ich die Begriffe psychischer und emotionaler Missbrauch bzw. psychische, seelische und emotionale Gewalt / Misshandlung synonym.

Wichtige Hinweise, bevor du weiterliest

Bevor wir uns den unterschiedlichen Erscheinungsformen toxischer Familienbeziehungen widmen, möchte ich dich darauf aufmerksam machen, dass insbesondere im Hinblick auf psychische Misshandlung Grenzen häufig schwammig sind. Was noch gesund und was schon ungesund ist, lässt sich nicht immer trennscharf festlegen. Im Zweifel kommt es auf den individuellen Fall und den Kontext an. Und dieser Kontext bist am Ende immer du. Du allein entscheidest anhand deines subjektiven Leidensdrucks, ob du das, was dir widerfahren ist, als Missbrauch erlebt hast oder nicht. In diesem Zusammenhang möchte ich dich auch darum bitten, bei der weiteren Lektüre sorgsam mit dir umzugehen. Die folgenden Ausführungen können Trigger beinhalten. Wenn du derzeit unter einer akuten psychischen Erkrankung oder Traumafolgestörung leidest, lies bitte nur weiter, wenn du dich stabil fühlst.

Ebenfalls möchte ich noch einmal darauf hinweisen, dass die folgenden Ausführungen keine Schuldzuweisungen an Eltern sein sollen. Es geht nicht darum, sie an den Pranger zu stellen. Aber, und das ist enorm wichtig: Es ist nicht die Aufgabe der Betroffenen, sich um die Motive, Nöte und Sorgen der Eltern zu kümmern. Das wäre nur ein Mehr von der bereits bestehenden toxischen, destruktiven Dynamik. Eltern sind selbst für mögliche Motive und den Umgang mit ihnen verantwortlich. So trägt ein Vater, der selbst traumatisiert wurde, gewiss keine Schuld an seinem Trauma. Die Verantwortung dafür, ob er es durch Gewalt an seine Kinder weitergibt, trägt er aber sehr wohl.

3. Missbrauch – die offensichtlichste Form toxischer Beziehungen

3.1 Körperlicher Missbrauch

Fast jeden Tag wird in Deutschland ein Kind getötet oder ist vom Tode bedroht. So sind im Jahr 2020 insgesamt 145 Kinder gewaltsam zu Tode gekommen. 118 davon waren zum Zeitpunkt des Todes jünger als sechs Jahre. In 134 Fällen erfolgte ein Tötungsversuch. Fast alle Fälle wurden in Familien verzeichnet (Bundeskriminalamt 2021). Liest man diese Zahlen, ist es umso erschreckender, dass bis ins Jahr 2000 die körperliche Bestrafung von Kindern in Deutschland legal war. Seitdem wurde im Bürgerlichen Gesetzbuch unter § 1631 Abs. 2 Folgendes aufgenommen:

> „Kinder haben ein Recht auf gewaltfreie Erziehung. Körperliche Bestrafungen, seelische Verletzungen und andere entwürdigende Maßnahmen sind unzulässig."

Weiter heißt es heute in § 223 b des Strafgesetzbuches:

> „Wer Personen unter achtzehn Jahren, die seiner Obhut unterstehen oder seinem Hausstand angehören, [...] quält oder roh misshandelt oder wer durch böswillige Vernachlässigung seiner Pflicht, für sie zu sorgen, sie an der Gesundheit schädigt, wird [...] bestraft."

Und auch wenn im Jahr 2020 in einer Elternstudie knapp 50 Prozent angaben, dass ein Klaps auf den Hintern eine erlaubte Erziehungsmaßnahme sei und jeder Sechste eine Ohrfeige für angemessen hielt (Clemens et al. 2020), spricht die Forschung eine andere Sprache. Jegliche Form körperlicher Gewalt hat schwerwiegende psychische Folgen für Kinder (z. B. Gershoff 2016) und ist demnach eine Miss-Handlung, die es zu unterlassen gilt. Ohrfeigen, Klapse, Schütteln, Packen o. Ä. sind immer traumatische Erlebnisse für Kinder. Gewaltsame Handlungen jeglicher Art verhindern und / oder zerstören sichere Bindungen zu den Bezugspersonen. Eltern werden zur Quelle der Verstörung und Gefahr. Sicherheit und Vertrauen – sowohl in das Gegenüber als auch in die eigene (Körper-)Wahrnehmung – werden erschüttert oder gehen gänzlich verloren. Es versteht sich demnach von selbst, dass körperliche Gewalt immer mit psychischer Gewalt einhergeht. Umgekehrt muss dies nicht der Fall sein.

Typische Glaubenssätze bzw. Gedanken ehemals körperlich misshandelter Kinder wie „Das war doch alles gar nicht so schlimm" oder „Sicher übertreibe ich. Ich übertreibe ja immer" machen es Betroffenen häufig schwer, das, was ihnen in ihrer Familie widerfahren ist, als Gewalt zu verbuchen. Noch schwerer fällt es ihnen, heutige

Probleme mit den biografischen Erfahrungen in Bezug zu setzen. Du musst nicht jeden Tag grün und blau geprügelt worden sein, um von physischer Gewalt sprechen zu können. Ich möchte dich daher bitten, jegliche körperliche Übergriffigkeit, die du in deiner Kindheit und Jugend erlebt hast, ernst zu nehmen. Entschärfen kannst du sie immer noch.

Eine besondere Form der körperlichen Gewalt: Eltern, die ihre Kinder absichtlich krank machen

Eine besondere, wenig bekannte Form der körperlichen Gewalt ist Caro und ihren Geschwistern widerfahren. Ihre Mutter flößte ihnen Medikamente, Spülmittel und Tabak ein, fügte ihnen Verletzungen zu und unternahm Erstickungsversuche, um sie systematisch und gezielt krank zu machen. So konnte sich die selbst schwer traumatisierte Frau vor Ärzten, Familie und Freunden als besorgte und fürsorgliche Mutter inszenieren und die Aufmerksamkeit bekommen, an der es ihr selbst als Kind vermutlich gemangelt hatte. Bei diesem Verhalten handelt es sich um eine komplexe psychische Erkrankung, die sich Münchhausen-by-proxy nennt. Zumeist sind die betroffenen Kinder sehr jung. Das Durchschnittsalter liegt bei etwa 3,5 Jahren (Krupinski & Tutsch-Bauer 2009). Da Kinder in diesem Alter noch keine Worte für das Erlebte haben, kommt es wie bei Caro besonders häufig zu körperlichen Manifestationen der traumatischen Erlebnisse.

Körperliche Vernachlässigung

Doch nicht nur das Zufügen von körperlicher Gewalt fällt unter physische Misshandlung. Auch das Unterlassen von Maßnahmen und Handlungen, die zum Erhalt der körperlichen Gesundheit und Unversehrtheit nötig sind, ist eine Form der Misshandlung. Dabei definiert sich körperliche Vernachlässigung wie folgt:

> „Kinder und Jugendliche werden körperlich vernachlässigt, wenn ihre körperlichen Grundbedürfnisse nicht befriedigt werden. Zur körperlichen Vernachlässigung gehören mangelnde Ernährung, unzureichende Pflege (Hygiene, Schlaf, Wärme) und mangelnder Schutz vor Gefahren. [...]. Weiterhin gilt als Vernachlässigung der Gesundheitsfürsorge, wenn angebotene Angebote zur Behandlung von Krankheiten oder Prävention [...] durch die Eltern nicht in Anspruch genommen werden."
>
> (Hermann et al. 2022, S. 252)

Anhand der Definition wird deutlich, dass Vernachlässigung nicht immer so trennscharf einzuordnen ist wie das Zufügen körperlicher Gewalt. So können wir uns sicher schnell einig darüber werden, dass Nahrungsentzug, mangelnde Körperhygiene oder Schlafentzug eine eindeutige Form von Gewalt an Kindern darstellen.

Doch wie verhält es sich z. B. mit der übermäßigen Gabe von zucker- und fetthaltigen Lebensmitteln oder der Nichtwahrnehmung des Zahnarztbesuches oder einer Impfung? Darüber lässt sich in den unterschiedlichen Fachdisziplinen trefflich streiten. Mediziner stufen mehrheitlich alle drei Beispiele als Form der Vernachlässigung ein (Hermann et al. 2022).

Nun geht es mir an dieser Stelle aber nicht darum, über Grenzbereiche zu diskutieren. Meine Aufgabe sehe ich vielmehr darin, dir dabei zu helfen, deine Schwierigkeiten und den möglichen Zusammenhang mit deiner Biografie besser zu verstehen. Hierfür scheint mir – nicht nur im Hinblick auf körperliche Vernachlässigung – ein Parameter besonders hilfreich: dein eigenes, subjektives Gefühl. Wenn du das Gefühl hast, dass deine Grenzen und Bedürfnisse durch deine Eltern oder andere Familienmitglieder nicht geachtet wurden, dann ist das entscheidend. Dabei muss die Schädigung nicht einmal tatsächlich erfolgt sein. Auch die Angst vor einer (angedrohten) Schädigung stellt schon eine Form der Misshandlung dar. Ich habe im vorherigen Kapitel ausgeführt, dass die Familie ein Ort der Geborgenheit, Stabilität und Sicherheit sein sollte. Angst und Instabilität deuten stets auf ein toxisches Umfeld hin. So beziehen zahlreiche Expertinnen die bloße Androhung einer möglichen Schädigung in ihre Misshandlungs-Definitionen mit ein:

> „Unter Kindesmisshandlung werden einzelne oder mehrere Handlungen oder Unterlassungen durch Eltern oder andere Bezugspersonen verstanden, die zu einer physischen oder psychischen Schädigung des Kindes führen, das Potential einer Schädigung besitzen oder die *Androhung* einer Schädigung enthalten."
>
> (Leeb et al. 2008, S. 11)

Wenn du dich an dieser Stelle wiederfindest und du noch mehr zum Thema körperliche Misshandlung erfahren möchtest, wirst du in zahlreichen Büchern fündig. Ich empfehle dir z. B. die Standardwerke *Kindesmisshandlung und Vernachlässigung* von Günther Deegener und Wilhelm Körner oder *Kindesmisshandlung: Psychische und körperliche Folgen im Erwachsenenalter* von Carsten Spitzer und Hans Jörgen Grabe.

REFLEXION

Gewalt und ihre Auswirkungen

Ist dir in deiner Familie körperliche Gewalt widerfahren? Wenn ja, durch wen?

Würdest du sagen, dass das Erlebte dich noch heute beeinflusst? Wenn ja, in welchen Lebensbereichen ist dies der Fall?

Was, glaubst du, bräuchtest du, um heute nicht mehr von dem Erlebten beeinflusst zu werden (z. B. Kontaktabbruch zu Eltern, Psychotherapie, fürsorglicher Umgang mit dir selbst etc.)? Welchen (noch so kleinen) ersten Schritt in diese Richtung kannst du heute schon gehen (z. B. einen Therapieplatz recherchieren, das Schweigen brechen und mit einer Freundin sprechen, dir etwas Gutes tun etc.)?

3.2 Sexueller Missbrauch

In Kapitel 2 habe ich herausgearbeitet, wie wichtig die richtige Ordnung in der Eltern-Kind-Beziehung ist. Sexualisierte Gewalt ist eine massive Form der Ordnungsverletzung.

Sexualisierte Gewalt ist eine massive Form der Ordnungsverletzung.

Erwachsene, die sexuelle Gewalt an Kindern ausüben, stellen eine vermeintliche sexuelle „Augenhöhe“ her, die nicht gegeben ist. Für diese Form der Instrumentalisierung braucht es nicht zwangsläufig eine körperliche Übergriffigkeit. Entscheidend ist vielmehr, dass der in jeder Hinsicht überlegene Erwachsene sein unterlegenes Gegenüber für die Befriedigung der eigenen sexuellen Bedürfnisse benutzt. Hierzu können nebst Berührungen und Penetration ebenso Worte und Gesten zählen. Dabei spielt es keine Rolle, ob der Täter das ausführende Organ ist oder ob das Kind seinerseits zur Ausführung sexuell aufgeladener Aktivitäten genötigt wird. Eine Mutter, die von ihrem Sohn einfordert, bestimmte Dinge zu sagen, um sie zu erregen, führt demnach ebenso sexuelle Gewalt aus wie ein Vater, der von seiner Tochter die Stimulierung seines Penis einfordert.

Definition sexuelle Gewalt

„Sexueller Kindesmissbrauch wird als die versuchte oder vollendete Einbeziehung und das Nötigen von Kindern oder Jugendlichen zu jeglichen sexuellen Aktivitäten oder Kontakten definiert. Die Betroffenen können diese aufgrund entwicklungsbedingter Unreife nicht vollständig erfassen, sind außerstande bewusst einzuwilligen [...] und es werden soziale Tabus der Familie bzw. der Gesellschaft verletzt. Erwachsene nutzen den bestehenden Macht- und Altersunterschied, um Kinder oder Jugendliche zur ‚Kooperation‘ zu überreden oder zu zwingen. Die Absicht des Erwachsenen, Kinder für seine (oder ihre) sexuelle Erregung und Befriedigung auszunutzen, ist ein zentrales Kennzeichen des Missbrauchs.“

(Herrmann et al. 2022, S. 164)

Sexuelle Gewalt kann zu körperlichen Schäden führen. Weitaus weitreichender als diese sind jedoch die seelischen Folgen, die diese massive Form der Grenzverletzung und Ordnungsverschiebung mit sich bringt. Kinder wissen den Bereich der Sexualität noch nicht richtig einzuschätzen. Sie vertrauen darauf, dass die Erwachsenen nur ihr Bestes wollen. Und doch spüren sie, dass „irgendetwas nicht richtig ist“. Dementsprechend sind Kinder, die von sexueller Gewalt betroffen sind, permanent verstört und verunsichert. Sie verspüren latente Gefahr in ihrem vermeintlichen Schutzraum, können sie aber nicht richtig zuordnen.

Erwachsene, die als Kinder sexuell missbraucht wurden, schämen sich häufig für das, was ihnen widerfahren ist. Ein Großteil der Betroffenen versucht, die Taten zu verdrängen oder zu bagatellisieren. Dabei handelt es sich um einen gesunden Schutzmechanismus der Psyche. Diese spaltet das traumatische Erlebnis ab, um nicht von den begleitenden Gefühlen überwältigt zu werden. Es handelt sich hierbei um einen komplexen Vorgang. Vereinfacht gesagt, kannst du es dir so vorstellen, als würde eine innere Instanz in dir die Erlebnisse nach „Damit komme ich zurecht" und „Damit komme ich nicht zurecht" sortieren. Diese Instanz errichtet eine Art Schutzwall zwischen dem Trauma und deinem gesunden Ich. Ist dieser stabil, kommst du vermeintlich gut im Leben zurecht. Doch ein solcher Wall kann mit der Zeit porös werden und ggf. eines Tages unter seiner Last zusammenbrechen. Du bekommst psychische und / oder körperliche Schwierigkeiten, die du bis dato nicht hattest. Das gilt im Übrigen für alle Formen traumatischer Erlebnisse. Mehr dazu kannst du in Abschnitt 6.1 nachlesen. Wenn du von einem unverarbeiteten Trauma heilen möchtest, brauchst du unbedingt Fachleute, die dich bei diesem Prozess unterstützen.

Dunkelfeldforschungen haben ergeben, dass etwa jeder siebte bis achte Erwachsene in Deutschland sexuelle Gewalt in seiner Kindheit und / oder Jugend erlitten hat. Die meisten davon zu Hause (Unabhängige Beauftragte für Fragen des sexuellen Kindesmissbrauchs 2020). Du bist also nicht allein und es gibt Stellen, die sich auf sexuellen Missbrauch spezialisiert haben. Diese können dir dabei helfen, deine weiteren Schritte zu planen. Einige von ihnen findest du im Anhang dieses Buchs.

REFLEXION

Stell dir vor …

Stell dir vor, du wachst morgen auf und hättest das Erlebte bereits verarbeitet: Was wäre anders? Wie sähe dein Leben aus? Welches Verhältnis hättest du zu dir und zu anderen?

Die obige Reflexion gibt die vielleicht einige Anhaltspunkte dazu, was dir wichtig ist im Leben und was dir guttut. Welche Aspekte kannst du aufgreifen und in ersten Schritten umsetzen?

3.3 Emotionaler Missbrauch

Psychische Gewalt an Kindern bildet in Gewaltstatistiken den traurigen Spitzenreiter. Studien zufolge haben 15 Prozent der Deutschen in der Kindheit emotionalen Missbrauch erlebt. 50 Prozent geben an, emotional vernachlässigt worden zu sein (Häuser et al. 2011).

Vielleicht denkst du bei emotionaler Gewalt zunächst an einen drohenden Vater oder an eine mit Liebesentzug strafende Mutter. Aber seelische Gewalt hat viele Gesichter. Jedes aktive Handeln oder Unterlassen einer notwendigen Handlung, das der Seele dauerhaft schadet bzw. einen möglichen Schaden billigend in Kauf nimmt, ist emotionaler Missbrauch.

> Jede Handlung und jedes Unterlassen einer notwendigen Handlung, die bzw. das der Seele dauerhaft schadet, ist emotionaler Missbrauch.

Entscheidend ist, so Hermann und seine Kollegen (2022), dass der Schaden dauerhaft ist. Darüber hinaus muss das entsprechende Verhalten bzw. das Versäumnis wiederholt und als fester Bestandteil der Erziehung genutzt werden. Psychische Gewalt findet demnach immer systematisch, also wiederholt und absichtlich, statt. Wenn ein Elternteil einmalig und aus dem Affekt heraus seinem Sohn mit einem „Wenn du das noch einmal machst, rede ich nie wieder mit dir!“ droht, spricht man nicht von psychischer Gewalt. Anders sieht es aus, wenn diese Drohung als regelmäßige Erziehungsmethode eingesetzt wird.

Definition seelische Misshandlung

„Bei einer seelischen Misshandlung handelt es sich um *absichtliche* verbale oder symbolische Handlungen eines Elternteils oder einer Bezugsperson, die zu *bedeutsamen* seelischen Schäden für das betroffene Kind führen oder eine hohe Gefährdung dafür darstellen. Die aktive Form der emotionalen Misshandlung beinhaltet *wiederholte* feindliche, abweisende oder ignorierende Verhaltensweisen von Eltern oder Erziehenden gegenüber einem Kind. Diese Form wird dann als seelische Misshandlung bezeichnet, wenn sie zum *festen Bestandteil der Erziehung* eines Kindes gehört. Die durch Unterlassen gekennzeichnete Form wird als Vorenthalten der für eine gesunde emotionale Entwicklung notwendigen Erfahrungen von Beziehungen definiert.“

(Herrmann et al. 2022, S. 274 f.)

Fahrlässige psychische Gewalt

Was ist, wenn ein Elternteil der festen Überzeugung ist, dass es seinem Kind nicht absichtlich droht? Was, wenn es überfordert, psychisch krank oder traumatisiert ist? Handelt eine Mutter oder ein Vater in einem solchen Fall systematisch und absichtlich? Ich würde diese Frage bejahen, weil Erwachsene grundsätzlich die Verantwortung dafür tragen, dass ihre eigenen Schwierigkeiten keine Schädigungen der Kinder zur Folge haben. Tun sie dies nicht, sind ihre Taten zumindest implizit absichtlich. Im Gesetzbuch ist dies in Bezug auf körperliche Gewalt unter dem Begriff der Fahrlässigkeit bereits implementiert. Hier liegt auch dann eine Straftat vor, wenn ein Mensch einem anderen Menschen unwillentlich und unwissentlich Schaden zufügt. Ein klassisches Beispiel ist die Autofahrerin, die ihr Handy im Fußraum sucht und deshalb den Passanten am Zebrastreifen anfährt. Ich plädiere dafür, die obige Definition dahingehend zu erweitern, dass der Intention des handelnden Elternteils weniger Bedeutung beigemessen wird als dem subjektiven Leid der Betroffenen. Das hieße, dass die Gründe, die Väter oder Mütter für ihre Drohungen haben, für die Kategorisierung „psychische Gewalt" keine Rolle spielen. Entscheidend ist vielmehr, ob die Drohungen dem Kind langfristig schaden. Den Fokus auf das Leid der Opfer zu legen, halte ich für sinnvoll, weil auf diese Weise mehr Fälle psychischer Gewalt Beachtung fänden, z. B. solche, in denen Eltern ihre Kinder für ihre eigenen Bedürfnisse instrumentalisieren, in denen die systemischen Grundprinzipien einer gesunden Eltern-Kind-Beziehung nicht geachtet werden und / oder in denen eine sichere Bindung (auch zu anderen Familienmitgliedern) vorenthalten oder verhindert wird. Ich bin davon überzeugt, dass ein Großteil der Eltern das schädigende Verhalten nicht absichtlich an den Tag legt. Viele realisieren nicht, dass z. B. das Vorenthalten oder Schlechtreden eines Elternteils nach einer Trennung die Seele eines Kindes dauerhaften irritieren und beschädigen kann. Umso wichtiger scheint mir adäquate Aufklärung. Das Bewusstsein für Formen der (fahrlässigen) psychischen Gewalt muss geschärft werden. Ich hoffe, dass die folgenden exemplarisch zu verstehenden Beispiele einen kleinen Teil dazu beitragen können.

3.3.1 Wenn Eltern bedürftig sind

Elternsein ist ein Vollzeitjob, der viele Herausforderungen mit sich bringt. Um ihm gerecht zu werden, braucht es viel Energie. Wenn Elternteile einen Großteil ihrer Ressourcen für sich selbst benötigen, stehen ihnen diese im Umgang mit ihren Kindern manchmal nicht ausreichend zur Verfügung. Die wenigsten Eltern schaden ihren Kindern dabei bewusst oder gar absichtlich. Ich beobachte zumeist das Gegenteil. Sie wollen Fehler und Versäumnisse der eigenen Eltern auf keinen Fall an die Kinder weitergeben, scheitern dann aber nicht selten, weil die eigenen Themen (noch) nicht ausreichend bearbeitet wurden oder weil sie unter psychischen Folgestörungen leiden. Wenn auch du das Gefühl hast, mit deinen Kindern in diesem Teufelskreis zu stecken, findest du in Abschnitt 6.2 erste Impulse für den Ausstieg.

Bedürftige Mütter und Väter brauchen unbedingt Verständnis und Unterstützung, allerdings von Fachleuten und nicht von ihren (erwachsenen) Kindern. Für betroffene Kinder wie Caro macht es keinen Unterschied, ob die Eltern absichtlich handeln bzw. gehandelt haben oder ob sie es „doch eigentlich alles viel besser machen wollten“. Eine betrunkene, zu Wutausbrüchen und körperlicher Gewalt neigende Mutter ist und bleibt traumatisch für ein Kind und kann erhebliche seelische Schäden verursachen. Häufig können Betroffene nur schwer einschätzen, wie sehr sie das Erlebte tatsächlich erschüttert und belastet. Daher möchte ich dir einige Eltern-Kind-Beziehungen vorstellen, in denen Eltern emotionalen Missbrauch aufgrund eigener Bedürftigkeit vollziehen. Sie sollen dich dabei unterstützen, deine eigenen Erfahrungen realistisch einzuordnen. Seelischer Missbrauch geschieht zumeist vor dem Hintergrund unterschiedlicher miteinander verzahnter Ursachen. So weisen zum Beispiel traumatisierte Eltern häufiger Suchterkrankungen auf als solche ohne traumatische Erlebnisse (Schäfer 2006). Es ist daher möglich, dass du dich nicht nur an einer, sondern an vielen Stellen wiederfindest.

Eltern mit psychischen Erkrankungen

Marina kommt zu mir zur Beratung, weil es ihr in ihrer Beziehung nicht gut geht. Sie fühlt sich von ihrem Mann allein gelassen und wünscht sich seit Jahren, dass er mehr Verantwortung für das Familienleben übernimmt. Sie ist es leid, vom Urlaub über das Mittagessen bis hin zu den Finanzen alles allein entscheiden zu müssen. Im Laufe der Sitzungen stellt sich heraus, dass Marinas Mann durchaus bereit ist, Marina zu entlasten. Ihr fällt es allerdings schwer, seine Unterstützung anzunehmen. „Ich gebe nicht gern die Kontrolle ab. Ich regele die Dinge lieber allein“, erzählt sie mir. Diese Tendenz zeigt sie auch in Freundschaften und im Job. „Das ist verdammt anstrengend und ich fühle mich total ausgebrannt, aber ich mache das schon mein ganzes

Leben so.“ Marina ist ohne Vater und mit einer depressiven Mutter groß geworden. Schon früh musste sie Verantwortung übernehmen, weil die Mutter sie in schlechten Phasen für die Regelung des Alltags brauchte. Schon mit neun Jahren kümmerte sie sich um den Haushalt, ging einkaufen und kochte bestellten Handwerkern einen Kaffee. Diese Rolle wurde zur Blaupause für ihre späteren Beziehungen. Es fällt ihr sichtlich schwer, mir von ihren Erfahrungen als Kind zu berichten. Sie hat Angst davor, ihrer Mutter für ihre heutigen Beziehungsprobleme „die Schuld in die Schuhe zu schieben“. Die bis ins Erwachsenenalter anhaltende Parentifizierung (s. S. 74 ff.) ist typisch für Kinder von Eltern, die eine (unbehandelte) psychische Erkrankung aufweisen. So ergaben Studien, dass über 22 Prozent der Kinder psychisch kranker Eltern parentifiziert wurden. Weitere 45 Prozent lagen im Grenzbereich der Parentifizierung (Hausser 2012).

Ca. 3,8 Millionen Kindern ging es 2016 in Deutschland ähnlich wie Marina. Sie wuchsen mit mindestens einem Elternteil auf, das psychisch erkrankt ist (Wiegand-Grefe & Petermann 2016). Man kann davon ausgehen, dass sich diese Zahlen bis heute nicht grundlegend verändert haben. Natürlich gibt es eine Vielzahl psychischer Erkrankungen, die sich je nach Persönlichkeit der Elternteile unterschiedlich im Verhalten niederschlagen. Deshalb ist eine Pauschalisierung der Folgeprobleme nicht möglich. Eine Depression hat andere Auswirkungen auf den Betroffenen und seine Angehörigen als eine Psychose oder eine Angststörung. Doch auch wenn sich Erkrankungen in ihren individuellen Symptomen stark unterscheiden, sind die strukturellen Auswirkungen auf die Kinder zumeist ähnlich. Insbesondere die gesunde Ordnung, ein stimmiger Ausgleich und die sichere Bindung können in Eltern-Kind-Beziehungen mit einem Elternteil, welches eine psychische Erkrankung hat, gefährdet sein. Rund 61 Prozent der betroffenen Kinder entwickeln im Laufe ihres Lebens selbst eine psychische Erkrankung. Damit haben sie ein drei- bis vierfach höheres Risiko als Kinder gesunder Eltern (Lenz & Kuhn 2011).

Im Hinblick auf mögliche Folgen spielt es eine große Rolle, inwieweit sich der betreffende Elternteil seiner Erkrankung bewusst ist und verantwortlich damit umgeht, z. B. ob er Medikamente nimmt oder eine Psychotherapie macht. So kann das Leben mit einer medikamentös gut eingestellten depressiv diagnostizieren Mutter verhältnismäßig unproblematisch sein. Wohingegen der Alltag mit einer unbehandelten psychotischen Mutter für ein Kind große seelische Schäden mit sich bringen kann. Verschiedene Forschungsarbeiten zeigen, dass der Hauptrisikofaktor für Kinder nicht in der Art der psychischen Erkrankung des Elternteils liegt. Es wird vielmehr von einer multikausalen Bedingtheit ausgegangen. Das heißt, die Art der Erkrankung und personale, innerfamiliäre sowie psychosoziale Faktoren beeinflussen sich wechselseitig (Lenz 2015).

Hauptrisikofaktoren für Kinder, deren Eltern eine psychische Erkrankung aufweisen (Lenz 2015):

- **Verlaufsmerkmale der elterlichen Erkrankung:** Je länger die elterliche Erkrankung andauert und je schwerer sie ausgeprägt ist, desto größer das Risiko, dass Kinder (Entwicklungs-)Störungen davontragen.[7]
- **Alter des Kindes beim ersten Auftreten der elterlichen Erkrankung:** Säuglinge und Kleinkinder sind besonders gefährdet.
- **Psychosoziale und soziale Belastungen:** Hierzu zählen eingeschränkte Erziehungskompetenz der Eltern oder des Elternteils, Ehekonflikte, Armut, unzureichende Wohnverhältnisse, soziale Randständigkeit, niedriger Ausbildungsstand bzw. Berufsstatus, Arbeitslosigkeit, soziale Isolation sowie ein unzureichendes soziales Unterstützungssystem und Selbststigmatisierung bzw. Selbstdiskriminierung aufgrund von Stigmatisierungs- und Diskriminierungserfahrungen.
- **Art der familiären Krankheitsbewältigung:** Tabuisierung und Kommunikationsverbot gelten als besondere Schwierigkeiten. Dabei muss ein Schweigegebot nicht explizit ausgesprochen sein; oft empfinden die Kinder dieses intuitiv. So oder so verstärkt es jedoch die Isolation und zwingt die Kinder, ihre Sorgen alleine zu bewältigen.
- **Subjektive Belastungen der Kinder:** Desorientierung, Schuldgefühle, Verlustängste, Ent-Normalisierung des Familienlebens, Loyalitätskonflikte innerhalb der Familie und nach außen sowie Angst vor Vererbung können das Leben der Kinder erschweren.
- **Individuelle Faktoren des Kindes:** Ein unflexibles und impulsives Temperament, eingeschränkte kommunikative Fähigkeiten oder Entwicklungsverzögerung sind zusätzliche Risikofaktoren für eine nachhaltige Schädigung.

Die oben aufgeführten Parameter können dir als Orientierung dienen. Je mehr erfüllt sind, desto höher ist die Wahrscheinlichkeit, dass Folgeschäden auftreten. Wenn du bei einem Elternteil mit einer psychischen Erkrankung aufgewachsen bist, kannst nur du selbst beurteilen, inwieweit dich dies nachhaltig in deiner Entwicklung geprägt hat. Menschen zeigen sich unterschiedlich resilient gegenüber negativen Kindheitserlebnissen. Individuelle Ressourcen (Kreativität, Humor, Selbstvertrauen etc.) sowie hilfreiche Bezugspersonen können Betroffene vor Spätfolgen schützen. Dementsprechend muss sich nicht jede toxische Familienbeziehung schädlich oder gar traumatisierend auswirken, aber sie kann es. Ich möchte dich unbedingt dazu ermutigen, dich in deinem Kummer, deiner Wut oder deiner möglichen Unsicherheit zukünftig ernst zu nehmen.

> Es braucht keine Prügel und keine Demütigung, um psychische Schäden aus der Kindheit davonzutragen.

7 Kinder von Müttern mit Persönlichkeitsstörungen – speziell mit Borderline-Persönlichkeitsstörungen – weisen im Vergleich zu Müttern mit anderen psychischen Störungen signifikant mehr Entwicklungsstörungen auf (Lenz 2015).

Du musst nicht jeden Tag verprügelt oder gedemütigt worden sein, um psychische Schäden aus deiner Kindheit davongetragen zu haben.

Ebenso musst du auch nicht unter einer psychischen Erkrankung leiden, damit man von emotionalem Missbrauch sprechen kann. Wenn du noch unsicher bist, findest du auf Seite 69 f. eine Merkmalsliste, anhand derer du überprüfen kannst, ob deine bedürftigen Eltern dich für ihre Zwecke missbraucht haben. Im Übrigen können auch schwere körperliche Erkrankungen, wie z. B. eine langwierige Krebserkrankung oder eine Multiple Sklerose, dazu führen, dass es zwischen Eltern und Kindern zu einer schädigenden Rollendiffusion kommt.

REFLEXION

Leben mit einem psychisch belasteten Elternteil

Meiner Erfahrung nach bagatellisieren Menschen belastende Kindheitserlebnisse eher, als dass sie sie übertrieben darstellen. Nimm dir an dieser Stelle gern ein paar Minuten Zeit, bevor du weiterliest, und beantworte dir folgende Fragen: War eine für dich wichtige Bezugsperson innerhalb der Familie psychisch stark belastet? Wie hat sich das bemerkbar gemacht? Wie ist es dir als Kind damit ergangen? Hast du dich sicher gefühlt? Konntest du dich auf diese Person verlassen? Wenn nicht: Gab es andere Personen, auf die du dich verlassen konntest? Oder hattest du das Gefühl, dass sich deine Eltern etc. eher auf dich verlassen haben? Wer hat sich in eurer Beziehung um wen gekümmert?

Eltern mit Suchterkrankungen

Seit ein paar Jahren grassiert ein Video von David Hasselhoff auf einer prominenten Videoplattform. In diesem kann man dem ehemaligen Fernsehstar dabei zusehen, wie er sich betrunken auf dem Boden wälzt und versucht, einen Burger zu essen. Gefilmt wird er dabei von seiner minderjährigen Tochter, die zahlreiche Beschimpfungen über sich ergehen lassen muss. Laut eigener Aussage habe sie mithilfe der Veröffentlichung versucht, ihren Vater vom Alkoholismus zu heilen. Ich habe mir das sechsminütige Video komplett angeschaut. Wie furchtbar muss es für Kinder sein, die eigenen Eltern derart steuerungsunfähig erleben zu müssen? Doch anstatt die Sucht der Eltern als abschreckendes Beispiel zu verinnerlichen, greifen viele Kinder und Jugendliche irgendwann selbst zur Droge. So haben Studien zufolge rund die Hälfte aller abhängigen Jugendlichen und jungen Heranwachsenden zumindest ein alkoholkrankes Elternteil. Darüber hinaus leiden knapp 20 Prozent der Väter kinder- und jugendpsychiatrischer Patienten an einer Suchterkrankung (Schulze et al. 2014).

Kein Raum für eigene Bedürfnisse und Identitätsfindung

Ähnlich wie in Familien, in denen es ein Elternteil mit einer psychischen Erkrankung gibt, werden Kinder, deren Eltern unter einer stoffungebundenen (z. B. Spiel- oder Kaufsucht) oder einer stoffgebundenen Suchtkrankheit (z. B. Alkohol- oder andere Drogensucht) leiden, häufig zum Versorger der Familie. Diese Form der Parentifizierung betrifft offenbar insbesondere Mädchen (Klein et al. 2017). Jene regeln häufig nicht nur alltägliche Aufgaben wie den Haushalt oder die Einkäufe. Sie versuchen ebenfalls, ihren Eltern vor allem emotional zur Seite zu stehen. Das bedeutet nicht, dass Jungen unbelastet bleiben. Allerdings äußern sich die Folgen bei ihnen anders, z. B. in Form von eigenem Konsum, Schulverweigerung oder aggressivem Verhalten (Klein et al. 2017). Einige Kinder spielen den Clown, andere machen sich unsichtbar oder üben sich in Perfektionismus, um den Eltern weiteren Ärger zu ersparen. Wie immer ihr Verhalten im Einzelfall aussieht, ihnen allen ist gemein, dass sie schon früh im Leben eine nicht altersgerechte Verantwortung übernehmen, die kaum Platz für eigene Wünsche, Bedürfnisse oder Persönlichkeitsentfaltung zulässt.

Belastendes soziales Umfeld

Suchtbelastete Familien leben häufiger unter ungünstigen Lebensbedingungen als unbelastete Familien. Eine höhere Rate an Arbeitslosigkeit und ein niedrigerer sozioökonomischer Status sind häufig zu beobachten. So wachsen Kinder, deren Eltern eine Suchterkrankung aufweisen, häufig in schwierigen Wohn- und Nachbarschaftsverhältnissen auf. Kinder aus drogenbelasteten Familien erleben zumeist zusätzlich typische Lebensbedingungen der Drogensubkultur wie z. B. Beschaffungskriminalität, Prostitution, Strafverfolgung o. Ä. (Klein et al. 2017). Auch Kinder glücksspielsüchtiger Eltern wachsen in finanziellen Nöten auf. Mehr als 16 Prozent der Glücksspieler haben Schulden über 25.000 Euro (Meyer 2018). Es mangelt Kindern in suchtbelasteten Familien demnach häufig nicht nur an emotionaler, sondern auch an hinreichend materieller Versorgung sowie an hilfreichen Vorbildern außerhalb des Familiensystems. Hinzu kommt nicht selten eine an die Lebensumstände gekoppelte Stigmatisierung. Schlechte Schulleistungen, körperliche Vernachlässigung sowie auffällige Verhaltensweisen wie z. B. vermehrtes Lügen, um die Eltern zu schützen oder vor der Realität zu fliehen, verstärken die soziale Ausgrenzung. So bleiben Kinder suchterkrankter Eltern nicht nur allein mit ihren Sorgen und Nöten, sondern werden darüber hinaus von ihrem Umfeld indirekt für die Suchterkrankung ihrer Eltern abgestraft.

Unsichere Bindungen

In Familien mit Suchthintergrund kommt es aufgrund einer erhöhter Scheidungsrate (Klein et al. 2017), Fremdunterbringung, Inhaftierung oder stationären Aufenthalten häufiger zu Beziehungsabbrüchen als in gesunden Familien. Die Kinder erleben in der Beziehung permanente Unsicherheit, da sie nicht wissen, ob die wichtigsten Menschen in ihrem Leben morgen noch da sind oder nicht. So entwickeln Kinder mit mindestens einem suchtkranken Elternteil häufiger einen unsicheren Bindungsstil als solche ohne suchtkrankes Elternteil.

Doch nicht nur vermehrte Beziehungsabbrüche fördern das Ausbilden unsicherer Bindungen in suchtbelasteten Familien. Alkohol- oder drogenabhängige Elternteile können zwar ebenso wie andere Elternteile ein günstiges oder ungünstiges Erziehungsverhalten zeigen, allerdings ist das Risiko dafür, dass sie unpassende, schädigende und traumatisierte Verhaltensweisen an den Tag legen, höher als bei unbelasteten Eltern. Solche Formen ungünstiger Erziehung sind Studien zufolge beispielsweise ein scharfer Ton, häufiges Schreien oder körperliche Bestrafung des Kindes. Auch ein sprunghaft wechselndes Verhalten des suchtkranken Elternteils gehört zu einer der wesentlichsten Folgen, von denen die Kinder direkt betroffen sind (Klein et al. 2017). So kann eine alkoholabhängige Mutter in einem Moment reumütig, weinerlich oder zugewandt sein und im nächsten Moment aggressiv und ablehnend. Dieses ambivalente Verhalten führt dazu, dass Kinder sich nicht sicher an die Eltern binden können und umgekehrt (siehe Doppelbindung S. 26).

Für Caro aus dem eingangs erwähnten Beispiel ist dieser Umstand in der Rückschau besonders belastend: „Nie wusste ich, was heute passiert. In dem einen Moment war meine Mutter total lieb und alles tat ihr schrecklich leid. Im nächsten Moment hat sie mich mit einem Messer bedroht. Ich war immer in Habachtstellung und versuchte irgendwie einzuschätzen, was als Nächstes passiert", äußert sie sich mir gegenüber während einer Sitzung.

Ungesunde Beziehungsvorbilder

Kinder von Eltern mit Suchterkrankungen werden nicht nur häufiger Opfer von körperlicher oder emotionaler Gewalt als solche nicht abhängiger Eltern, sie werden auch häufiger Zeugen von Gewalt (Klein et al. 2017). So erleben sie vermehrt lautstarke Streitigkeiten und körperliche Auseinandersetzungen zwischen den Eltern. Betroffene Kinder sind außerdem oft selbst in die Konflikte mit ihren Eltern involviert. Sie werden dann wahlweise als Schlichter oder Blitzableiter instrumentalisiert. Dies führt dazu, dass sie in Loyalitätskonflikte geraten, für die es keinen Ausweg gibt. Überforderung, Angst und Ohnmacht sind die Folge. Das Leben in Unsicherheit und Gefahr wird zur Normalität. Für Kinder drogenabhängiger Kinder kommt erschwerend hinzu, dass meist beide Elternteile abhängig sind, da die Partnerwahl entsprechend ausfällt (Klein 2006). Damit ist kein Erwachsener da, der das Erlebte in irgendeiner Art und Weise kompensieren könnte. Als Erwachsene haben betroffene Kinder dann ein größeres Risiko, diese vermeintliche Normalität weiterzuleben. Insbesondere Frauen, die mit einem Elternteil mit Suchterkrankung aufgewachsen sind, leben später überdurchschnittlich oft mit einem suchtkranken Partner zusammen (Kelley et al. 2014).

Eltern mit Traumahintergrund

In Deutschland erleben ungefähr 24 von 100 Menschen im Laufe ihres Lebens mindestens ein Ereignis, welches traumatisierend wirken kann (Magaard et al. 2018). Bleiben die erlebten Traumata unverarbeitet, können sie in vielerlei Hinsicht auch noch toxisch für die Kinder der Betroffenen sein. Unabhängig von der häufig auftretenden Multimorbidität (also dem gleichzeitigen Bestehen mehrerer Krankheiten) können sie zur Folge haben, dass es Betroffenen schwerfällt, tiefe Verbindungen zu sich und ihren Mitmenschen aufzubauen. Dies erschwert in Familien nicht nur die Paarbeziehung zwischen den Eltern. Insbesondere die Kinder spüren, dass in der Beziehung zum traumatisierten Elternteil irgendetwas nicht stimmt, können diese Beziehungsstörung aber nicht richtig zuordnen. Sie beziehen diese dann häufig auf sich und entwickeln den Glauben, dass sie diejenigen seien, mit denen etwas nicht stimme und die nicht liebenswert seien. Das diffuse Gefühl, nicht richtig zu sein, begleitet Kinder von Eltern, die ein unverarbeitetes Trauma haben, häufig bis ins hohe Erwachsenenalter. Viele betroffene Kinder bilden bereits in der Kindheit psychische Erkrankungen aus. Oft werden diese von außenstehenden Helfern jedoch nicht im familiären Gesamtkontext gesehen, sondern individuell behandelt. Die Krankheit bleibt dann trotz Behandlung bestehen. Die Folge ist, dass die betroffenen Kinder den Fehler erneut bei sich suchen, weil sie ihrem Alter entsprechend nicht in der Lage sind, die Geschehnisse hinreichend zu analysieren und zu reflektieren. Um aus diesem Teufelskreis aussteigen zu können, bräuchten sie Hilfe von fachkundigen Erwachsenen. Da allerdings zumeist weder die Betroffenen noch andere Familienmitglieder wissen, dass ein unverarbeitetes Trauma vorliegt, haben gesunde Partner, Großeltern oder außenstehende Helfer kaum Möglichkeiten, nachhaltig unterstützend tätig zu werden. Umso wichtiger ist es, dass all jene, die täglich mit Kindern zusammenarbeiten, entsprechend geschult sind, um sensibel auf mögliche Symptome reagieren zu können.

Unsicher-desorganisierter Bindungsstil als Folge

Eltern, die unter den Folgen eines unverarbeiteten Traumas leiden, können sehr inkonsistent in ihren Verhaltensweisen sein. Das liegt u. a. daran, dass sich ihre Persönlichkeit sowohl aus gesunden als auch aus traumatisierten Anteilen zusammensetzt. Diese können sich in ihrer Gefühlswelt und Impulskontrolle stark unterscheiden. So funktionieren ihre gesunden Anteile in der Eltern-Kind-Interaktion häufig völlig normal. Abgespaltene, traumatisierte Anteile reagieren hingegen nicht selten komplett konträr. Wenn ein Kind sich bockig zu Boden wirft, reagieren die Betroffenen in der einen Situation nachsichtig und liebevoll, in der nächsten können sie kaum an sich halten und schreien und beschimpfen das trotzige Kind. Dieses leidet darunter, die Handlungen des entsprechenden Elternteils nicht prognostizieren zu können. Es lebt in ständiger Besorgnis. Häufig entwickelt sich ein unsicher-desorganisierter Bindungsstil (vgl. S. 25 ff.).

Transgenerationale Gewaltweitergabe

Ähnlich wie Kinder, deren Eltern eine Suchterkrankung haben, werden Kinder von Eltern mit unverarbeiteten Traumata signifikant häufiger zu häuslichen Gewaltopfern. Studien zeigen, dass die Raten von körperlicher und seelischer Misshandlung durch Eltern, die selbst traumatische Gewalterfahrungen in der Familie erlebten, doppelt so hoch sind wie bei denen, die in einem gewaltfreien Familiensystem aufwuchsen (Elbert et al. 2006). Einer der Gründe ist der sogenannte unbewusste Wiederholungszwang, der bei Menschen mit einem unverarbeiteten Trauma auftreten kann, wenn durch die Interaktion mit dem Kind eigene traumatische Erfahrungen reaktiviert werden, die bedrohlich und ängstigend sind. Das kann z. B. lautes Weinen oder Schreien eines Kindes sein, welches betroffene Eltern an ihr eigenes Weinen und Schreien in einer traumatischen Situation erinnert.

Transgenerationale Traumaweitergabe

Wenn ein Trauma unentdeckt oder unverarbeitet bleibt, kann es unbewusst über Generationen hinweg weitergegeben werden.

> Ein unentdecktes oder unverarbeitetes Trauma kann unbewusst über Generationen hinweg weitergegeben werden.

Dies gilt nicht nur für Traumata von Gewalterfahrungen mit den eigenen Eltern. Auch die Auswirkungen von Traumata, die durch Kriege (z. B. Vergewaltigungen und Hungersnöte) oder politische Systeme (z. B. Überwachung durch die Stasi) ausgelöst wurden, können in Folgegenerationen nachweisbar sein. Dabei kann ein transgenerationales Trauma die gleichen Symptome auslösen wie ein eigenes Trauma (s. Tab. 3.1). Dass du betroffen bist, erkennst du z. B. daran, dass du unter diffusen Ängsten, Trauer oder Scham- sowie Ohnmachtsgefühlen leidest, die du dir nicht erklären kannst. Auch Schlafstörungen, unterschiedliche Somatisierungen (körperliche Symptome, für die keine organische Ursache gefunden wird und die auf psychische Funktionen zurückgeführt werden) sowie generelle Vertrauensschwierigkeiten gegenüber deinen Mitmenschen können Anzeichen für eine Traumaweitergabe sein. Manchmal stehen auch vermeintlich irrationale Familienthemen, wie z. B. Angst vor Armut in wohlhabenden Familien aufgrund von Kriegserlebnissen oder ein feindliches Männerbild aufgrund sexueller Gewalterfahrungen, im Zusammenhang mit unverarbeiteten Traumata. Auch Abgänge oder Totgeburten können über Generationen hinweg zu Ängsten und Depressionen führen. Menschen früherer Generationen waren – anders als wir heute – auf sich allein gestellt, wenn es um die Verarbeitung traumatischer Erlebnisse ging. Die wenigsten hatten die Möglichkeit, eine Psychotherapie zu machen. Sie haben meist nicht gelernt, über das Erlebte zu sprechen. Wenn du vermutest, dass du von einem transgenerationalen Trauma betroffen bist, kann der erste Schritt darin bestehen, ein solches Kommunikationstabu innerhalb des Familienverbundes zu durchbrechen.

<table>
<tr><th></th><th>Eigene Wunden</th><th>Ererbte Wunden</th></tr>
<tr><td>Gemeinsamkeiten</td><td colspan="2">■ akustische, visuelle, den Geruchssinn oder die Berührungswahrnehmung betreffende unwillkürlich einschießende traumatische Erinnerungseindrücke möglich
■ durch äußere Reize auslösbar (triggerbar)
■ Albträume, Überwachheit, depressive Symptome möglich
■ negative Gedanken und Glaubenssätze, Selbstüberzeugungen und Lebensgefühle möglich
■ somatische Beschwerden möglich</td></tr>
<tr><td>Unterschiede</td><td>■ eigene Erlebnisse passen zu den Symptomen
■ die Belastungen und die Beschwerden werden (meist) als zur eigenen Person stimmig empfunden</td><td>■ Erlebnisse der (Groß-)Eltern passen zu den Symptomen
■ die Belastungen und Beschwerden werden als fremd erlebt</td></tr>
</table>

Tabelle 3.1: Unterschiede zwischen eigenen und ererbten Wunden (in Anlehnung an Drexler 2020, S. 137)

Woran du erkennst, dass deine bedürftigen Eltern dir emotionale Gewalt zugefügt haben

In Familien, in denen Eltern mit ihrem Erziehungsauftrag überfordert sind, weil sie mit ihren eigenen Schwierigkeiten und Problemen zu kämpfen haben, erfahren Kinder häufig sowohl körperliche als auch emotionale Gewalt. Erstere ist eindeutig sichtbar, letztere hingegen hinterlässt keine sichtbaren Spuren. Dementsprechend fällt es Betroffenen häufig schwer zu erkennen, dass sie als Kind von psychischer Gewalt betroffen waren. Vielleicht bist auch du dahingehend unsicher und denkst beizeiten, dass „das unterm Strich alles doch gar nicht so schlimm war und andere viel Schlimmeres erlebt haben“. Das wäre nicht ungewöhnlich. Das Erlebte zu bagatellisieren, ist eine häufige Begleiterscheinung von Gewalterfahrungen.

Das Erlebte zu bagatellisieren, ist eine häufige Begleiterscheinung von Gewalterfahrungen.

Versuche, dich für einen Moment aus dem Verantwortungs- und Mitgefühl, welches du deinen Eltern gegenüber hast, zu lösen und ganz bei dir zu sein. Schiebe dein schlechtes Gewissen beiseite. Es geht nicht darum, deine Eltern zu beschuldigen, sondern darum, dich selbst ernst zu nehmen. Die folgenden Anhaltspunkte können dir dabei als Unterstützung dienen. Wenn du magst, mache die folgende Übung, bevor du dich ihnen widmest.

ÜBUNG

Assoziiere dich mit dir selbst

Diese Übung kann dir immer dann helfen, wenn du mehr mit anderen als mit dir selbst verbunden bist.

Schließe die Augen.

Fokussiere dich für einen Moment auf deinen Körper. Konzentriere dich hierfür beispielsweise auf deine Atmung oder deinen Herzschlag.

Nun stell dir vor, wie sich ganz langsam eine goldene Kugel um dich schließt. Nichts kann sie von außen durchdringen. Du bist ganz und gar geschützt vor äußeren Einflüssen. Wahlweise kannst du auch ein Seil, einen Hula-Hoop-Reifen o. Ä. auf den Boden legen, dich hineinsetzen und dir eine Kuppel imaginieren, die sich über dir schließt.

Nun versuchst du, dich im Hinblick auf eine bestimmte Frage mit deinen Gedanken und Gefühlen zu verbinden. Bedenke dabei, dass von außen nichts an dich herandringen kann.

Wie fühlst du dich, wenn du an deine Kindheit mit deinen bedürftigen Eltern denkst? Wie reagiert dein Körper? Was denkst du? Gern kannst du dazu ein paar Notizen machen.

Woran du erkennen kannst, dass du als Kind unter der Bedürftigkeit deiner Eltern gelitten hast

Dein Verhalten als Kind

(Es kann durchaus sein, dass du alle oder einige Verhaltensweisen auch heute noch an den Tag legst.)

- Deine Bedürfnisse waren denen deiner Eltern meistens untergeordnet.
- Du hast mehr Empathie mit deinen Eltern entwickelt als mit dir selbst.
- Du hattest das Gefühl, deine Eltern vor sich selbst und vor anderen beschützen zu müssen.
- Du hattest die Allmachtsfantasie, deine Eltern heilen zu können.

- Du hattest Angst, deine Eltern allein zu lassen. Du bist z. B. ungern zur Schule oder zu Freunden gegangen, hast Klassenfahrten o. Ä. vermieden
- Du hast für das negative Verhalten deiner Eltern immer wieder Entschuldigungen und Rechtfertigungen gefunden.
- Du hattest ein schlechtes Gewissen, wenn du glücklich und fröhlich warst.
- Du hattest wenig Raum, um deine Persönlichkeit zu entfalten. Dir fiel es als Kind, insbesondere als Teenager, schwer, Hobbys zu finden, eigene Werte auszubilden etc.
- Du warst extrem angepasst und hast dich möglichst unsichtbar gemacht, um deinen Eltern keinen zusätzlichen Ärger zu machen.
- Du hast alles versucht, um Aufmerksamkeit und Zuwendung zu bekommen. Du hast dich z. B. in der Schule auffällig verhalten, eine Essstörung entwickelt, dich selbst verletzt o. Ä.

Dein Verhalten als Erwachsener

Wenn du dich als Kind um deine Eltern kümmern musstest, wird dies in den meisten Fällen auch heute noch Einfluss auf deine Gedanken-, Gefühls- und Beziehungswelt haben. Wenn du dich in den folgenden Punkten wiedererkennst, kann es sinnvoll sein, dich intensiver mit der Beziehung zu deinen Eltern auseinanderzusetzen. Dabei haben sie keinen Anspruch auf Vollständigkeit.

Glaubenssätze

- Erst kommen die anderen, dann komme ich.
- Ohne mich geht gar nichts.
- Ich darf keine Schwäche zeigen und muss immer stark sein.
- Ich kann mich auf niemanden verlassen außer auf mich selbst.
- Meine Bedürfnisse interessieren sowieso niemanden.
- Ich muss mich kümmern, um geliebt und gemocht zu werden.
- Ich bin anstrengend, kompliziert, eine Belastung o. Ä.
- Ich darf die Kontrolle nicht verlieren.
- Ich weiß nicht, wer ich bin.
- Die Welt ist ein unsicherer Ort.

Gefühle

- Du bist oft abgeschnitten von dir und deinen Gefühlen.
- Du fühlst dich häufig einsam; auch dann, wenn du nicht allein bist.
- Du leidest unter diffusen Schuld- und / oder Schamgefühlen.
- Du zeigst wenig Empathie mit dir selbst.
- Du bist ein ängstlicher Mensch.

- Du bist orientierungslos und hast Entscheidungsschwierigkeiten.
- Du verspürst Überforderung, bist ausgebrannt und willst einfach nur weg.
- Du empfindest eine dumpfe, tiefe Trauer darüber, etwas verpasst zu haben.

Verhalten in Beziehungen

- Du bist ein Gebertyp, der sich über die eigenen Grenzen hinaus aufopfert.
- Du weist einen unsicheren Bindungsstil (s. S. 21 ff.) auf.
- Du hast eine Affinität gegenüber Menschen, die körperliche oder psychische Gewalt ausüben.
- Nicht du entscheidest, ob du mit einem Menschen eine Beziehung eingehst, sondern dein Gegenüber.
- Du kennst deine Grenzen nicht bzw. es fällt dir schwer, Grenzen zu ziehen.
- Du tendierst zu emotionaler Abhängigkeit und symbiotischen Beziehungen.
- Du entschuldigst dich häufig, bist immer freundlich und unterwirfst dich, um die Harmonie nicht zu gefährden (engl. *fawn response* = Rehkitz-Antwort oder auch Bambi-Reflex).
- Du hast das Gefühl, niemals genug zu bekommen.
- Du fühlst dich mit Beziehungen, insbesondere mit Konflikten, generell überfordert.
- Du vermeidest tiefe Bindungen.

Erste Impulse: Was du tun kannst

Tiefsitzende Kindheitserfahrungen mit bedürftigen Eltern lassen sich nicht einfach abstreifen wie ein paar alte Schuhe. Um diese zu verarbeiten, musst du langfristig autonom werden und das Erlebte verarbeiten. Dafür ist die intensive Auseinandersetzung mit deiner Vergangenheit (fast immer) unumgänglich. Ein solcher Verarbeitungsprozess braucht Zeit, persönliche Kapazitäten und je nach subjektivem Leidensdruck einen geschützten Raum mit einem professionellen Begleiter. Dieser Umstand soll dich aber nicht entmutigen, gegenwärtig und unabhängig von der langfristigen Aufarbeitung noch heute damit anzufangen, dir Gutes zu tun. Auch der weiteste Weg beginnt bekanntlich mit einem ersten Schritt. Dafür musst du zunächst noch gar nichts verändern, sondern nur beobachten. Ich empfehle dir hierfür, eine Bestandsaufnahme zu machen. Die obigen Punkte können dir als Orientierungshilfe dienen:

Welche negativen Glaubenssätze und Gefühle begleiten dich in deinem Alltag und deinen Beziehungen?

Welche Verhaltensmuster zeigst du in Beziehungen?

Je nachdem, wie deine Bestandsaufnahme ausgeht, kannst du im Anschluss an die Analyse verschiedene weitere Schritte einleiten. Für Caro war es besonders wichtig, in Kontakt mit sich selbst zu kommen. Ihr Leben lang war sie stark mit anderen assoziiert gewesen. Von sich selbst, der eigenen Körperwahrnehmung und den eigenen Bedürfnissen war sie weit entfernt. Erst als ihr Körper massive Symptome zeigte, trat sie (wieder) in Verbindung mit ihm und somit auch mit sich selbst. Vielleicht hast du ein ähnliches Thema wie Caro. Vielleicht auch ein ganz anderes. Im Folgenden findest du eine kleine Auswahl an möglichen Handlungsoptionen. Wähle aus, was für dich aktuell passend ist:

- Lerne deine eigenen Bedürfnisse kennen und kommuniziere sie.
- Aktiviere deine Körperwahrnehmung.
- Übe dich darin, Verantwortung und Kontrolle abzugeben.
- Setze Grenzen und sag Nein, wenn du etwas nicht möchtest.
- Erkenne, dass du niemanden retten kannst. Gib die Verantwortung für das Leben deines Gegenübers an die Person ab, die sie zu tragen hat: dein Gegenüber.
- Stütze entweder deine Autonomie oder deine Bindungsfähigkeit.
- Entwickele Empathie für dich.
- Kümmere dich nicht nur um andere, sondern auch um dich selbst. Baue nach und nach einen Selbstfürsorgeplan auf.
- Distanziere dich von Menschen, die dir in deinem Prozess schaden. Heilsame, von gegenseitiger (!) Empathie geprägte Beziehungen sind wichtig für den Heilungsprozess.
- Kümmere dich um die Persönlichkeitsanteile (auch als Ego-States bekannt), die in der Vergangenheit besonders geschädigt wurden, z. B. dein inneres Kind.

Hilfreiche praktische Übungen zu den einzelnen Punkten findest du in Kapitel 8. Möglicherweise ist es interessant für dich, an deinen Glaubenssätzen zu arbeiten. Auf Seite 136 findest du eine Anleitung, die dir dabei behilflich sein kann.

3.3.2 *Wenn Eltern ihre Kinder für ihre Zwecke (ge-)brauchen*

Kinder werden nicht nur als Elternersatz instrumentalisiert. Es kommt ebenso vor, dass sie als Partnerersatz, Konfliktlöser oder Projektionsfläche zum Einsatz kommen. Auch in solchen Fällen spreche ich von emotionalem Missbrauch, weil die korrekte Ordnung, die eine gesunde Familie ausmacht, nicht eingehalten wird. Die Generationsgrenzen verschwimmen. Kinder sind strukturell gesehen keine Kinder mehr, sondern werden wie Erwachsene behandelt. Nebst dieser Ordnungsverschiebung mangelt es am stimmigen Ausgleich von Autonomie und Bindung. Kinder, die für die Zwecke der Eltern gebraucht werden, erfüllen eine „seelenlose“ Funktion für das Gesamtsystem, welche ihnen keinen oder nur wenig Raum gibt, ihre eigenen Bedürfnisse und Persönlichkeitsmerkmale zu entdecken.

Eltern, die ihre Kinder zum Partnerersatz machen

Jens und Anja kommen zu mir in die Beratung, weil sie über eine Trennung nachdenken. Ursächlich für diese Überlegung ist laut Anja Jens' Mutter Gabriele. „Es fühlt sich manchmal so an, als sei mein Mann mit ihr verheiratet und nicht mit mir", erzählt sie mir in der ersten Sitzung. Jens beurteilt die Situation anders. Er schildert, dass Anja und Gabriele ständig im Clinch liegen und er sich zerrissen fühle, weil beide seine Loyalität einfordern würden. Er liebe schließlich beide und wisse nicht, was er tun solle. Im Laufe unserer Gespräche stellt sich heraus, dass Jens' Vater verstorben ist, als er zwölf Jahre alt war. Seitdem hat er sich stellvertretend für den Vater um die Mutter und die zwei jüngeren Geschwister gekümmert. „Irgendjemand musste ja für die drei da sein", sagt er, „und im Prinzip ist das heute noch so. Meine Mutter ist einsam, hat nie wieder jemanden gefunden. Sie braucht mich." Anja schaut verärgert zu ihm herüber und unterbricht seine Erzählungen: „Sie ist fast 60, Herrgott!" „Du verstehst das nicht", entgegnet Jens enttäuscht. Ich denke, sie versteht vieles intuitiv sehr wohl. Jens musste mit dem Tod seines Vaters über Nacht seine Rolle als Kind abgeben und die eines Erwachsenen übernehmen. Strukturell gesehen wurde er für Gabriele zum Partner- und für die kleinen Geschwister zum Vaterersatz. All das geschah nicht bewusst. Leerstellen in einem System werden instinktiv von Kindern gefüllt. Da kein anderer Erwachsener anwesend war, hat Jens diese Rolle als ältestes Kind übernommen. Und tut es heute noch. Es blieb nicht bei einem Übergangszustand in Zeiten der Trauer, sondern die Rollenverteilung hat sich dauerhaft implementiert. Für Jens bedeutet das, dass er sich noch heute über ein gesundes Maß hinaus verantwortlich fühlt für seine Mutter. Verstärkt wird seine Loyalität dadurch, dass Gabriele nach dem Tod ihres Mannes nie wieder eine ernsthafte Partnerschaft eingegangen ist. Hier sehe ich das Ungesunde, Toxische in ihrer Beziehung. Gabriele hat es versäumt, die Situation zu reflektieren. Es wäre ihre Aufgabe gewesen zu erkennen, dass ihr Sohn eine Rolle einnimmt, die nicht seiner Position als Kind entspricht. Sie hätte die Leerstelle anders füllen müssen, z. B. mit einem neuen Partner, einer Therapie, Freundinnen usw. Offensichtlich war sie dazu nicht in der Lage. Das mag verständlich sein. Dennoch war es nicht gesund für Jens. Seine zugeschriebene Rolle hindert ihn noch heute daran, eine autonome, tiefe Verbindung zu einer anderen Frau aufzubauen.

Parentifizierung und „Partnerfizierung“

Nicht immer muss ein Elternteil sterben, damit Kinder in Familiensystemen als Partner einspringen. Manchmal reicht auch eine Trennung oder ein dauerhaft räumlich oder emotional abwesender Elternteil. Auch Alleinerziehende nutzen ihre Kinder manchmal unbewusst als Partnerersatz. Die Folgen der Ordnungsverschiebung sind ein übersteigertes Verantwortungsgefühl, welches fast immer mit einer mentalen und emotionalen Überforderung einhergeht. Ein Kind ist eben ein Kind und kein Erwachsener. Oft wirken Kinder, die als Partnerersatz fungieren, trotz ihrer internen Überforderung nach außen in besonderem Maße reif, was sie bei Erwachsenen, z. B. Großeltern, Erziehern oder Lehrern, beliebt macht.

> Kinder, die als Partnerersatz für ein Elternteil fungieren mussten, wirken trotz ihrer Überforderung reif und sind beliebt bei Erwachsenen.

Sie verhalten sich angepasst, erbringen gute Leistungen und kümmern sich häufig um andere Kinder, wenn diese Hilfe brauchen. Selbst nehmen sie ungern Hilfe an. Auch wenn die Folgen denen einer Parentifizierung (vgl. Abb. 3.1) sehr ähnlich sind, sehe ich dennoch einen Unterschied. So findet bei einer Parentifizierung ein Rollentausch zwischen Eltern und Kindern statt. Bei der Partnerfizierung hingegen findet kein wechselseitiger Ebenentausch statt. Lediglich das Kind wechselt die Ebene, indem es eine bestehende Erwachsenen-Leerstelle auffüllt (s. Abb. 3.2). Beide Formen haben vor allem im späteren Beziehungsleben unterschiedliche Auswirkungen. So tendieren Erwachsene, die im Familienverbund parentifziert wurden, in ihren Bindungen dazu, ihre Beziehungspartner zu bemuttern. Sie sind in der Regel Gebertypen, die schwer die Kontrolle abgeben können. Sie leben lieber symbiotisch als autonom. Im Gegensatz dazu sind partnerfizierte Erwachsene zwar zumeist ebenfalls über ein gesundes Maß hinaus fürsorglich, aber sie bevorzugen parallel ein hohes Maß an Autonomie. Es fällt ihnen mitunter schwer, sich in Partnerschaften fest zu binden, weil der Platz neben ihnen schon bzw. noch von Mutter oder Vater besetzt ist. Die Loyalität zur familiären Leerstelle ist größer als die zum neuen Partner.

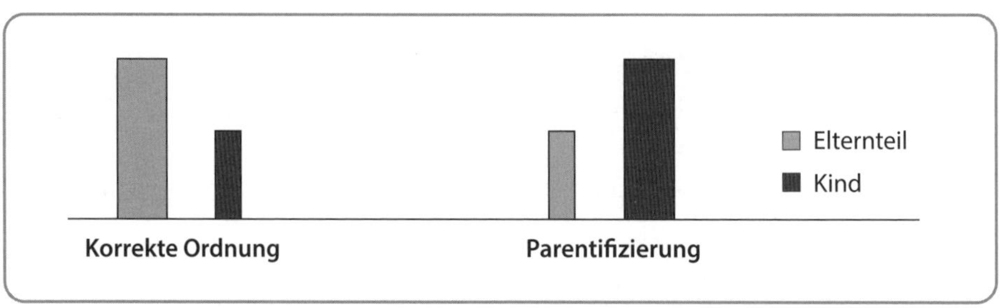

Abbildung 3.1: Parentifizierung: Elternteil und Kind tauschen die Rollen

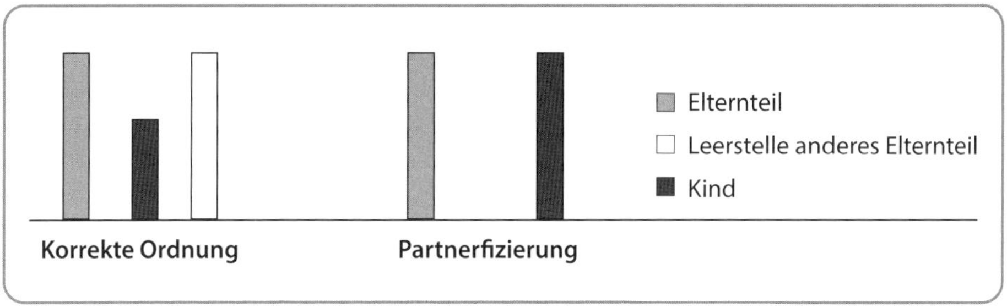

Abbildung 3.2: „Partnerfizierung" als besondere Form der Parentifizierung: Eltern bleiben in ihrer Rolle, während das Kind eine nicht kindgerechte Rolle einnimmt, um eine Leerstelle auszufüllen

REFLEXION

Aufgabe erfüllt – und jetzt?

Stell dir vor, für deine Mutter / deinen Vater ist von heute auf morgen hinreichend gesorgt. Sie hätten ohne dein (weiteres) Zutun materiell und immateriell alles, was sie sich wünschen und was sie brauchen. Was wäre anders? Woran würdest du merken, dass sie dich nicht mehr brauchen? Wie würdest du dich fühlen und was würdest du als erstes tun?

Eltern, die ihre Kinder nutzen, um Partnerschaftskonflikte auszuhandeln

Während bei der Parentifizierung oder Partnerfizierung die gesunde Ordnung zwischen Eltern und Kindern aufgehoben wird, kommt es beim Einbeziehen der Kinder in bestehende Partnerschaftskonflikte häufig zur Verletzung des Zugehörigkeitsprinzips. Für das Wohlbefinden des Kindes ist es wichtig, dass alle Familienmitglieder jederzeit dazugehören dürfen. Oder andersherum formuliert: Niemand Bedeutsames darf dauerhaft aus dem System gedrängt werden. Genau dies geschieht jedoch nicht selten, wenn Eltern untereinander Konflikte haben. Der Klassiker ist der sogenannte Rosenkrieg. Eine Klientin von mir, Anastasia, beschrieb mir ihre

Erlebnisse dahingehend wie folgt. Ihre Eltern trennten sich, als sie elf Jahre alt war. Sie lebte fortan bei ihrer Mutter. Beide Elternteile ließen keine Gelegenheit aus, um sich zu beschimpfen und zu beleidigen, oftmals auch lautstark. Der Vater verlor bei Anastasias Besuchen kein gutes Wort über die Mutter. Diese wiederum weinte sich nach Streiten regelmäßig bei ihrer Tochter aus. Sie titulierte den Vater als „elenden Betrüger" und warnte sie eindrücklich vor der „bösen Männerwelt". Anastasia hatte zunehmend das Gefühl, sich zwischen Mutter und Vater entscheiden zu müssen. Der emotionale Druck wuchs und irgendwann war es keine Option mehr für sie, beide lieben zu können. Sie verhielt sich dem Vater gegenüber vermehrt abweisend. Seine Besuche wurden weniger. Irgendwann kam er gar nicht mehr. Heute sagt sie, sie habe sich vornehmlich aus Loyalität zur Mutter und aus Selbstschutz vor dem Vater verschlossen. Sie bedauert sehr, dass der Riss in ihrer Beziehung bis heute anhält.

Beziehungsabbrüche und Loyalitätskonflikte

Anastasia ist leider kein Einzelfall. Immer wieder kommt es vor, dass ein Elternteil versucht, dem anderen das Kind zu entziehen, obwohl kein triftiger Grund für ein solches Vorgehen vorliegt. Das Kind wird zumeist als Kommunikationsinstrument oder Druckmittel eingesetzt. Dies kann im schlimmsten Fall gerichtlich, aber häufig auch außergerichtlich vonstattengehen. Der Psychiater Richard Gardner sprach in diesem Zusammenhang erstmals in den 1980er-Jahren vom sogenannten Parental Alienation Syndrom (PAS). Gemeint ist damit eine gewollte Entfremdung des Kindes von einem Elternteil (Gardner 1998). So berichtete mir beispielsweise ein Klient, dass die Mutter seines Kindes abgesprochene Besuchstermine regelmäßig kurzfristig absage oder die Tür nicht öffne, wenn er komme, um das Kind zu sehen.

Die betroffenen Kinder, die ohnehin schon unter der Trennung zu leiden haben, sind in solchen Fällen doppelt belastet. Sie müssen sich nicht nur ihren gesamten Alltag neu strukturieren, ihnen wird außerdem ein geliebter Mensch genommen. Das Kind erlebt Bindung auf unterschiedlichen Ebenen als unsicher und unzuverlässig. Dies kann nicht nur in der akuten Situation verheerende seelische Folgen haben. Es kann auch dazu führen, dass die Bindung zum entzogenen Elternteil bis ins Erwachsenenalter einen irreparablen Schaden nimmt. Denn selbstverständlich hat ein abrupter Beziehungsabbruch immer Folgen für eine Beziehung. Das ist bei Kindern nicht anders als bei Erwachsenen. Ein solcher Beziehungsabbruch muss nicht immer tatsächlich erfolgen. Auch symbolische Abbrüche innerhalb einer vermeintlich intakten Familie können einer gesunden Beziehung zu Mutter oder Vater im Weg stehen. So kann es vorkommen, dass Eltern, die mit dauerhaften, schwelenden Konflikten zu kämpfen haben, Kinder willentlich oder unwillentlich auf ihre Seite ziehen. Erkennen kann man dies z.B. daran, dass der andere direkt oder indirekt schlechtgeredet wird oder ein Elternteil sich immer wieder als Opfer stilisiert. Insbesondere Elternteile, die sich narzisstischen Missbrauchs bedienen, zeigen häufig ein solches Verhalten. In Abschnitt 3.3.3 werde ich noch einmal näher darauf eingehen. Sind in solchen Konstellationen mehrere Kinder anwesend, verhalten sich diese häufig unterschiedlich loyal. Nicht selten kommt es zu einer Lagerbildung. Für Betroffene ist dann nicht nur die Beziehung zu einem Elternteil unterbrochen, sondern ebenfalls die zu den Geschwistern. Einmal abgesehen von möglichen Loyalitätskonflikten im Familienverbund sind Eltern, die ihre Konflikte nicht friedlich lösen können, kein gutes Beziehungsvorbild. Es besteht ein hohes Risiko, dass ihre Kinder Konflikte zukünftig als bedrohlich und nicht als hilfreich bewerten. Häufig scheuen diese dann in späteren Beziehungen jegliche Auseinandersetzungen, was u. a. zur Folge haben kann, dass sie in Freundschaften, Paar- oder Arbeitsbeziehungen verharren, die ihnen nicht guttun.

Transgenerationale Weitergabe der eigenen Themen

Nicht nur Traumata können über Generationen hinweg weitergegeben werden (s. S. 67 f.). Immer wieder beobachte ich, dass Menschen, denen Mutter oder Vater tatsächlich oder implizit entzogen wurden, dazu tendieren, dieses Verhalten mit den eigenen Kindern zu wiederholen. Im Genogramm (eine Art Familienstammbaum) sind dann wiederholt Beziehungsabbrüche und -ausschlüsse zu beobachten. Diese unbewusste Weitergabe kann nur durchbrochen werden, indem sich mindestens ein Generationsmitglied diesem Thema widmet – es sich also ins Bewusstsein holt, das eigene Verhalten prüft und zum Positiven verändert. Daher ist es besonders wichtig, dass Betroffene sich in ihren Erlebnissen ernst nehmen. Wenn Eltern sich gegenseitig schlechtmachen und ihre Kinder bewusst oder unbewusst in bestehende Konflikte involvieren, ist das kein Kavaliersdelikt. Es ist vielmehr (fahrlässiger) emotionaler Missbrauch.

Eltern, die ihre Wünsche auf ihre Kinder projizieren

Bisher haben wir uns angeschaut, wie Kinder durch die Inanspruchnahme der Eltern dahingehend emotional missbraucht werden, dass sie im Familiensystem nicht wie Kinder, sondern wie Erwachsene behandelt werden. Doch auch Kinder, die Kinder sein dürfen, können innerhalb ihrer Familie in Schwierigkeiten geraten. Britta ist ein solcher Fall. Sie kommt ursprünglich aufgrund beruflicher Probleme in meine Beratung. Nachdem sie ein Semester Lehramt studiert hat, wechselte sie zu Jura. Das Studium hat sie ohne Schwierigkeiten und mit sehr guten Noten durchlaufen. Nun steht sie kurz vor den finalen Prüfungen. Sie schildert mir, dass plötzlich „nichts mehr geht". Sie könne sich nicht konzentrieren, nicht mehr schlafen und habe regelmäßig Migräne und Herzstolpern. Im Laufe unserer Gespräche stellt sich heraus, dass sie nicht auf eigenen Wunsch hin Juristin geworden ist. Ihr Lehramtsstudium habe sie mehr oder weniger auf Drängen der Mutter abgebrochen. „Meine Mutter kann ziemlich dominant sein, aber sie hatte ja auch Recht. Mit Jura kann ich viel mehr Geld verdienen und richtig was werden, wenn ich mich anstrenge", erläutert sie mir. Schnell wird klar, dass sie in einem Dilemma steckt. Sie möchte gern etwas anderes mit ihrem Leben anfangen, hat aber gleichzeitig ein schlechtes Gewissen und fürchtet, die Mutter zu enttäuschen. Diese hat ihr das gesamte Studium finanziert. Einst hatte sie selbst davon geträumt, Jura zu studieren, aber mit vier Kindern war ihr dieser Weg verstellt gewesen. Ebenso träumte die Mutter als Kind davon, Klavier zu spielen und ein eigenes Pferd zu besitzen. Weder das eine noch das andere wurde ihr zuteil, weil das Geld fehlte. Britta hingegen bekam beides. Dafür sei sie auch sehr dankbar, andere in ihrer Klasse hätten schließlich davon nur träumen können. Aber eigentlich hätte sie lieber Handball gespielt oder wäre zum Schwimmen gegangen. Sie habe einmal versucht, mit ihrer Mutter darüber zu reden, aber diese habe ihr nur knapp entgegnet, dass sich ein privilegiertes Kind wie Britta nun wahrlich nicht zu beschweren habe. Damit war das Thema erledigt gewesen. Zumindest für die Mutter.

Ein Leben als Platzhalter

Wie Britta geht es vielen Kindern, deren Eltern sie zu kleinen Versionen ihrer selbst machen. Oftmals bemerken Eltern nicht, dass sie ihren Kindern mit diesem Verhalten schaden, weil sie von der guten Absicht angetrieben werden, dass es ihren Kindern einmal besser gehen soll als ihnen. Dieser löbliche Ansporn wird allerdings immer dann problematisch, wenn Kinder in ihrer Persönlichkeit beschnitten werden, weil sie zu Projektionsflächen für die eigenen Wünsche werden. Solche Konstellationen erkennt man z. B. daran, dass Eltern ihre Kinder idealisieren, im Gegenzug allerdings Gehorsam und Anpassung von ihnen erwarten. Verhalten diese sich unangepasst oder entsprechen sie nicht den oft hohen Erwartungen, findet häufig eine Entwertung durch die Eltern statt. Die Folge ist, dass diese Kinder als Erwachsene zu Perfektionisten werden, die mit sich und manchmal auch mit anderen hart ins Gericht gehen. Sie besitzen einerseits ein ausgeprägtes Selbstbewusstsein, kämpfen andererseits aber immer wieder mit dem Gefühl der Wertlosigkeit. Dieses äußert sich insbesondere in Beziehungen oder bei Misserfolgen.

Ein weiterer Indikator für eine Instrumentalisierung als Wunschverwirklicher ist ein gestörter Ausgleich zwischen Geben und Nehmen. Kinder bekommen in solchen Eltern-Kind-Beziehungen zwar viel Bindung, werden allerdings in ihrem Autonomiestreben stark eingeschränkt. So üben die Eltern meist nicht nur bewusst oder unbewusst Druck aus, sie opfern sich auch auf und kreisen über das gesunde Maß hinaus um ihre Kinder. Sie streben die maximale Kontrolle an und können daher oft schwer loslassen, z. B., wenn die Kinder aus dem Haus gehen. Häufig fallen Äußerungen, dass die Kinder am besten immer klein bleiben sollten. Im Prinzip liegt hier der umgekehrte Fall einer Parentifizierung vor. Kinder werden nicht zu Erwachsenen gemacht, sondern zu ewigen Kindern, die nach Möglichkeit nicht wachsen sollen. Sie haben keinen Raum, die eigene Persönlichkeit zu erforschen. Im schlimmsten Fall scheuen sie gänzlich davor zurück, ihre eigenen Bedürfnisse zu entdecken und gegenüber den Eltern zu kommunizieren, was zu schwerwiegenden Identitätsproblemen führen kann. Diese reichen dann bis ins Erwachsenenalter hinein.

Klassische Glaubenssätze, die in einer solchen Dynamik entstehen können, sind z. B. „Ich werde nur geliebt, wenn ich mich selbst aufgebe" oder „Nähe bedeutet Liebe, Distanz bedeutet Entfremdung". Auch als Erwachsenem fällt es Betroffenen oft schwer, Kritik an ihren Eltern zu üben. Sie bagatellisieren die bestehende Problematik („Ich hatte ja alles, was ich brauchte") und stoßen zudem auch von außen häufig auf Unverständnis („Ich hätte mich über solche Eltern gefreut"). Dies ist umso bedauerlicher, als dass die Erfahrungen als Wunscherfüller emotionale Abhängigkeit in späteren Beziehungen zur Folge haben können.

Betroffenen fällt es schwer, die Eltern zu kritisieren, weil sie die Problematik herunterreden und von außen wenig Unterstützung erfahren.

Woran du erkennst, dass deine Eltern dich für ihre Zwecke gebraucht haben

Wir alle wollen in unseren Familien dazugehören, und wenn dazugehören voraussetzt, die Wünsche der Eltern zu erfüllen, stehen wir schon früh intuitiv dafür zur Verfügung. Da Kinder weniger bewusst und reflektiert handeln, wird dir möglicherweise erst als Erwachsenem klarwerden, dass die Beziehung zu deinen Eltern schon früh in einer Schieflage war und du als Kind und Jugendliche wenig Raum für deine eigenen Wünsche hattest. Die folgenden Merkmale können dir dabei helfen, deine Erlebnisse richtig einzuordnen. Bitte bedenke dabei, dass sie lediglich einer ersten Orientierung dienen und keinen Anspruch auf Vollständigkeit erheben. Ob du in deiner Familie emotional ge- und missbraucht wurdest, entscheidet am Ende stets dein subjektiv empfundenes Leid.

Dein Verhalten als Kind

- Du hattest immer das Gefühl, dass die Liebe deiner Eltern an Bedingungen geknüpft ist.
- Du glaubtest, dass ein Elternteil dich ganz besonders braucht und ohne dich nicht zurechtkommt.
- Du hast mit deinen Eltern viel über ihre Probleme gesprochen und warst immer im Bilde darüber, was aktuell in ihnen vorgeht und wie es ihnen geht.
- Du hast früh viel Verantwortung für das Familiengeschehen übernommen.
- Du wurdest von deinem Umfeld als vernünftig und reif wahrgenommen. Bei Erwachsenen warst du beliebt.
- Du hast (nach einer Trennung) Partei für ein Elternteil ergriffen.
- Du warst oft hin- und hergerissen, weil du dachtest, dich zwischen Mutter und Vater und / oder zwischen deinen Geschwistern entscheiden zu müssen.
- Wenn du von einem Besuch beim getrennt lebenden Elternteil wiederkamst, hast du dich schlecht gefühlt und in Erzählungen schöne Erlebnisse ausgespart. Getrauert hast du, wenn überhaupt, nur heimlich.
- Was deine Eltern wollten, war Gesetz. Aus Angst, sie zu enttäuschen, hast du nie oder nur selten protestiert, wenn du etwas nicht wolltest.
- Andere Kinder haben dich oft beneidet, weil deine Eltern (auf den ersten Blick) alles für dich getan haben.

Dein Verhalten als Erwachsener

Das Umfeld, in dem wir aufwachsen, entscheidet zu großen Teilen darüber, wie sich unser späteres Leben gestaltet. Wenn du als Kind gelernt hast, von deiner Bindungsperson für ihre Zwecke gebraucht zu werden, wird sich dies in deinen heutigen Glaubenssätzen, Gefühlen und Beziehungsmustern widerspiegeln. Jede Biografie ist individuell und doch gibt es Parallelen, wenn es in Familien zu toxischen Ordnungs-, Zugehörigkeits- und Autonomiekonflikten kommt. Einige davon habe ich hier für dich zusammengetragen. Dabei kann es zu mehr oder weniger ausgeprägten Parallelen zu vorher aufgeführten Beispielen kommen. Nicht immer ist eine trennscharfe Abgrenzung von Folgen unterschiedlicher toxischer Eltern-Kind-Beziehungen möglich.

Glaubenssätze:

- Meine Eltern / meine Beziehungspartner sind ohne mich verloren.
- Die Wünsche anderer sind wichtiger als meine eigenen.
- Liebe ist gleichbedeutend mit unantastbarer Loyalität.
- Geliebt werden ist gleichbedeutend mit gebraucht werden.

- Nähe ist Liebe. Distanz ist Entfremdung.
- An einer Trennung ist immer einer mehr Schuld als der andere.
- Männer / Frauen sind alle Lügner, Betrüger o. Ä.
- Ich muss etwas leisten, um geliebt zu werden.
- Wenn ich einen Fehler mache, passiert etwas Schlimmes.
- Ich muss mich und mein Gegenüber stolz machen.

Gefühle:
- Du hast keinen guten Zugang zu deinen Gefühlen.
- Du fühlst dich eingeengt und dir fehlt die Luft zum Atmen.
- Du bist dir selbst fremd.
- Du bist oft zerrissen.
- Du hast einen hohen Leistungsdruck.
- Du leidest unter Versagensängsten.
- Du spürst tief in dir unterdrückte Wut und fühlst dich manchmal wie auf einem Pulverfass.
- Du hast eine tiefe Sehnsucht nach etwas, das du nicht klar einordnen und benennen kannst.

Verhalten in Beziehungen:
- Deine Eltern haben einen größeren Stellenwert für dich als dein Partner.
- Wenn du wütend oder enttäuscht bist, verbündest du dich mit deinen Eltern gegen deinen Partner.
- Du vergleichst deinen Partner oft mit deiner Mutter / deinem Vater.
- Du hast immer wieder das Gefühl, dich zwischen deinen Eltern und deinem Partner entscheiden zu müssen.
- Du pochst in Konflikten darauf, dass einer recht haben muss.
- Wenn es zu Schwierigkeiten kommt, suchst du nach einem Schuldigen und weniger nach konstruktiven Lösungen.
- Du weist (auf den ersten Blick) durchaus einen sicheren Bindungsstil auf. Dabei bist du jedoch überangepasst, weil du fürchtest, dein Gegenüber durch zu viel Autonomie zu verlieren.
- Du bist ein Wunscherfüller und misst den Bedürfnissen deiner Beziehungspartner mehr Bedeutung zu als deinen eigenen.
- Du orientierst dich stark an deinem Gegenüber und hast oft keine eigene Meinung zur Beziehungsgestaltung, zu Zukunftsplänen etc.
- Du willst die perfekte Partnerin sein und fürchtest, entwertet oder verlassen zu werden, wenn du darin versagst.

Erste Impulse: Was du tun kannst

Wenn du dich in den obigen Ausführungen wiederfindest, gilt für dich das Gleiche wie für alle Menschen in toxischen Familienstrukturen. Du kannst den Einfluss, den das Erlebte auf dein gegenwärtiges Handeln und Fühlen hat, nicht von einem Tag auf den anderen abstellen. Für die Verarbeitung reicht es nicht, Glaubenssätze zu transformieren oder neue Verhaltensweisen einzuüben. Es ist vielmehr in den meisten Fällen nötig, das Problem an der Wurzel zu packen. Ein solcher Prozess braucht Zeit, Geduld und nicht selten professionelle Begleitung. Das bedeutet allerdings nicht, dass du nicht parallel dazu schon heute beginnen kannst, fürsorglicher und liebevoller mit dir selbst umzugehen. Im Folgenden findest du ein paar Impulse, die dir dabei behilflich sein können.

- Beschäftige dich mit deinen eigenen Werten, Wünschen, Bedürfnissen und Zielen und kommuniziere diese.
- Beginne, dich in Beziehungen als Individuum zu sehen und nicht als Funktionsträger.
- Lasse deine Gefühle zu, auch wenn diese für dein Gegenüber (zunächst) belastend sein können.
- Lerne den Wert von Autonomie kennen.
- Gib die Verantwortung für das Glück und die Zufriedenheit deines Gegenübers an die Person ab, die sie zu tragen hat: dein Gegenüber.
- Halte dich von ungünstigen Dreiecks-Konstellationen fern, um nicht in Loyalitätskonflikte zu geraten.
- Verinnerliche, dass in erwachsenen Beziehungen jeder 50 Prozent der Verantwortung für die Beziehung trägt.
- Erlaube dir, mit deiner Partnerin glücklich zu sein, auch wenn deine Eltern es nicht waren.
- Trau dich, von Perfektion abzurücken, und erlaube dir, Fehler zu machen.
- Hinterfrage und verändere negative Glaubenssätze wie z. B. „Liebe ist an Bedingungen geknüpft".

3.3.3 *Wenn Eltern sich nicht gesund (ver-)binden können*

„Mutter rettet Baby mit bloßen Händen vor Tiger" titelten 2022 einige große deutsche Zeitungen. Berichtet wird von einer jungen Frau in Indien, die ihren Sohn aus den Fängen eines Tigers rettete und diesen so lange in Zaum hielt, bis benachbarte Dorfbewohner ihr zu Hilfe eilen konnten. Mutter und Kind überlebten.

Solche oder ähnliche Geschichten sind keine Seltenheit. Liebende Eltern sind offensichtlich in der Lage, Unvorstellbares zu leisten, um ihre Kinder zu schützen. Sie ringen mit Tigern, springen als Nichtschwimmer ihren Kinder in eisiges Wasser hinterher und überstehen monatelangen Schlafmangel, wenn ein Neugeborenes auf die Welt kommt. Demgegenüber stehen Geschichten wie die von Christiane K. Die sechsfache Mutter soll laut Medien fünf der sechs Kindern einen sedierenden Medikamentencocktail verabreicht haben, um sie im Anschluss zu töten. Elternliebe scheint gewaltig, aber nicht selbstverständlich. In manchen Fällen versagt sie und Eltern sind nicht imstande, eine gesunde Bindung zu ihrem Nachwuchs aufzubauen. Die Auswirkungen für die betroffenen Kinder sind folgenschwer. Caro schildert mir in diesem Kontext, dass sie bereits als Kleinkind gespürt habe, dass irgendetwas in der Beziehung zu ihrer Mutter nicht stimme. Klar benennen konnte sie diese Wahrnehmungen nicht. So blieb sie mit ihrem diffusen Gefühl allein. Heute beschreibt sie mir, dass sich die eigene Mutter wie eine Fremde angefühlt habe, die „irgendwie weit weg war". Caro selbst wünschte sich bereits mit sechs Jahren, in der Schule zu wohnen. Sie beneidete Kinder, deren Eltern verstorben waren, weil sie sich ebenfalls verwaist fühlte, aber niemand außer ihr erkannte, dass ihre Mutter „tot" war. Für diese Gedanken schämte sie sich. Sie erzählte niemandem davon. Schließlich brachte man ihr bei, dass alle Eltern ihre Kinder lieben und alle Kinder ihre Eltern. Das tat Caro auch. Doch sie wurde nicht zurückgeliebt. Das weiß sie heute. Aussprechen tut sie es dennoch nicht gern. „Menschen wollen das nicht gern hören. Es macht ihnen wahrscheinlich Angst, weil es nicht ins Weltbild passt. Vielleicht überfordert es sie auch. Ich habe die Erfahrung gemacht, dass Menschen mir statt Verständnis Sätze entgegenbringen wie ‚Natürlich liebt dich deine Mutter, vielleicht konnte sie es nur nicht zeigen'", schildert sie mir die Situation in einer unserer Sitzungen.

In unserer Gesellschaft muss offensichtlich noch Aufklärungsarbeit geleistet werden, denn Caro ist mit ihren Erlebnissen kein Einzelfall. Auch wenn extreme Erscheinungsformen wie das Verbrechen von Christiane K. zum Glück die Ausnahme bilden, kommt es immer wieder vor, dass Mütter und Väter keine Bindung zu ihren Kindern aufbauen (können) oder diese abrupt unterbrechen.

Eltern, die ihre Kinder nicht als die ihren „annehmen" können

Amerikanische Ärzte machten in den 1960er-Jahren auf der Intensivstation für Neugeborene eine verstörende Beobachtung: Frühgeburten, um deren Leben sie wochenlang gekämpft hatten und die sie schließlich gesund ihren Eltern übergeben konnten, wurden kurze Zeit später mit diversen Verletzungen wieder in das Krankenhaus eingeliefert. Verletzungen, die ihnen die eigenen Mütter zugefügt hatten, wie sich herausstellte. Untersuchungen, die im Rahmen dieser Beobachtungen angestellt wurden, gaben Hinweise darauf, dass die frühe Trennung zwischen Mutter und Baby während der medizinischen Versorgung ein Grund für die gestörte Bindung und somit letztendlich für die Misshandlungen verantwortlich gewesen sein könnte. Heute erklärt man sich die Bedeutsamkeit der Geburt bzw. Nachgeburtsphase mit einer vermehrten Ausschüttung von Oxytocin und morphinähnlichen Endorphinen. Das eigene Baby präsentiert zu bekommen, während man „high" ist, stärke die Bindung (Baier 2006). Bleibt dieser Moment aus, tritt der gegenteilige Effekt ein. Dabei gehen Forscher davon aus, dass auch hier ebenso wie bei der Weitergabe von Traumata ein transgenerationaler Zusammenhang besteht. So wies eine Forschergruppe um den amerikanischen Psychologen Seth Pollack nach, dass das Liebeshormon Oxytocin bei Kindern nur eine geringe Aktivität entfaltet, wenn sie keine Mutterliebe erfahren haben. Daraus könne man schließen, dass diese Kinder ihrerseits bei der Geburt eigener Nachkommen nur das Maß an Oxytocin weitergeben können, was sie selbst besitzen. Und das sei geringer als bei Kindern, die ausreichend geliebt wurden. Die gute Nachricht: Tiefe Freundschaften und Partnerschaften können den einstigen Mangel ausgleichen (Pollack et al. 2005). Eltern können dem transgenerationalen Teufelskreis also ein Ende setzen, wenn sie sich verantwortungsvoll in konstruktive Beziehungen begeben.

Die transgenerationale Weitergabe von Traumata kann durch aktiv herbeigeführte konstruktive Beziehungen unterbrochen werden.

Mit Hormonen allein kann das Entstehen oder Nicht-Entstehen von Bindung jedoch nicht erklärt werden. Es wird davon ausgegangen, dass sie in der sozialen Interaktion zwischen Eltern und Kind erlernt bzw. generiert wird. Hierfür müssen bestimmte Voraussetzungen bei Mutter und Vater gegeben sein. Versagen sowohl die Hormone als auch die Lernprozesse, kommt keine sichere Bindung zustande. Dies hat für beide Parteien gravierende Folgen. Daher ist es wichtig, dass sich Eltern in solchen Fällen Unterstützung holen. Tun sie dies nicht, bleibt die Bindung zwischen Mutter bzw. Vater und Kind oft ein Leben lang gestört. Du kannst solche „Fehlbindungen" in der Retrospektive z. B. an folgenden Aussagen der Eltern erkennen:

- „Für eine Abtreibung war es damals zu spät."
- „Du bist trotz Pille zur Welt gekommen."
- „Eigentlich war ich noch viel zu jung für ein Kind."
- „Wir hatten überhaupt kein Geld und waren überfordert, als du geboren wurdest."
- „Dein Vater / deine Mutter hat mich damals wegen dir verlassen."
- „Wegen dir habe ich keine richtige Ausbildung gemacht / auf meine Karriere verzichtet o. Ä."
- „Ich habe dir so viel geopfert, dafür erwarte ich auch ein bisschen Dankbarkeit."

Selbstverständlich sind es nicht solche Aussagen allein, die Kinder unglücklich werden lassen. Sie entsprechen vielmehr der sichtbaren „Spitze des Eisbergs". Was sich darunter verbirgt, können Eltern oft selbst nicht genau benennen. Wir haben in den vorherigen Kapiteln bereits gesehen, dass sie häufig selbst bedürftig sind, weil sie unter eigenen, nicht verarbeiteten (transgenerationalen) Themen und Traumata leiden. Das wissen ihre Kinder in der Regel nicht, aber sie spüren es, und zwar jeden Tag. Im schlimmsten Fall mündet die mangelnde Bindung zwischen Eltern und Kind in einer ausgeprägten emotionalen Vernachlässigung. Die Folgen davon sind z. B. Entwicklungsstörungen, psychosomatische und psychische Erkrankungen wie Depressionen und Ängste, ein schwach ausgeprägter Selbstwert sowie Schwierigkeiten in späteren Beziehungen (Joy et al. 2020). Auch körperliche Auswirkungen wie erhöhte Entzündungswerte und ein verkleinerter Hippocampus (Luby et al. 2012) konnten mittlerweile nachgewiesen werden.

Definition emotionale Vernachlässigung

„Seelische Vernachlässigung bedeutet die unzureichende Beachtung und Erfüllung der Entwicklungsbedürfnisse des Kindes nach sozialer Bindung, emotionaler Verbundenheit und Sicherheit. Sie zeigt sich klinisch in mangelnder Anteilnahme und Interesse an den Bedürfnissen des Kindes bei den Sorgeberechtigten, sowie durch zurückgezogenes oder distanzloses Verhalten und Entwicklungsrückständen, insbesondere in der sozial-emotionalen und sprachlichen Entwicklung bei den Kindern.“

(Hermann et al. 2022, S. 253)

Nicht immer äußert sich die mangelnde Fähigkeit, eine Bindung zum eigenen Kind aufzubauen, in körperlicher und emotionaler Gewalt oder gar einer Kindstötung. Laut der israelischen Soziologin Orna Donath befinden sich viele Eltern irgendwo zwischen Liebe und Zweifel. Sie kümmern sich zwar fürsorglich um ihre Kinder und ziehen sie nach bestem Wissen und Gewissen groß, viele bereuen jedoch gleichzeitig, dass sie Kinder bekommen haben. Donath prägte in diesem Zusammenhang den Begriff des Regretting Motherhood (Bedauern der Mutterschaft, siehe Kasten).

Regretting Motherhood / Regretting Parenthood

Orna Donath interviewte im Rahmen ihrer Studie insgesamt 23 Frauen, die allesamt angaben, nicht noch einmal Kinder bekommen zu wollen (Donath 2016). Eine deutsche Studie zum *Regretting Parenthood* zeigte, dass das Bedauern der Elternschaft auch in Deutschland ein Thema zu sein scheint. 20 Prozent der insgesamt 2.045 anonym Befragten gaben an, nicht noch einmal Eltern werden zu wollen (Geißler & Laude 2016). Selbstverständlich lässt diese Umfrage keine Aussage darüber zu, ob diese 20 Prozent ihre Kinder lieben oder nicht. Dennoch erlaubt sie den Rückschluss, dass nicht alle Eltern gern Eltern sind. Wenn man bedenkt, wie feinfühlig Kinder für die Emotionen von Mutter und Vater sind, dann kann man davon ausgehen, dass sie auch spüren, ob ihre Eltern gern ihre Eltern sind. Und so sehr ich befürworte, dass Elternschaft entromantisiert wird, so sehr macht es mir Sorge, wenn ich auf Social-Media-Kanälen Mütter und Väter sehe, die sich über ihr Elternsein beklagen und in aller Öffentlichkeit darüber sprechen, wie sehr sie sich oft „ihr eigenes Leben zurückwünschen". Wie werden sich ihre Kinder wohl fühlen, wenn sie eines Tages derlei Beiträge ihrer Eltern im Netz finden?

Um jegliche Formen der Gewalt an Kindern vorzubeugen, ist es wichtig, über Themen wie Überforderung, Bedauern, Sehnsucht nach dem alten Leben o. Ä. zu sprechen. Eine Tabuisierung solcher Themen führt lediglich dazu, dass Eltern sich schuldig, beschämt und alleingelassen fühlen. Allerdings scheint mir eine Beratungsstelle dafür geeigneter zu sein als eine Online-Plattform.

ÜBUNG

Elternliebe

Nimm dir einen Moment Zeit und komme langsam zur Ruhe. Schließe die Augen, atme dreimal tief ein und aus und reise gedanklich zurück in deine Kindheit. Stell dir dich selbst als Kind vor. Wähle dafür das Alter, bei dem das klarste Bild vor deinem geistigen Auge erscheint. Sieh dich genau an, wandere langsam mit deinen Blicken einmal herauf und herunter und schaue dir tief in die Augen. Stelle eine Verbindung her. Was glaubt das Kind, was die Mutter / der Vater über es denkt und fühlt? Wie geht es ihm, wenn es an seine Mutter / seinen Vater denkt? Welche Gefühle kommen hoch? Frage deine jüngere Version im Anschluss, ob es etwas gibt, was du heute für sie tun kannst. Wenn es etwas gibt, tu es gern, wenn sie es annehmen mag. Kehre sodann, wenn du so weit bist, langsam ins Hier und Jetzt zurück und mache dir gern ein paar Notizen.

Eltern, die nach einer Trennung den Kontakt abbrechen

Manchmal hat es zwischen Kind und Eltern durchaus eine gesunde Bindung gegeben, bevor diese zu irgendeinem Zeitpunkt unterbrochen wird. Vielleicht kennst du den „Klassiker“ vom Ehemann, der mal eben schnell Zigaretten holen ging und dann nie wieder kam. Ein Beziehungsabbruch, der von einem Elternteil ausgeht, gestaltet sich für Kinder nicht selten genauso schauerlich. Der häufigste Grund hierfür ist die Scheidung bzw. die Trennung der Eltern. Im Jahr 2020 lag die Scheidungsrate bei knapp 40 Prozent. In gut dreiviertel der Fälle waren minderjährige Kinder beteiligt. Von diesen lebten über 80 Prozent nach der Trennung bei der Mutter (Statistisches Bundesamt 2022)[8]. Auf Basis dieser Verteilung sind es prozentual mehr Väter als Mütter, die nach einer Trennung den Kontakt zu den Kindern abbrechen oder zumindest reduzieren.

Unabhängig davon, ob es die Väter oder die Mütter sind, die einen Beziehungsabbruch durchführen, fallen die Gründe dafür, dass sie an der Reorganisation des Familienlebens scheitern, individuell und komplex aus. Sie lassen sich nicht auf „unmotivierte Väter mit intriganten neuen Partnerinnen“ auf der einen und „rachsüchtigen Müttern“ auf der anderen Seite beschränken, auch wenn dies außerhalb des wissenschaftlichen Diskurses gern suggeriert wird. Da sich dieses Buch vornehmlich an Betroffene richtet, möchte ich an dieser Stelle nicht weiter auf die Motive der Eltern für einen Beziehungsabbruch eingehen, sondern mich vielmehr mit den Auswirkungen beschäftigen. Wenn du in deiner Kindheit von einem abrupten Kontaktabbruch vonseiten eines Elternteils betroffen warst, ist es viel wichtiger, dich selbst zu verstehen als deine Eltern. Für Letzteres bleibt zu einem anderen Zeitpunkt noch ausreichend Gelegenheit.

Einfach fort …

Ben kommt in meine Beratung, weil er in seiner Beziehung massive Probleme mit dem Thema Vertrauen hat. Er schildert mir, dass er seiner Freundin immer wieder absurde Unterstellungen macht und ihr hinterherspioniert. Vor Kurzem habe er sich selbst nicht wiedererkannt, als er ihr heimlich zu einem Treffen mit Freundinnen gefolgt sei, erzählt er mir beschämt bei unserem Erstgespräch. Als ich ihn frage, ob er eine Hypothese habe, wo seine Eifersucht möglicherweise herrühren könne, beichtet er mir, dass er generell unter Verlustängsten leide. Es falle ihm schwer, Menschen zu glauben, was sie sagen. „Eigentlich hat das alles vermutlich wenig mit meiner Freundin zu tun“, äußert er sich vorsichtig.

---

8 Rund 35 Prozent aller Eltern sind bei der Geburt des Kindes nicht verheiratet (Statistisches Bundesamt 2016). Diese Fälle sind hier nicht berücksichtigt.

In den folgenden Sitzungen beschäftigen wir uns mit Bens Familiensystem. Er berichtet mir, dass er keinen Kontakt zu seinem Vater habe. Seine Eltern haben sich getrennt, als er sechs Jahre alt war. Seit dem Tag der Trennung sei dieser ohne Ankündigung „einfach fort gewesen". Er erzählt mir, dass er oft stundenlang am Fenster gesessen habe, um auf ihn zu warten. Bei der Einschulung habe er heimlich geweint, als sein Vater nicht dabei war. „Ich war noch klein und ich erinnere mich nicht mehr an allzu viel, aber ich weiß, dass es alles, wirklich alles, in mir erschüttert hat", erinnert sich Ben.

Ob Bens Eifersucht allein auf den Beziehungsabbruch des Vaters zurückzuführen ist, bleibt im Verlauf der Beratung zu erörtern, aber Fakt ist, dass Ben von heute auf morgen seinen Vater verloren hat und er mit diesem Trauma sowohl als sechsjähriger Junge als auch heute als 36-jähriger Erwachsener allein war und ist. Abrupter Beziehungsabbruch zu Kindern ist eine Form von emotionaler Gewalt. Diese kann als traumatisch erlebt werden. Wenn auch du einen Elternteil durch Kontaktabbruch verloren hast, möchte ich dich unbedingt ermutigen, dich mit diesem Erlebnis ernst zu nehmen und ggf. professionelle Hilfe zu suchen.

Ohnmacht vermeiden: „Sicher bin ich selbst schuld!"

Bagatellisierungen und Schutz des Elternteils, zu dem weiterhin Kontakt besteht, sind nicht die einzigen Gründe, warum verlassene Kinder nicht gern über die Folgen eines Kontaktabbruches zu Mutter oder Vater sprechen. Viele schämen sich. Auch dann noch, wenn sie längst erwachsen sind. Da Kinder nicht in der Lage sind, die komplexen Motive und Themen der sich abwendenden Erwachsenen zu begreifen, suchen sie die Schuld für das Verlassenwerden bei sich selbst.

> Da Kinder nicht in der Lage sind, komplexe Motive der sich abwendenden Erwachsenen zu begreifen, suchen sie die Schuld für das Verlassenwerden bei sich.

Dies ist ein Versuch, der empfundenen Verstörung und Ohnmacht entgegenzuwirken. Selbst schuld zu sein, ist für Kinder (und Erwachsene) häufig einfacher zu ertragen als die empfundene Willkür des Elternteils. Jüngere Kinder sind hierfür besonders anfällig. Sie glauben, nicht gut genug zu sein. Ganz nach dem Motto: „Wenn ich ein normaleres / klügeres / schöneres / sportlicheres etc. Kind wäre, würde Mama / Papa mich sicher besuchen." Solche Glaubenssätze verschwinden nicht einfach mit dem Eintritt in das Erwachsenenalter. Durch die Erfahrung, dass eine Bindung niemals sicher ist und morgen alles ganz anders sein kann, ergeben sich mitunter nicht nur Schwierigkeiten, stabile Beziehungen auszubilden. Auch psychische Erkrankungen, psychosomatische Beschwerden oder Traumafolgestörungen können wie bei allen anderen hier bereits besprochenen Formen von Gewalt auftreten. Nicht selten werden die Kinder neben den traumatischen Erlebnissen eines Beziehungsabbruchs mit anderen negativen Folgen der elterlichen Trennung konfrontiert, wie z. B. der bereits besprochenen Parentifizierung oder Partnerfizierung. Diese Mehrfachbelastungen begünstigen Folgestörungen im Kindes- und Erwachsenenalter.

Eltern, die narzisstischen Missbrauch betreiben

Es gibt Fälle emotionalen Missbrauchs, in denen die Eltern-Kind-Bindung von den Eltern zur Erhöhung des eigenen Selbstwertes bzw. zur Auslebung der eigenen Gefühle benutzt wird. Ähnlich wie bei Kindern, die in Familien als Partnerersatz oder Konfliktlöser instrumentalisiert werden, findet auch hier eine Funktionalisierung statt. Allerdings dient diese nicht der Stabilisierung des Familiensystems, sondern der des psychischen Systems eines Elternteils.

> In narzisstischen Missbrauchsbeziehungen übertragen Eltern ihre eigenen Emotionen auf das Kind.

Die Psychoanalytikerin Alice Miller prägte in diesem Zusammenhang in den 1960er-Jahren erstmals den Begriff des narzisstischen Missbrauchs bzw. der narzisstischen Gewalt. In einer gesunden Eltern-Kind-Beziehung spiegeln Eltern die Gefühle ihrer Kinder, so Miller in *Das Drama des begabten Kindes* (2021). Sie trösten, lachen und teilen Wut und Ärger. In narzisstischen Missbrauchsbeziehungen hingegen fallen Eltern als Projektionsfläche für ihren Nachwuchs aus. Stattdessen übertragen sie ausschließlich ihre eigenen Emotionen auf ihr Kind. Jenes passt sich an und übernimmt diese.

> „Eine schwerwiegende Folge der Anpassung ist die Unmöglichkeit, bestimmte eigene Gefühle (wie z. B. Eifersucht, Neid, Zorn, Verlassenheit, Ohnmacht, Angst) in der Kindheit und dann im Erwachsenenalter bewußt zu leben […]. Es ist eine ganz eigene Kunst entwickelt worden, Gefühle nicht erleben zu müssen, denn ein Kind kann diese nur erleben, wenn eine Person da ist, die es mit seinen Gefühlen annimmt, versteht und begleitet. Wenn dies fehlt, wenn das Kind riskieren muss, die Liebe der Mutter oder der Ersatzperson zu verlieren, kann es die natürlichen Gefühlsreaktionen nicht für sich allein insgeheim erleben; es erlebt sie nicht."
>
> (Miller 2021, S. 25 f.)

Das narzisstisch missbrauchte Kind ist demnach nicht in der Lage, ein eigenes „Selbst-Gefühl" zu entwickeln. Es lebt lediglich das „Selbst-Gefühl" der Eltern, weshalb es sein Leben lang unter einem „Kleinheitsgefühl" leidet. Miller spricht in diesem Zusammenhang auch vom ewigen Gefängnis der Kindheit.

Narzissmus, narzisstische Persönlichkeitsstörung, narzisstischer Missbrauch

Auch heute, 60 Jahre später, interessiert sich die Öffentlichkeit für das Thema Narzissmus. In sozialen Medien, Blogs und der Presse findet man zahlreiche Beiträge, die darüber aufklären, woran man Narzissten erkennt, wie man sich vor ihnen schützt und was dabei hilft, sie zu verlassen. Anders als bei Miller werden die Begriffe „Narzissmus", „narzisstische Persönlichkeitsstörung" und „narzisstischer Missbrauch" allerdings häufig undifferenziert in einen Topf geworfen. Die „Opfer", ganz gleich, ob es sich um Partnerin, Arbeitnehmer oder erwachsene Kinder handelt, sind bei dem Versuch, Diagnosen zu erstellen, mehr mit dem Gegenüber assoziiert als mit sich selbst. So treibt der Großteil der Menschen, die in mein Erstgespräch kommen, die Frage um, ob ihr Partner, die Chefin oder ein Elternteil narzisstisch seien. Das eigene Leid wird dabei nicht selten komplett aus den Augen verloren. Das Bemühen um Diagnosebestätigung wird zur Suche nach dem Heiligen Gral. Dies ist umso aberwitziger, wenn man bedenkt, dass im aktuellen, weltweit anerkannten Diagnosekatalog ICD 11 (Internationale statistische Klassifikation der Krankheiten und verwandter Gesundheitsprobleme) die narzisstische Persönlichkeitsstörung gestrichen wurde.[9]

Opfer- statt Täterassoziation

Ich richte meine Arbeit daher nicht diagnoseorientiert aus, sondern bevorzuge die Arbeit mit Millers Begriff des narzisstischen Missbrauchs. Ob narzisstische Gewalt vorliegt oder nicht, hängt nicht von einer etwaigen Diagnose, sondern vom Beziehungsalltag, dem subjektiven Leidensdruck und den Folgen für das Opfer ab. Caro hat dieser Ansatz bei ihrer Heilung sehr helfen können. Viele Jahre hatte sie sich auf die Frage fokussiert, ob ihre Mutter eine bemitleidenswerte, traumatisierte Trinkerin, eine empathielose Narzisstin oder gar eine böswillige Psychopathin sei. In der Antwort suchte sie Erlösung, ohne zu bemerken, dass sie in der Fokussierung auf die Mutter das weiterlebte, was sie schon als Kind getan hatte. Dann begann sie, sich mit ihrem eigenen Leid auseinanderzusetzen und das erlebte Trauma zu verarbeiten, anstatt weiter nach etwaigen Diagnosen zu suchen. Narzisstischen Missbrauch kann es in allen Beziehungsformen geben, ohne dass die Diagnose narzisstische Persönlichkeitsstörung vorliegt.

Narzisstischer Missbrauch setzt keine narzisstische Persönlichkeitsstörung voraus.

Auch Eltern-Kind-Beziehungen, in denen ein Elternteil psychisch krank ist oder in denen das Kind zum Platzhalter und Wunscherfüller wird, können von narzissti-

9 Der Vollständigkeit halber sei erwähnt, dass die narzisstische Persönlichkeitsstörung im amerikanischen Diagnosekatalog DSM-5 (Diagnostischer und statistischer Leitfaden psychischer Störungen) nach wie vor als Störungsbild gelistet wird.

scher Gewalt geprägt sein. Ich würde sogar so weit gehen, dass alle zuvor aufgegriffenen Beispiele narzisstischen Missbrauch implizieren können. Schließlich münden sie alle darin, dass Eltern Kinder eigennützig für die Stabilisierung des Familiensystems und / oder des eigenen psychischen Systems instrumentalisieren, sodass die Entwicklung einer eigenen Persönlichkeit und eines eigenen „Selbst-Gefühls", wie Miller es nennt, nur schwer oder gar nicht möglich ist. Es ist also denkbar, dass du mit den folgenden Anhaltspunkten ebenso in Resonanz gehst, wenn du von anderen bereits besprochenen Gewaltformen betroffen warst.

Merkmale elterlichen, narzisstischen Missbrauchs

Diese Merkmale können sowohl ausschließlich in deiner Kindheit vorgekommen sein als auch bis heute andauern. Sie sind exemplarisch zu verstehen und haben keinen Anspruch auf Vollständigkeit.

Verhalten des Kindes

- starke Fixierung und Übernahme von Gefühlen, Stimmungen und Bedürfnissen der Eltern,
- überdurchschnittlich viel Empathie mit den Eltern, unterdurchschnittlich wenig Empathie mit sich selbst,
- Rechtfertigungen, Entschuldigungen und Verteidigung der Eltern bei elterlichem (Fehl-)Verhalten,
- Schwierigkeiten in der Wahrnehmung des eigenen Körpers, der eigenen Emotionen, Bedürfnisse und Grenzen,
- das Gefühl, keine „richtigen" Eltern zu haben und dass etwas nicht stimmt,
- Neid auf andere Eltern,
- diffuse Ohnmacht und Verzweiflung,
- starke Auflehnung oder komplette Selbstaufgabe in der Pubertät.

Verhalten der Eltern

- Idealisierung und Entwertung wechseln sich ab,
- Abwertung der kindlichen Gefühle, z. B. „Nun übertreibst du aber", „Das ist ja lächerlich!" usw.
- Schuldumkehr, z. B. „Ich muss dich so behandeln, weil du so ungezogen warst" oder „Wenn du mich nicht genug liebhast, kann ich dich auch nicht liebhaben",
- lieblose, unkörperliche Beziehung,

- Ich-gegen-dich-Mentalität,
- starke Kontrolle aller Lebensbereiche,
- leere Versprechungen, Kritikempfindlichkeit, Unfähigkeit, sich zu entschuldigen,
- Bestrafung durch Ignoranz und Liebesentzug.

Auswirkungen auf das gesamte Familiensystem

- Ausfall des anderen Elternteils, weil dieser eigene Schwierigkeiten mit der Situation hat,
- unter den Geschwistern gibt es ein „goldenes Kind", welches als positive Projektionsfläche dient, und ein „schwarzes Schaf", das als negative Projektionsfläche dient (die Rollen können durch die Eltern spontan und abhängig von erwünschtem bzw. unerwünschtem Verhalten getauscht werden),
- Konkurrenz unter den Geschwistern,
- Abschottung der Familie nach außen,
- Tabuisierung der eigenen (Gewalt-)Erlebnisse unter den restlichen Familienmitgliedern; auch außerhalb der Kernfamilie, z. B. bei Großeltern.

Woran du erkennen kannst, dass deine Eltern sich nicht gesund (ver)binden konnten

Wenn deine Eltern nicht in der Lage waren, sich auf eine gesunde Art und Weise mit dir zu verbinden, wirst du wenig „echte" Resonanz von ihnen bekommen haben. Kinder sind ausgesprochen schwingungsaffin für elterliche Gefühle und elterliches Feedback. Daher wirst du wahrscheinlich schon als kleines Kind gespürt haben, dass etwas in eurer Beziehung anders war als in anderen Eltern-Kind-Beziehungen, konntest es aber nicht benennen.

Schon kleine Kinder haben ein Gespür für „unechte" Resonanz.

Vielleicht hast du dich leer, allein oder nicht willkommen gefühlt. Möglicherweise hast du auch Angst vor deinen Eltern gehabt und warst eingeschüchtert und angepasst. In dem Fall, dass ein Elternteil den Kontakt zu dir / zur Familie abgebrochen hat, warst du vielleicht verunsichert und hast dich (mit-)schuldig oder nicht liebenswert gefühlt. Deinen nebulösen Gefühlen und Erlebnissen eine klare Kontur zu geben, kann der Anfang deiner Heilung sein. Vielleicht können dir die folgenden Anhaltspunkte dabei behilflich sein, das nachzuholen, was dir als Kind nicht möglich war: den Dingen einen Namen zu geben.

Dein Verhalten als Kind

- Du warst sehr sensibel für die Gefühle deiner Eltern und hast genau beobachtet, wie sich welche Stimmung bei ihnen äußert.
- Deine Eltern fühlten sich (oft) weit weg oder wie Fremde an.
- Du galtst als tapferes und liebes Kind und hast viel ausgehalten, ohne nach außen Angst, Trauer, Wut, Müdigkeit etc. zu zeigen.
- Du hast dich überdurchschnittlich stark an Bezugspersonen außerhalb der Familie, z. B. Lehrerinnen, Erzieher oder Trainerinnen, gebunden.
- Du warst verschlossen und hast wenig über deine Familie / deine Eltern gesprochen.
- Du hast alles Mögliche getan, um von deinen Eltern Liebe und Aufmerksamkeit zu erhalten, bist aber nicht auf Resonanz gestoßen, sodass du bewusst oder unbewusst ggf. zu „härteren" Maßnahmen gegriffen hast, z. B. unangepasstem Verhalten in der Schule, Essstörungen, selbstverletzendem Verhalten o. Ä.
- Du hast in deiner Familie als Symptomträger fungiert. Für die Probleme der Familie / der Eltern wurdest du verantwortlich gemacht, nicht das missbrauchende Elternteil.
- Deine Eltern haben schlecht über deine Geschwister gesprochen und haben dich über sie ausgehorcht. Generell haben sie wenig positiv über Menschen und das Leben gesprochen.
- Wenn du weiblich bist: In der Jugend hat deine Mutter mit dir konkurriert.
- Wenn du männlich bist: In der Jugend hat dein Vater dir vermittelt, dass du „niemals Mann genug sein wirst".

Dein Verhalten als Erwachsener

Hast du als Kind in lieblosen und unsicheren oder abrupt endenden Beziehungskonstellationen gelebt, werden viele deiner Zweifel, Ängste und Unsicherheiten dich höchstwahrscheinlich bis heute begleiten. Wenn Menschen mit dem Gefühl groß werden müssen, nicht willkommen oder schnell vergessen zu sein, ist es nahezu unmöglich, die nötige Distanz zu den Geschehnissen eigenständig aufzubauen und einen gesunden Selbstwert zu entwickeln. Die Ausprägung der Folgen unterscheidet sich selbstverständlich von Mensch zu Mensch. Dennoch gibt es einige typische Glaubenssätze, Gefühle und Verhaltensmuster, die vermehrt auftreten können. Im Folgenden habe ich einige davon für dich zusammengetragen:

Glaubenssätze

- Ich reiche nicht.
- Ich werde nie gut genug sein.
- Ich bin nicht liebenswert.
- Die Welt ist ohne mich besser dran.
- Ich bin seltsam und passe nirgendwo hin.
- Die Gefühle anderer sind wichtiger als meine eigenen.
- Ich werde geliebt, wenn ich Leistung bringe und funktioniere.
- Wenn ich scheitere, passiert etwas Schlimmes.
- Beziehungen können jederzeit grundlos zerbrechen.
- Menschen werden mich früher oder später verlassen.

Gefühle

- Du trägst diffuse Scham- und Schuldgefühle mit dir herum.
- Angst und / oder Trauer dominieren deine Gefühlswelt.
- Selbst wenn du sozial gut eingebunden bist, fühlst du dich ungeliebt.
- In Gruppen fühlst du dich oft „abgeschnitten" von den anderen.
- Das Leben fühlt sich für dich unsicher, schwer und gefährlich an.
- Deine Gefühle schlagen stark in verschiedene Richtungen aus und fühlen sich ggf. fremd an.
- Du drosselst deine Gefühle bewusst, weil du keinen gesunden Umgang mit ihnen hast.
- Du fühlst nichts oder wenig bzw. automatisch das, was dein Gegenüber aktuell fühlt.

Verhalten in Beziehungen

- Du verhältst dich defensiv und passt dich anderen stark an.
- Du hinterfragst die Zuneigung deines Gegenübers immer wieder aufs Neue und stellst es ggf. bewusst oder unbewusst mehrfach auf die Probe.
- Es fällt dir schwer, Vertrauen aufzubauen, und du rechnest jederzeit mit dem Schlimmsten.
- Zwischenmenschliche Beziehungen verunsichern dich, da du das Gefühl hast, ihre Regeln nicht zu kennen.
- Du klammerst und bist eifersüchtig oder gehst über ein gesundes Maß hinaus auf Abstand und mauerst.
- Du sprichst lieber über die Gefühle und Sorgen anderer als über deine eigenen.
- Kritik löst in dir starke Verunsicherung und Angst aus.
- Wenn es zu Konflikten kommt, suchst du die Ursache zuerst bei dir.
- Du glaubst, dass niemand dich verstehen kann, und versuchst häufig gar nicht erst, dich zu erklären.
- Du kannst positives Feedback nicht oder nur schwer annehmen.

Erste Impulse: Was du tun kannst

Wenn du zu deinen Eltern keine ausreichende oder eine von narzisstischem Missbrauch gekennzeichnete Beziehung hattest, wirst du mit großer Wahrscheinlichkeit noch heute schwer unter den Folgen zu leiden haben. Es braucht Zeit, Mut und eine große Portion (Selbst-)Liebe, um die belastenden Erfahrungen mit neuen Gefühlen und Gedanken zu überschreiben. Insbesondere die Themen Selbstwert und Beziehungsgestaltung werden von dir vermutlich viel Aufmerksamkeit benötigen. Zum Glück weist unser Gehirn eine hohe Plastizität auf, weshalb wir das, was wir einst gelernt haben, jederzeit wieder *ver*lernen können (Ledoux 2006). Ein paar Anregungen für einen ersten Reset findest du hier.

- Übe dich darin, einen Zugang zu deinem Körper und deinen Emotionen zu finden. Häufig ist es am leichtesten, beim Körper anzufangen, bevor man sich seinen Gefühlen widmet. Probiere doch hierfür einmal Achtsamkeitsübungen, geführte Meditationen, Yoga o. Ä. aus.
- Prüfe deine Glaubenssätze (Übung s. S. 136).
- Sprich bewusst wertfrei (!), respektvoll und liebevoll mit dir selbst.
- Arbeite an deinem Selbstwert und mache dir klar, dass diesen heute niemand bestimmt außer du selbst.
- Überlege, bei welcher Beschäftigung du „im Flow und ganz bei dir" bist. Dann führe diese mindestens zweimal die Woche durch.
- Wenn du dazu tendierst, in Gefühlen und Gedanken aus deiner Kindheit gefangen zu sein, erarbeite dir Methoden, die dir dabei helfen, ins Hier und Jetzt zu kommen und dort zu bleiben.
- Nimm dich in deinen Verletzungen ernst. Hierfür kann weitere Lektüre möglicherweise hilfreich sein. Ich empfehle dir z. B. *Wenn die Mutterliebe fehlte* von Jasmin Lee Cori.
- Brich das Tabu. Sprich mit Menschen, denen du vertraust, über deine aktuellen Gefühle und Gedanken und teile ggf. belastende Kindheitserinnerungen mit ihnen.
- Löse dich von Menschen, die dich für ihre eigenen Zwecke nutzen oder die dich nicht wertschätzen.
- Analysiere deine Beziehungsmuster (z. B. klammern, provozieren, vermeiden etc.) und werde dir bewusst darüber, dass deine heutigen Beziehungsthemen höchstwahrscheinlich mehr mit deiner Kindheit zu tun haben als mit deinen heutigen Beziehungspartnern. Sprich mit ihnen darüber.

4. Toxische Familienbeziehungen zweiten Grades

In Familien kann jede Beziehung von Gewalt und toxischem Stress geprägt sein. Ein prügelnder Großvater oder eine sexuell übergriffige Tante ist nicht weniger schädlich für die kindliche Entwicklung als ein Vater, der physische oder sexuelle Gewalt ausübt. Gleiches gilt im Hinblick auf emotionalen und narzisstischen Missbrauch. Ob Großmutter, Onkel oder Tante die Beziehung zu einem Kind nutzen, um ihre ungeliebten Emotionen und Persönlichkeitsanteile auf sie zu projizieren, macht theoretisch keinen Unterschied. Gewalt ist Gewalt. Und eine toxische Verbindung ist eine toxische Verbindung. In der Praxis macht es allerdings durchaus einen Unterschied, wer Gewalt auf ein Kind ausübt. So leben wir heute selten mit unseren Großeltern oder weiteren Verwandten unter einem Dach. Demnach wird eine destruktive Beziehung außerhalb der Kernfamilie von den Betroffenen in den meisten Fällen als weniger belastend wahrgenommen als eine toxische Beziehung zu den Eltern. „Weniger belastend" bedeutet jedoch nicht, dass hier nicht auch schwerwiegende Wunden entstehen können. Diese können direkter oder indirekter Natur sein.

Familienmitglieder agieren nie im luftleeren Raum. Im Familiensystem sind vielmehr alle miteinander verbunden. Was der eine tut, beeinflusst die anderen. Du kannst es dir vorstellen wie bei einem Mobile: Bewegt sich ein Bestandteil, bewegen sich die anderen unwillkürlich mit. Wenn z. B. deine Großmutter mütterlicherseits narzisstischen Missbrauch in der Beziehung zu dir zeigt, so ist es sehr wahrscheinlich, dass sie ein ähnliches Verhalten deiner Mutter gegenüber ausgelebt hat – vermutlich sogar in weitaus ausgeprägterem Maße. Selbst wenn du keine direkten Schäden von deiner Großmutter davongetragen hast, weil sie „zu weit weg von dir war", ist es wahrscheinlich, dass deine Mutter Folgen davongetragen hat. Jene können dich wie ein Impuls bei einem Mobile indirekt treffen. Ich nenne solche ungesunden Verbindungen toxische Beziehungen zweiten Grades. Diese können dich direkt beeinflussen, etwa wenn deine Mutter den narzisstischen Missbrauch durch die Großmutter bei dir fortführt, weil sie ihn nicht ausreichend verarbeitet hat (vgl. transgenerationale Weitergabe S. 67 ff.). Zum anderen sind auch mittelbare Folgen möglich, zum Beispiel, dass du keine gesunde Beziehung zu deiner Großmutter aufbauen konntest, weil sie durch ihr Verhalten von der Mutter „zum Feind" erklärt wurde. Du befindest dich dann in einer ähnlichen Position wie ein Kind, dessen Elternteil nach einer Trennung den Kontakt zum anderen Elternteil unterbindet. Für Betroffene ist in solchen Fällen wichtig, das Thema dort zu lassen, wo es hingehört. Du solltest das Thema deiner Mutter also nicht zu deinem machen. Oder anders formuliert: Wenn du den Kontakt zur Großmutter meidest, um deiner Mutter gegenüber loyal sein zu können, führt sich die toxische Struktur durch die Generationen fort. Autonomie lautet hier das Zauberwort, welches den Teufelskreis durchbrechen kann. In diesem Fall könnte sie bedeuten, dir unabhängig von den Erfahrungen deiner Mutter ein eigenes Bild über die Großmutter bzw. die Beziehung zur Großmutter zu machen und anhand dieser zu entscheiden, ob und wie du Kontakt zu ihr wünschst. Ist die Beziehung zu deiner Mutter gesund, wird sie dies akzeptieren können.

Ganz gleich, ob du direkt oder indirekt unter der Beziehung zu einem Mitglied außerhalb deiner Kernfamilie leidest, solltest du deinen Leidensdruck in jedem Fall ernst nehmen. Alle Beispiele, die du in diesem Buch findest, lassen sich beliebig auf die Beziehung zu anderen Familienmitgliedern übertragen. Das gilt auch für den Test auf Seite 113 f. Wenn du eine Lösung für eine toxische, von Gewalt geprägte Verbindung zu Großeltern, Tanten etc. suchst, kannst du dich an die Tipps und Lösungsvorschläge in Kapitel 7 halten. Die Formulierungen beziehen sich vornehmlich auf Eltern-Kind-Beziehungen, die Ausführungen sind aber als allgemeingültig zu verstehen, wenn es um Familienmitglieder geht, die in der Rangordnung (der Hierarchie) eine Ebene über / vor dir stehen. Ein wenig anders verhält es sich, wenn du mit Geschwistern oder mit deinen eigenen Kindern in einer ungesunden Dynamik steckst. Hier gelten andere Regeln.

4.1 Toxische Geschwisterbeziehungen

Wenn sich die Beziehung zu deinen Geschwistern destruktiv entwickelt, handelt es sich hierbei um sekundäre toxische Beziehungen. Da du dich mit ihnen auf der gleichen hierarchischen Ebene befindest, liegt das Problem nämlich nicht bei den Geschwistern selbst, sondern bei den Eltern (Ausnahmen: Persönlichkeitsstörungen der Geschwister, die zur Gewaltausübung führen). So liegt es in ihren Händen, nicht in denen der Geschwister, dafür zu sorgen, dass sich in der Familie alle Kinder gleich zugehörig und geliebt fühlen. Wenn du seit Jahren mit deiner Schwester im Streit bist, weil sie sich seit Jahr und Tag nicht über deine Erfolge mitfreuen kann, lohnt sich eventuell ein Blick auf das elterliche Verhalten – sowohl auf das aktuelle als auch auf das in eurer Kindheit.

4.1.1 Wenn Eltern bedürftige Geschwister bevorzugen

Manchmal gelingt es Eltern nicht, all ihren Kindern die gleiche Aufmerksamkeit und Zuwendung zuteilwerden zu lassen. Ein möglicher Grund hierfür kann sein, dass eines der Kinder krank, verhaltensauffällig oder gehandicapt ist. Naturgemäß konzentriert sich die elterliche Fürsorge in solchen Fällen primär auf das Kind, das augenscheinlich mehr davon benötigt. Zu einem ähnlichen Verteilungsungleichgewicht kann es kommen, wenn ein Adoptiv- oder Pflegekind in das Familiensystem aufgenommen wird und diesem über das Maß hinaus Aufmerksamkeit geschenkt wird, um ihm z. B. die Eingewöhnung zu erleichtern. Manchmal ist auch – zumeist subtil – das Gegenteil der Fall. Wird dieses Verhalten von den Eltern nicht hinreichend reflektiert und findet es über eine lange Zeit statt, kann die ungleiche Verteilung der materiellen oder immateriellen Ressourcen für die anderen Geschwister sehr belastend sein. Es mag dem benachteiligten Kind – und häufig auch dem späteren Erwachsenen – so vorkommen, als sei die Beziehung zum erkrankten Bruder oder der rebellischen Schwester toxisch. Dies ist jedoch ein Trugschluss. Eigentlich ist die Dynamik, die die Eltern generieren, toxisch, denn diese haben sich aus welchen Gründen auch immer nicht ausreichend um ihre anderen Kinder gekümmert.

Mögliche Folgen: Mach dich unsichtbar!

Oft lernen Geschwister in solchen Konstellationen, sich neben dem bedürftigen Geschwisterkind unsichtbar zu machen. Sie geben ihr Bestes, um die Eltern nicht noch zusätzlich zu belasten. Eine solche Strategie ist oft erfolgreich. Lob und Zuneigung bekommen diese Kinder nämlich häufig dann, wenn sie besonders lieb, unkompliziert und selbstständig sind. Die Wahrscheinlichkeit ist hoch, dass die Geschwister in einem solchen Familiensystem früher oder später in Konkurrenz zueinander treten. Da die Ressourcen (Zuneigung, Aufmerksamkeit, Lob etc.) knapp sind, wird um jeden Anteil gekämpft. So befinden sich die Geschwisterkinder in einem permanenten stressauslösenden Dilemma. Einerseits werden Bruder oder Schwester geliebt. Andererseits sind sie Konkurrenten. Kinder, die in einer solchen Dynamik groß werden, lernen, dass man um Aufmerksamkeit buhlen und kämpfen muss. Außerdem entwickeln sie häufig den Glaubenssatz, dass Zuneigung und Konkurrenz immer irgendwie zusammengehören. Dies kann dazu führen, dass es ihnen als Erwachsene in Beziehungen schwerfällt, Liebe, Lob und Zuneigung anzunehmen. Wenn es doch gelingt, besteht möglicherweise die dauerhafte Angst, dass gleich etwas Unangenehmes auf das Schöne folgen könnte. Aber auch das Gegenteil ist möglich. So kann ein Mensch, der als Kind (gefühlt) immer in der zweiten Reihe stand, zum „Fass ohne Boden" werden. Egal was Beziehungspartnerinnen investieren, es wird diesem Men-

> Menschen, die im Schatten ihrer Geschwister groß geworden sind, kämpfen auch in späteren Beziehungen um Aufmerksamkeit und Zuwendung.

schen nicht reichen und er wird sich noch immer ungesehen fühlen. Menschen, die im Schatten ihrer Geschwister groß geworden sind, tendieren dazu, auch dann um Aufmerksamkeit und Zuwendung zu kämpfen, wenn es objektiv betrachtet keinen Sinn (mehr) macht. Dies kann insbesondere dann fatale Folgen haben, wenn sie in ihrem späteren Leben in Beziehungen mit einem gewalttätigen Menschen geraten. Doch auch die Kinder, die mehr umsorgt wurden als ihre Geschwister, sind nur auf den ersten Blick in einer besseren Position.

Da Kinder sehr feinfühlig sind, spüren sie, dass die Geschwister mit Eifersucht reagieren. Sie werden sich in den meisten Fällen bemühen, in Zukunft nicht mehr so viel Aufmerksamkeit auf sich zu ziehen – auch dann nicht, wenn sie sie wirklich benötigen. Häufig haben umsorgte Geschwister ein schlechtes Gewissen und übernehmen die alleinige Verantwortung für die ungerecht verteilte Zuneigung, anstatt sie den Personen zu überlassen, die sie auch wirklich zu tragen haben: die Eltern. In späteren Beziehungen werden sie sich möglicherweise schwer damit tun, von ihren Beziehungspartnern etwas anzunehmen. Liebe und Zuwendung sind im schlimmsten Fall dauerhaft an ein schlechtes Gewissen gekoppelt.

4.1.2 *Wenn Eltern Geschwister instrumentalisieren*

Nicht immer findet die Bevorzugung seitens der Eltern unbeabsichtigt statt. So kommt es vor, dass Eltern ihre Kinder mithilfe ungleicher Aufmerksamkeitsverteilung bewusst und systematisch auseinandertreiben und gegeneinander aufhetzen. Insbesondere im Rahmen von narzisstischem Missbrauch wird häufig ein Kind (vermeintlich) bevorzugt, weil es bestimmte Merkmale und charakterliche Überschneidungen zu dem entsprechenden Elternteil oder Eigenschaften wie Schüchternheit und Ängstlichkeit aufweist, die den Missbrauch erleichtern. Da Kinder nicht verstehen können, dass es sich hierbei um schädigende und zweckgebundene Aufmerksamkeit handelt, entsteht Neid unter den Geschwistern. Dieser ist umso stärker, da sich Kinder von narzisstisch agierenden Eltern nach jedem noch so kleinen Quäntchen Liebe sehnen. Der aufkeimende Neid wird zumeist durch den narzisstisch missbrauchenden Elternteil befeuert, um Zuneigung und Loyalitätsallianzen unter den Kindern zu zerstören. Caro berichtete mir in diesem Zusammenhang davon, dass die Mutter sie regelmäßigen Verhören über die Geschwister unterzog. Dabei setzte sie sie wahlweise mit Versprechungen oder Drohungen unter Druck. Wie beiläufig erwähnte sie angeblich böswillige Äußerungen der Geschwister, um sie aufzuhetzen und weiteren Stress auszulösen. Beendet wurden solche „Gespräche“ damit, dass Caro versprechen musste, mit niemandem darüber zu reden. Daran hat sie sich bis heute gehalten. Sie kann nur vermuten, dass die Mutter mit den Geschwistern ähnlich verfahren ist. Man braucht nicht viel Fantasie, um sich vorzustellen, dass ein solches Vorgehen früher oder später das stabilste Band zum Reißen bringen kann. Misstrauen und Konkurrenzdenken bestimmen dann das geschwisterliche Verhältnis.

Mögliche Folgen: Schweig still!

Als Erwachsene werden Kinder, die im Geschwisterverband von den Eltern instrumentalisiert wurden, mit großer Wahrscheinlichkeit Schwierigkeiten haben, über das Erlebte zu sprechen. Diese Schweigsamkeit kann sich auf alle erdenklichen Lebensbereiche ausbreiten. Wer früh gelernt hat, aus Selbstschutz „dichtzuhalten", der wird auch im späteren Leben an diesem Verhalten festhalten. Als Folge bilden die Betroffenen häufig unerklärliche psychosomatische Probleme aus. Doch nicht nur Worte gelangen schwer an die Oberfläche. Auch Gefühle – insbesondere Wut – werden nicht gezeigt oder stehen unausgesprochen im Raum. Häufig entladen sie sich irgendwann wie aus heiterem Himmel. Plötzliche Kontaktabbrüche unter Geschwistern sind dann keine Seltenheit. Dies ist vor dem Hintergrund, dass die Verantwortung für die negativen Gefühle eigentlich bei den Eltern liegt, umso bedauerlicher. Nicht selten ist bei den Geschwistern ein intuitives Wissen hierüber vorhanden. Da jedoch das Vertrauen in die eigene Wahrnehmung schon früh geschwächt wurde, reicht es nicht aus, um die Konflikte aufzulösen. Dies gilt nicht nur in Beziehungen zu den Geschwistern. Instrumentalisierten Geschwistern fällt es wie allen instrumentalisierten Kindern schwer, ihrer eigenen Wahrnehmung zu vertrauen. Dies macht sie anfällig für ungesunde Partnerschaften, Freundschaften und Arbeitsbeziehungen. Sie haben gelernt, dass es normal ist, wenn Verrat, Dominanz und Liebe Hand in Hand gehen. Dementsprechend erkennen sie psychische Gewalt und toxische Dynamiken als solche mitunter nicht. Ein gering ausgeprägter Selbstwert sowie eine schwach ausgeprägte Identität machen es ihnen in Beziehungen nicht leichter.

> Instrumentalisierte Geschwisterkinder trauen ihrer eigenen Wahrnehmung nicht und sind anfällig für ungesunde Partnerschaften, Freundschaften und Arbeitsbeziehungen.

4.1.3 Wenn Eltern Geschwister glorifizieren

Neid und Konkurrenzdenken kann unter Geschwistern auch dann auftreten, wenn ein Kind aus der Geschwisterreihe von den Eltern regelmäßig glorifiziert wird. Dies kann unbewusst oder im Kontext von emotionalem oder narzisstischem Missbrauch auch bewusst geschehen. Häufig fallen in solchen Familien Sätze wie „Warum kannst du nicht ein bisschen mehr wie dein großer Bruder sein?“ oder „Deine Schwester hat in der Schule niemals Probleme gemacht!“. Welches Kind zum goldenen Kind wird, hängt zumeist von den Vorlieben, unerfüllten Wünschen und Bedürftigkeiten der Eltern ab. So kann der Vater vielleicht mit dem quirligen, mutigen Jungen mehr anfangen als mit dem introvertierten, ruhigen Mädchen. Nicht selten liegen die Vorlieben der Eltern in der eigenen Kindheit begründet. Vielleicht ist der Vater als Kind ebenfalls introvertiert gewesen und hat für dieses Verhalten Ablehnung erfahren. Darüber hinaus können in Familien spontan wechselnde Vorlieben auftreten. Diese basieren z. B. darauf, welches Kind aktuell erwünschtes oder unerwünschtes Verhalten zeigt. Diese pädagogische Steuerung in Form von Belohnung und Bestrafung hat schwerwiegende Folgen für Kinder. Sie lernen, dass Liebe an (gewünschtes) Verhalten geknüpft ist.

Mögliche Folgen: Streng dich an!

Ganz gleich, welche Motive die Eltern haben mögen: Wenn sie ihre Kinder – bewusst oder unbewusst – dauerhaft miteinander vergleichen, wird sich das „schwarze Schaf“ früher oder später entwertet fühlen. Um der Entwertung zu entgehen, wird es entweder dem Geschwisterkind nacheifern und sich selbst verleugnen oder gegen das Familiensystem als solches rebellieren. In beiden Fällen verliert es. Im ersten Fall büßt es die Verbindung zu sich selbst ein und hat kaum Raum, eigene Interessen und Persönlichkeitsmerkmale zu entwickeln. Im zweiten Fall muss es einen symbolischen oder manchmal auch einen tatsächlichen Rauswurf aus dem Familiensystem in Kauf nehmen. Doch auch für das glorifizierte Kind ist die Ausgangslage schwierig. Es muss sich gefühlt für eine Seite entscheiden. Entweder genießt es seine Rolle und nimmt dafür (häufig begleitet von einem schlechten Gewissen) den Unmut der Geschwister auf sich oder es bricht aus seiner Rolle aus und muss mit dem Unverständnis der Eltern leben. So lernt ein glorifiziertes Kind, dass In-Beziehung-Sein bedeutet, „gut“ und vorbildlich sein zu müssen. Das „schwarze Schaf“ hingegen bringt Zuneigung mit Selbstaufgabe und / oder Kampf zusammen. Beide fühlen sich als Erwachsene häufig minderwertig gegenüber ihren Beziehungspartnerinnen und kompensieren dieses Gefühl mit übersteigertem Streben nach Perfektion. Dahinter steckt das Gefühl, sich für Liebe anstrengen zu müssen.

> Ein glorifiziertes Kind meint, in Beziehungen „gut“ und vorbildlich sein zu müssen, während das „schwarze Schaf“ Zuneigung mit Selbstaufgabe und / oder Kampf verbindet.

Erste Impulse: Was du tun kannst

Inwieweit die geschilderten Dynamiken tatsächlich Folgen für das spätere Leben haben, hängt immer vom Einzelfall ab. Nicht jedes unausgeglichene Verhalten der Eltern gegenüber ihren Kindern führt zwangsläufig in schwerwiegende Identitäts- und Beziehungsprobleme. Schwierigkeiten zwischen den Geschwistern treten hingegen früher oder später fast immer auf. Wenn du dir ein besseres Verhältnis zu deinem Bruder oder deiner Schwester wünschst, möchte ich dich ermutigen, dich gezielt mit euren Konflikten auseinanderzusetzen. Hierfür kannst du dich, wenn du magst, an den folgenden Punkten orientieren.

1. Analysiere das Problem

Geh in dich und beschäftige dich mit den folgenden Fragen. Dabei ist es sinnvoll, zunächst so wertfrei und objektiv wie möglich vorzugehen. Für deine Gefühle wird später noch ausreichend Raum sein.

Gab es einen Streit oder schwelt euer Konflikt latent vor sich hin? Worüber habt ihr euch gestritten? Was stört euch aneinander? Steht womöglich etwas zwischen euch und wenn ja, was? Basieren eure Schwierigkeiten auf vergangenen oder aktuellen Geschehnissen? Wie würde dein Bruder / deine Schwester eure Probleme beschreiben? Wie ein anderes Geschwister, das nicht involviert ist? Wie deine Mutter? Dein Vater? Deine Großeltern oder andere Familienmitglieder?

Versuche, so konkret wie möglich bei der Beschreibung eures Problems zu werden. Wenn du magst, kannst du dir Notizen machen.

2. Reflektiere den Kern des Problems

Jedes Problem, jeder Konflikt hat eine Ursache. Nicht immer ist diese auf den ersten Blick ersichtlich. Du kennst das vielleicht aus Paarbeziehungen. Wird sich darüber gestritten, dass der Müll nicht herausgebracht, die Spülmaschine nicht ausgeräumt und die Zahnpastatube nicht zugedreht wurde, geht es im Kern meist um ganz andere Dinge, z. B. mangelnde Wertschätzung, Angst, dass der andere keine Verantwortung tragen will, Sorge darüber, dass die Wünsche nicht ernst genommen werden etc. In Geschwisterbeziehungen ist das nicht anders. In diesem Kapitel hast du einiges über mögliche Ursachen für eure Probleme lesen können.

Erkennst du dich / euch vielleicht in dem Gelesenen wieder? Sind es wirklich deine Geschwister, die dich verärgern und traurig machen? Oder sind sie ähnlich wie die

Zahnpastatube „nur“ Anzeiger für einen ganz anderen Konflikt, etwa einen, den du mit deinen Eltern hast? Wie sah die Ressourcenverteilung in eurer Familie aus? Wurdet ihr gleichbehandelt?

Es kann schwer sein, sich auf diese Fragen einzulassen. Insbesondere dann, wenn die Fronten verhärtet sind und der Groll auf dein Geschwister groß ist. Vielleicht schaffst du es dennoch, dich für einen kurzen Moment auf eine neue Perspektive einzulassen. Am Ende hilfst du dir damit selbst am meisten.

3. Überlege dir, was du dir wünschst, und handele entsprechend

Bevor du sofort in die Klärung gehst, solltest du dir gut überlegen, was du dir wünschst. Möchtest du die Beziehung zu deinem Bruder oder deiner Schwester verbessern? Dann kann ein offenes und klärendes Gespräch sinnvoll sein. Hierbei geht es nicht darum, den anderen zu belehren. Vielmehr sollten eure Gefühle im Zentrum stehen. Wenn deine Eltern beispielsweise deinem Bruder mehr Aufmerksamkeit als dir geschenkt haben, weil er mit den Symptomen von ADHS zu kämpfen hatte, könntest du ihm erklären, dass dich dieses Verhalten oft traurig und wütend gemacht hat. Möglicherweise wirst du erfahren, dass er ebenfalls traurig und wütend war, weil du der vermeintliche Grund für sein schlechtes Gewissen warst. Wenn die Gefühle auf dem Tisch liegen, kannst du den hypothetischen Kern des Problems, nämlich die ungleiche Ressourcenverteilung durch die Eltern, zum Thema machen und schauen, wie dein Bruder darauf reagiert. Im besten Fall findet im Anschluss ein zweites Gespräch mit den Eltern statt. Dies kann mit oder ohne dein Geschwister stattfinden. Möglicherweise fällt euch als Familie gemeinsam eine Wiedergutmachung ein. In Kapitel 7 findest du weitere Tipps für ein lösungsorientiertes Elterngespräch.

Vielleicht kommst du aber auch zu dem Schluss, dass du zum jetzigen Zeitpunkt kein klärendes Gespräch möchtest, weil du z. B. gerade deine Energie für dich selbst benötigst oder weil du weißt, dass deine Geschwister für dieses Thema aktuell nicht aufnahmebereit sind. In diesen Fällen kann es Sinn machen, die Situation zunächst einfach so zu belassen, wie sie ist. Das muss nichts Schlechtes sein. Hör auf deinen Bauch. Er wird wissen, wann der richtige Zeitpunkt gekommen ist. Möglicherweise ist auch ein Kontaktabbruch von Nöten, weil dein Geschwister z. B. eine Suchterkrankung oder eine Persönlichkeitsstörung aufweist. Für deine Geschwisterbeziehungen gilt – unabhängig davon, dass es sich um sekundäre toxische Verbindungen handelt – dasselbe, was für alle anderen ungesunden Familienbeziehungen gilt. Du solltest stets nach deinem eigenen Wohl entscheiden und handeln und nicht nach dem Wohl der anderen.

ÜBUNG

Loslassen

Wenn du eine Bezugsperson, z. B. ein Geschwister, durch einen Beziehungsabbruch verloren hast, gibt es möglicherweise eine Menge, was du ihm schon immer sagen wolltest. Um Gedanken und Gefühle loslassen zu können, ist es wichtig, ihnen Ausdruck zu verleihen. Dabei kann ein Brief hilfreich sein. Schreib alles auf, was für dich von Bedeutung ist. Was du mit dem Niedergeschriebenen machst, bleibt dir selbst überlassen. Du kannst es abschicken. Du kannst den Brief aber auch einem lieben Menschen vorlesen, ihn verbrennen, zerreißen oder aufbewahren.

4.2 Toxische Beziehungen, die von den eigenen Kindern ausgehen

Wenn es Gewalt ausübende Eltern, Großeltern und Geschwister gibt, kann man sich zu Recht fragen, ob es in Familien nicht auch toxische Kinder gibt. Schließlich kommt es immer wieder vor, dass Kinder und Jugendliche die eigenen Eltern anbrüllen, ignorieren oder sogar handgreiflich werden. Dazu sei zunächst angemerkt, dass es ebenso wenig toxische Kinder gibt, wie es toxische Eltern gibt. Menschen sind niemals toxisch, ihr Verhalten ist es. Erst in Verbindung mit einem Gegenüber kann sich körperlicher, sexueller oder emotionaler Missbrauch äußern. Während in ebenbürtigen Beziehungen zwischen zwei Erwachsenen beide die Verantwortung für ihr eigenes Verhalten tragen, ist dies in Beziehungen mit einem Ordnungsgefälle anders. Kinder sind schlicht nicht in der Lage, ihr eigenes Verhalten in dem Maße zu analysieren und zu reflektieren, wie Erwachsene es können. Dieser Umstand entbindet sie davon, Verantwortung in ihren Familienbeziehungen zu tragen. Bei erwachsenen Kindern sieht das möglicherweise anders aus, aber auch hier sollte man bedenken, dass jedes erwachsene Kind einmal ein minderjähriges Kind war, welches in Abhängigkeit zu den Eltern stand. Aus systemischer Sicht stehen daher auch erwachsene Kinder in der Ordnung immer (noch) hinter den Eltern. Nicht ohne Grund heißt es im Volksmund, dass Kinder immer Kinder bleiben, egal, ob sie acht oder 50 sind. Sie verbindet eine lange Geschichte mit den eigenen Eltern und ich vertrete die Ansicht, dass Kinder – ob minderjährig oder erwachsen – niemals grundlos toxisches Verhalten gegenüber den Eltern zeigen. Einzige Ausnahme sind möglicherweise genetische Veranlagungen, die zu Persönlichkeitsstörungen und Psychopathie führen. Wenn dein

> Wenn das eigene Kind vermehrt Gewalt oder Empathie- und Respektlosigkeit zeigt, sollte dies zunächst wertfrei als Alarmsignal gedeutet werden.

eigenes Kind dir gegenüber also vermehrt Gewalt oder Empathie- und Respektlosigkeit zeigt, solltest du dies zunächst wertfrei als Alarmsignal deuten. Höchstwahrscheinlich ist in eurer Verbindung zu irgendeinem Zeitpunkt etwas schiefgelaufen. Es gibt eine Vielzahl von Gründen hierfür und viele davon haben nichts mit bewusster Gewaltausübung zu tun.

Erste Impulse: Was du tun kannst

Deine Aufgabe als Elternteil, welches in der Familienordnung am weitesten oben steht, besteht darin, die Gründe für die Beziehungsschieflage herauszufinden, um im Anschluss die Verbindung (wieder) zu stabilisieren. Je nach Alter des Kindes kannst du hierfür selbstverständlich das Gespräch suchen und es direkt fragen, warum es sich nur durch toxisches Verhalten zu helfen wisse. Wichtiger ist jedoch, dass du dich mit deinen eigenen Themen und deiner eigenen Biografie auseinandersetzt. Denn du bist das Produkt deiner Eltern und deine Kinder sind wiederum das Produkt von dir. Häufig wiederholen wir unbewusst das, was wir mit unseren eigenen Eltern erlebt haben. Das gilt sowohl für die positiven als auch für die negativen Erfahrungen, Glaubenssätze, Erziehungsstile etc. Sicher hast du dich selbst schon einmal dabei ertappt, dass du etwas, von dem du dachtest, dass du es als Elternteil selbst niemals tun würdest, doch getan hast. Das kann etwas vermeintlich Harmloses gewesen sein, wie beispielsweise, deiner Tochter zu verbieten, bei ihrem Freund zu übernachten. Es kann aber auch etwas Schwerwiegendes gewesen sein, für das du dich schämst, das du verdrängst und über das du noch nie gesprochen hast. Es ist keine Schande, eigene Verletzungen noch nicht verarbeitet zu haben. Du trägst keine Schuld daran, wenn deine eigenen Eltern dich ihrerseits körperlich, sexuell oder emotional missbraucht haben. Aber es ist deine Verantwortung, deine eigenen Themen aufzuarbeiten. Und wenn deine Kinder dir gegenüber toxisch auftreten, dann spiegeln sie dir möglicherweise, dass die Zeit dafür gekommen ist. Die erste Anlaufstelle hierfür ist ein Psychotherapeut. Es gibt aber auch viele andere Hilfsangebote, die du in Anspruch nehmen kannst, wie z. B. Selbsthilfegruppen und regionale oder überregionale Beratungsstellen. Einige Adressen findest du am Ende des Buchs.

5. Bin ich in einer toxischen Familie groß geworden?

5.1 Toxische Menschen versus toxisches Verhalten

Die giftige Familie gibt es nicht. Wie wir gesehen haben, können toxische Familienbeziehungen ganz unterschiedliche Formen annehmen. Insbesondere emotionale Misshandlungen sind oft schwer zu erkennen, da sie nicht unmittelbar am Körper sichtbar werden. Erschwerend kommt hinzu, dass die Grenzen zwischen gesunden und ungesunden Verhaltensweisen im familiären Gefüge nicht immer trennscharf zu ziehen sind. Man kann sich sicher schnell darauf einigen, dass in einer gesunden Familie weder Prügel noch sexuelle Übergriffe stattfinden. Doch wie sieht es aus, wenn sich nach einer Trennung der Vater nicht bei seinem Sohn meldet? Ist er (schon) toxisch? Und wie sieht es mit der Mutter aus, die sich regelmäßig bei der Tochter über den Vater ausweint? Ist sie (noch) gut im Sinne von gesund für die Tochter?

Wir sehnen uns nach Orientierung und Sicherheit. Der Wunsch, andere Menschen in toxisch und nicht toxisch einzuteilen, ist daher verständlich. Dabei verlierst du aber etwas Wichtiges aus dem Blick: Es gibt keine *toxischen Menschen,* sondern nur (mehr oder weniger) *toxisches Verhalten.* Die zentrale Frage, die du dir im Hinblick auf deine Familie stellen solltest, lautet demnach nicht: Ist Familienmitglied X toxisch? Sie lautet vielmehr: *Ist das Verhalten* von Familienmitglied X (größtenteils) toxisch? Diese Differenzierung mag auf den ersten Blick kleinlich erscheinen. Sie ist aber tatsächlich in vielerlei Hinsicht hilfreich. So setzt die Vorstellung, dass Menschen als solche toxisch sein können, voraus, dass sich Menschen in schädlich und nicht schädlich kategorisieren lassen. Diese Prämisse ist aber nicht haltbar. Es wäre möglicherweise leichter für alle Beteiligten, wenn es so wäre, aber: Kein Mensch ist ausschließlich schädlich oder „böse“. So ist es möglich, dass die Mutter, die hinter verschlossenen Türen mit den eigenen Kindern lieblos agiert, mit dem Nachbarskind Freundschaft schließt. Ebenso ist denkbar, dass ein Vater seinen Sohn am Morgen aufs Schlimmste bloßstellt und ihn am Abend mit einer Gute-Nacht-Geschichte und einem „Ich hab dich lieb“ ins Bett bringt. Vermeintlich paradoxe Verhaltensweisen und das gemeinsame Auftreten von „gut“ und „böse“ machen es Betroffenen schwer, toxische Beziehungsverhältnisse zu erkennen

> Paradoxe Verhaltensweisen der Eltern machen es Betroffenen schwer, toxische Beziehungen zu erkennen. Sie fürchten, ihre Eltern zu Unrecht zu beschuldigen. Schließlich haben diese auch viel Gutes für sie getan.

und ernst zu nehmen. Sie fürchten, zu übertreiben und ihre Eltern zu Unrecht zu beschuldigen. Schließlich haben diese auch viel Gutes für sie getan.

Da können sie doch nicht schädlich sein, oder doch!? Die Folge ist, dass sie wiederholen, was sie schon als Kind getan haben: Sie schweigen und nehmen die Dinge hin, wie sie eben sind. Doch nicht nur für Betroffene, auch für Gewalt ausübende Eltern selbst ist eine Unterscheidung in toxisch und nicht toxisch gefährlich. Wer wird seine Scham überwinden, um sich Hilfe zu holen, wenn er fürchtet, als schädlicher, böser Mensch verurteilt zu werden? Die Sehnsucht nach einer einfachen Kategorisierung hilft also weder Gewaltopfern noch ist er bei der Gewaltprophylaxe sinnvoll.

Die eigentlichen Fragen

Menschen sind komplex. Beziehungen sind es ebenso. Der Komplexität kann man nur gerecht werden, wenn man sie aufzeigt, und nicht, wenn man versucht, sie auf eine eindimensionale Schwarz-Weiß-Denkweise zu reduzieren. Der Vater, der sein Kind in einem Moment erniedrigt, kann der Gleiche sein, der es im anderen Moment liebevoll in den Arm nimmt und es tröstet, wenn es sich wehgetan hat. Dabei macht das Gute das Schlechte nicht weniger schlecht. Und umgekehrt. Doch wie sollst du vor diesem Hintergrund die Frage, ob du in einer toxischen Familie aufgewachsen bist, sicher beantworten? Die gute Nachricht lautet: Du allein darfst Verhalten, dass dir nicht guttut, als toxisch, ungesund (oder wie auch immer du es nennen willst) definieren. Du darfst Stopp sagen. Du darfst deine Verletzungen und Kränkungen ernst nehmen und aussprechen, und zwar unabhängig davon, ob es neben all dem Schädlichen auch Gutes gab! Um ungesunde Familienbeziehungen zu verarbeiten, braucht es vor allem Eigenverantwortung. In diesem Sinne solltest du weniger um die Frage kreisen, ob deine Mutter, dein Vater, dein Geschwister etc. toxisch, böse, persönlichkeitsgestört o. Ä. sind. Versuche es stattdessen lieber mit Fragen, die mit dir, deinen Gefühlen und deinen Gedanken zu tun haben:

- Wo fängt für mich ungesundes Verhalten an?
- Wie habe ich das Verhalten meiner Eltern erlebt bzw. wie erlebe ich es noch?
- Weshalb rechtfertige ich elterliches Verhalten, das mir schadet?
- Warum darf ich an meiner Situation nichts verändern?
- Was brauche ich, um es zu dürfen?

Alles andere wäre nur mehr von dem, was du sowieso schon dein Leben lang getan hast: dich mehr mit den Menschen assoziieren, die dir Leid zugefügt haben, als mit dir selbst.

Definition: Toxische Familienbeziehung

Auf Basis der bisher erfolgten Erkenntnisse definiere ich eine toxische Familienbeziehung wie folgt:

Ich spreche immer dann von einer toxischen Familienbeziehung, wenn ein ranghöheres Familienmitglied einem rangniedrigeren mit einem Verhalten bzw. mit dem Unterlassen eines Verhaltens dauerhaft bewusst oder unbewusst körperliches und/oder seelisches Leid zufügt. Toxische Familienbeziehungen sind demnach stets von einseitiger Abhängigkeit und mit dieser in Verbindung stehenden Gewalt geprägt. Letztere äußert sich in der körperlichen, sexuellen oder emotionalen Instrumentalisierung von Kindern für eigene oder für das Familiensystem relevante Zwecke.

Die zwei zentralen Aspekte toxischer Familienbeziehungen sind für mich also
- zum einen das subjektive Leid der Betroffenen und
- zum anderen die zweckgebundene Instrumentalisierung.

Über Erstere kann und soll, wie weiter oben bereits erläutert, einzig der oder die Betroffene selbst entscheiden. Was unter einer Instrumentalisierung verstanden wird, kann hingegen anhand objektiver Kriterien definiert werden. Dabei werden unterschiedliche (entwicklungspsychologische) Ansätze immer auch zu unterschiedlichen Ergebnissen kommen. Die hier folgenden beruhen auf systemischen, bindungs- sowie lerntheoretischen Erkenntnissen.

5.2 Woran du eine toxische Familienbeziehung erkennst

In Kapitel 2 habe ich dir einen Überblick über die Merkmale gesunder Familien bzw. Familienbeziehungen gegeben. Daran orientierend ließ sich bereits eine erste Definition dessen, was eine ungesunde, toxische Familienbeziehung konkret ausmacht, ableiten. Die folgende Kriterienliste fasst die wesentlichen Kernpunkte noch einmal für dich zusammen (vgl. auch Tab. 5.1). Nicht jedes Kriterium muss erfüllt sein, um von einer toxischen Verbindung sprechen zu können.

Gewalt

In toxischen Familienbeziehungen findet körperliche, sexuelle und/oder emotionale Gewalt statt. Da Kinder stets in einem Abhängigkeitsverhältnis zu ihren ranghöheren Eltern stehen (die Eltern sind hier exemplarisch für alle erdenklichen ranghöheren Familienmitglieder zu verstehen), wird diese immer einseitig ausgeübt. Sie äußert sich in der Ausführung oder Androhung eines bestimmten Verhaltens (z. B. Schlagen, Schreien, Erpressen) oder dem Unterlassen eines bestimmten Verhaltens (z. B. Verweigern von Arztbesuchen, Meiden körperlicher Zuwendung oder Unterbinden der Persönlichkeitsentwicklung).

Unsichere Bindungen zu primären Bezugspersonen

In ungesunden Eltern-Kind-Beziehungen fehlt es an Einfühlungsvermögen und / oder Kohärenz, d. h., Eltern verhalten sich sehr unterschiedlich, wenn Kinder ihre Zuwendung brauchen. So sind sie in dem einen Moment einfühlsam und liebevoll und im nächsten unbarmherzig und aggressiv.

Eine unsichere Bindung hat nicht nur direkte Auswirkungen auf die körperliche und seelische Entwicklung im Kindesalter. Je nachdem, wie die Bindungsperson typischerweise auf das Bindungsbedürfnis des Kindes reagiert, entwickeln wir ein bestimmtes internes Konzept von Bindung. Diese Blaupause, auch Bindungsstil genannt, bleibt bis ins Erwachsenenalter abgespeichert und beeinflusst unsere Empathiefähigkeit, unsere sozialen, kognitiven und reflexiven Kompetenzen sowie unsere Gedanken und Gefühle im Hinblick auf uns und andere (Brisch 2013).

Verletzung der Grundprinzipien in Subsystemen und im Gesamtsystem

Ein gesundes Familiensystem zeichnet sich dadurch aus, dass die drei Grundprinzipien Zugehörigkeit, Ordnung und Ausgleich eingehalten werden. Konkret bedeutet dies, dass

1. alle Familienmitglieder in gleichem Maße dazugehören dürfen,
2. die (Rang-)Ordnung innerhalb der Familienmitglieder eingehalten wird und
3. der Ausgleich bestimmter Parameter zwischen den Familienmitgliedern stimmt.

In schädlichen Familienbeziehungen wird mindestens eine dieser Voraussetzungen nicht erfüllt, was häufig dazu führt, dass auch die anderen nicht erfüllt werden können. In der Folge gerät das Familiensystem aus dem Gleichgewicht.

Kein Respekt und keine Akzeptanz

In toxischen Familien haben Kinder das Gefühl, etwas tun oder nicht tun zu müssen, um eine Daseinsberechtigung zu haben. Denn ob sie zur Familie dazugehören oder nicht, hängt davon ab, wie sie aussehen, wie sie sich verhalten, wie sie fühlen oder denken etc. Die Liebe der Familienmitglieder ist an einen (häufig stummen) Kodex gebunden.

Kein bzw. zu wenig Raum für die eigene Persönlichkeitsentwicklung

Toxische Eltern-Kind-Beziehungen verhindern, dass Kinder sich ihrer individuellen Persönlichkeit entsprechend entwickeln und entfalten können. Dies kann, wie oben gezeigt, darin begründet sein, dass sie beim Ausleben eigener Wünsche und Bedürfnisse den Ausschluss aus der Familie befürchten müssen. Es gibt aber auch eine Vielzahl anderer Szenarien. So ist in ungesunden Familien häufig erst gar kein Raum vorhanden, der es den Kindern ermöglicht, ihre eigenen Wünsche, Bedürfnisse und Träume überhaupt zu entdecken.

Kinder als Symptomträger

In toxischen Familiensystemen kann es vorkommen, dass Konflikte, die eigentlich auf der Erwachsenenebene entstanden sind, auf die Kinder umverteilt werden. Sie werden dann stellvertretend zu Symptomträgern. Häufig passiert dies in Familien, in denen es Tabuthemen gibt.

Keine verantwortungsvollen Vorbilder

In dysfunktionalen Familien haben Eltern häufig keinen, wenig oder nur einen destruktiven Bezug zu sich und anderen. Sie konsumieren beispielsweise übermäßig viel Alkohol, ernähren sich ungesund, überschreiten emotionale Grenzen oder halten an negativen Glaubenssätzen fest. In der Partnerschaft zum anderen Elternteil verhalten sie sich möglicherweise respektlos, angriffslustig oder lieblos. Wiederum andere leben ihren Kindern emotionale Abhängigkeit vor oder bleiben aus der vermeintlich guten Absicht, den Kindern nicht schaden zu wollen, mit ihrem Partner zusammen. Sie beachten dabei nicht, dass sie ihren Kindern auf diese Weise vermitteln, dass es normal ist, in Beziehungen unglücklich zu sein. In toxischen Familien gibt es häufig Streit, den die Kinder miterleben und in den sie schlimmstenfalls sogar unmittelbar oder mittelbar involviert werden.

Keine bzw. zu wenig Zuwendung und Liebe

Leider kommt es immer wieder vor, dass Eltern nicht in der Lage sind, sich ihren Kindern liebevoll und empathisch zuzuwenden. Manche sind aufgrund eigener unverarbeiteter Traumata sowie angeborener oder erworbener Persönlichkeitsstörungen dazu schlicht nicht in der Lage. Für Kinder ist dies besonders tragisch, weil sie die Ablehnung zwar spüren, sie aber nicht zu benennen wissen. Die Folge ist, dass sie die mangelnde körperliche und / oder emotionale Zuwendung auf eine eigene Fehlerhaftigkeit zurückführen.

	Gesunde (Familien-)Beziehung	Toxische (Familien-)Beziehung
Körperliche, sexuelle und / oder emotionale Gewalt	kommt keinesfalls vor	findet mehr oder weniger regelmäßig statt
Eltern-Kind-Bindung bzw. Bindung zu den primären Bezugspersonen	sicher	unsicher
Bedingungslose Zugehörigkeit zum Familiensystem	automatisch gegeben	der Wunsch nach Zugehörigkeit wird (bewusst oder unbewusst) für elterliche Zwecke benutzt
Korrekte Rangordnung	wird eingehalten	wird in Form von Parentifizierung, Partnerfizierung oder Symptomverschiebung verletzt
Ausgleich materieller und immaterieller Güter (z. B. zwischen Autonomie und Bindung)	ist der Rangordnung entsprechend stimmig	ist im Hinblick auf die Rangordnung nicht stimmig
Respekt und Akzeptanz	existiert	existiert nicht oder ist nur vorgespielt
Konflikte	werden lösungsorientiert und friedlich geführt, dienen dem besseren Verständnis	werden mit Gewalt und in einer „Ich gegen dich"-Mentalität geführt, dienen als Ventil für negative Emotionen
Persönlichkeitsentwicklung	möglich	nicht möglich bzw. erheblich erschwert
Vorbildfunktion der Eltern (z. B. als Paar)	auf Dauer gegeben	auf Dauer nicht gegeben
Wärme und Liebe	bedingungslos vorhanden	nicht (ausreichend) vorhanden oder an Bedingungen geknüpft

Tabelle 5.1: Merkmale gesunder und ungesunder (Familien-)Beziehungen

Mache den Test

Du hast nun eine Vielzahl von Informationen über toxische Familienbeziehungen erhalten. Wenn du an dieser Stelle bereits Gewissheit darüber hast, dass du in ungesunden Familienstrukturen groß geworden bist, kannst du den folgenden Selbsttest ohne Weiteres überspringen. Hast du hingegen noch Zweifel daran, ob das, was dir widerfahren ist, ausreicht, um von toxischen, Gewalt geprägten Beziehungen zu sprechen, empfehle ich dir den folgenden Selbsttest. Hierfür bitte ich dich, die folgenden Fragen durchzulesen und sie entweder mit Ja zu bestätigen oder mit Nein abzulehnen. Denke dabei nicht zu lange über die Antworten nach, sondern antworte möglichst spontan aus dem Bauch heraus.

	Treffen folgende Aussagen auf dich zu?	**Ja**	**Nein**
1	Ich wurde in meiner Familie körperlich oder sexuell misshandelt.		
2	Ich bin (vermeintlich grundlos) psychisch oder psychosomatisch erkrankt.		
3	Ich leide unter einem Suchtproblem.		
5	Ich habe weitreichende und wiederkehrende Beziehungsprobleme (Gewalterfahrungen, Selbstaufgabe, Bindungsangst, Loyalitätskonflikte, Kontrollwunsch o. Ä.).		
5	Ich habe negative Glaubenssätze über mich, andere und / oder das Leben.		
6	Ich erinnere mich nicht gut an meine Kindheit.		
7	Ich werde immer wieder von bestimmten Erinnerungen bzw. Erinnerungsfetzen eingeholt, die mich nicht loslassen.		
8	Ich rechtfertige negative Verhaltensweisen meiner Eltern und / oder anderer Familienmitglieder.		
9	Ich bin empathischer mit ranghöheren Familienmitgliedern (z. B. Eltern, Großeltern) als mit mir selbst.		
10	Ich bagatellisiere Verletzungen, die mir in meiner Familie zugefügt wurden.		

	Treffen folgende Aussagen auf dich zu?	Ja	Nein
11	Ich fühle mich verantwortlich für das Glück meiner Eltern und/oder anderer Familienmitglieder.		
12	Ich habe Schwierigkeiten, mich um meinen Körper und/oder mein seelisches Wohl zu sorgen.		
13	Ich habe unter Menschen ein diffuses Gefühl der Nichtzugehörigkeit.		
14	Ich habe keine oder wenig Wünsche, Träume oder Ziele.		
15	Ich fühle mich oft überfordert, „klein" und handlungsunfähig.		
16	Ich werde oft von intensiven Gefühlen überrollt, die ich nur schwer regulieren kann.		

Wenn dir eine oder mehrere Aussagen vertraut vorkommen, *kann* dies ein Anhaltspunkt dafür ein, dass eine toxische Familienbeziehung der Grund für deine Schwierigkeiten ist. Je mehr Aussagen du bestätigen kannst, desto größer die Wahrscheinlichkeit. Die folgenden Kapitel sollen dir dabei helfen, diese Möglichkeit zu überprüfen.

Teil II

Die Folgen einer ungesunden Kindheit annehmen

„Belastende Kindheitserfahrungen können wegen ihrer verheerenden Auswirkungen durchaus als das größte nicht angegangene Volksgesundheitsproblem angesehen werden.“

(Glenn R. Shiraldi)

6. Langzeitfolgen (an-)erkennen

Menschliches Lernen beginnt bereits vor der Geburt. Der Herzschlag der Mutter und auch ihre Stimme sind für das Ungeborene ständig präsent. So gewöhnt es sich schon im Mutterleib an seine wichtigste Bezugsperson und erkennt die Mutter nach der Geburt an der Stimme. Das Gehirn des Babys ist bei der Geburt fast vollständig ausgereift, aber die Zellen sind noch nicht miteinander verknüpft. Insbesondere in den ersten Lebensjahren läuft unser Gehirn daher auf Hochtouren und entwickelt zahlreiche neuronale Verknüpfungen. Auf was das Kind bei seinen Lernprozessen den Fokus richtet, hängt stark vom unmittelbaren Input der Umwelt ab. Da jener in dieser prägenden Zeit hauptsächlich aus der Familie kommt, ist sie maßgeblich an der Ausbildung der Hirnbahnen beteiligt. Wenn unsere Eltern primär auf potenzielle Gefahren und negative Gedanken ausgerichtet sind, werden wir unser Gehirn ebenfalls vordergründig auf deren Wahrnehmung spezialisieren. Ein Kind mit positiv denkenden Eltern wird seinen Fokus hingegen mehr auf Möglichkeiten und Chancen richten und dementsprechend andere Glaubenssätze entwickeln. Ebenso werden Kinder, denen körperliche, sexuelle oder psychische Gewalt zugefügt wird, ein anderes Gedanken- und Gefühlszentrum ausbilden als Kinder, denen diese Erfahrungen erspart bleiben. Jene, die sich hauptsächlich mit der Vorbereitung auf den nächsten Angriff beschäftigen müssen, werden ihren Fokus aufs Überleben richten. Als Folge dieses Dauerstresses können sich u. a. Angsterkrankungen, Depressionen, Traumafolgestörungen und massive Beziehungsschwierigkeiten entwickeln. Diese verschwinden nicht einfach mit dem Eintritt ins Erwachsenenalter oder dem Auszug aus dem Familienverbund. Das Gegenteil ist der Fall. In den meisten Fällen scheint es zunächst, als seien traumatisierte Kinder relativ unbeschadet davongekommen. In Wahrheit bilden sich die Folgen aber lediglich zeitverzögert in vollem Maße aus (Beitchman et al. 1991, 1992).

Nicht nur das psychische System entwickelt bestimmte Fokusse und Filter. Entsteht Stress im psychischen System, sendet es entsprechende Feedbackschleifen an den Körper. Dieser wird sich dann ebenfalls auf Angriff und Verteidigung spezialisieren, indem er z. B. feinfühlig auf kleinste Veränderungen reagiert.

> Bei ungünstiger Prägung durch die Eltern und daraus resultierendem Stress fokussieren Körper und Psyche des Kindes primär auf Gefahren.

Die gute Nachricht ist, dass die Plastizität unseres Gehirns nicht mit der Kindheit endet. Sie bleibt bestehen. Das heißt, dass du das, was du bis hierhin gelernt hast, jederzeit wieder verlernen kannst. Eine solche Umprogrammierung ist aber nur dann möglich, wenn du weißt, was genau du eigentlich verlernen möchtest. Und hier liegt häufig das Problem: Betroffene wissen oft nicht, dass die intra- und interpersonellen Schwierigkeiten, die sie als Erwachsene haben, unmittelbar mit den Erfahrungen in ihrer dysfunktionalen Familie zusammenhängen. Vielleicht erinnerst du dich in diesem Zusammenhang an Caro. Bis sie erkannte, dass ihre körperlichen und psychischen Schwierigkeiten eine Folge ihrer traumatischen Erfahrungen waren, vergingen Jahre. Um dir eine solche jahrelange Suche zu ersparen, habe ich im Folgenden typische Beschwerden und Schwierigkeiten zusammengetragen, die in Zusammenhang mit toxischem Kindheitsstress auftreten können. Dabei gilt zu bedenken, dass sich viele Auswirkungen gegenseitig bedingen. Es ist also möglich, dass du dich in mehreren der folgenden Punkte wiederfindest. Das bedeutet nicht, dass du ein besonders schwerer oder gar ein hoffnungsloser Fall bist (die gibt es ohnehin nicht!). Im Gegenteil: Es bedeutet zunächst nur, dass dein Körper und deine Psyche gesund auf etwas Ungesundes reagiert haben.

6.1 Intrapersonale Folgen: Wenn Körper und Seele leiden

Zahlreiche Studien dokumentieren die Zusammenhänge zwischen toxischen, traumatischen Kindheitserfahrungen und der körperlichen sowie seelischen Gesundheit im Erwachsenenalter. Eine von ihnen ist die amerikanische Langzeitstudie über *Adverse Childhood Experiences* (= schädigende Kindheitserlebnisse; kurz: ACE). Vincent Felitti und seine Kollegen analysierten die Daten von über 17.000 Klinikpatienten und -patientinnen und fanden heraus, dass etwa zwei Drittel in ihrer Kindheit mindestens ein belastendes Kindheitserlebnis erlitten hatten, wie z. B. körperlichen, sexuellen oder emotionalen Missbrauch, Alkoholmissbrauch der Eltern u. a.[10] Häufig traten Kombinationen auf, z. B. ein alkoholkranker, handgreiflicher Vater. Je mehr belastende Kindheitserfahrungen gemacht wurden, desto höher war die Wahrscheinlichkeit, eine körperliche oder seelische Störung zu entwickeln. So konnten z. B. (teils indirekte) Zusammenhänge zwischen belastenden Kindheitserlebnissen und Diabetes Typ 2, Schmerzen, Schlafstörungen, Autoimmunerkrankungen, Hepatitis und einer verkürzten Lebenserwartung nachgewiesen werden (Felitti & Anda 1998). Zu ähnlichen Ergebnissen kamen 1977 bereits Emmy Werner und Kollegen im Rahmen der Kauai-Studie.

---

10 Felitti und Anda fanden insgesamt zehn belastende Kindheitserlebnisse, welche ein breites Spektrum von psychologischen, medizinischen und funktionellen Problemen vorhersagten. Eine gute Übersicht findest du z. B. in Glenn Schiraldis Buch *Belastende Kindheitserlebnisse hinter sich lassen – Ein Arbeitsbuch* (2022).

Kauai-Studie: Was Kinder krank macht

Die Kauai-Studie ist die älteste und bisher größte prospektive Untersuchung über die Entwicklungsbedingungen von Kindern. In ihrem Rahmen wurde ein kompletter Jahrgang von 698 Kindern, die 1955 auf der Insel Kauai im Hawaii-Archipel geboren wurden, 40 Jahre lang untersucht. Bei Kindern mit schwerem Geburtstrauma zeigten sich 20 Monate später vor allem in armen Familien deutliche Auswirkungen. Je besser die familiären Bedingungen in der Kleinkindzeit, in der Kindheit und im Jugendalter waren, desto kompetenter waren die Kinder. Dies war bereits mit zwei Jahren zu erkennen. Je instabiler die Familie war, umso niedriger war der Entwicklungsquotient im Vergleich zu Kleinkindern aus stabilen Familien. Etwa 30 Prozent der Kinder des untersuchten Geburtsjahrgangs begannen ihr Leben mit biologischen, psychologischen und/oder sozialen Risiken, z. B. Streitigkeiten, Alkoholismus oder psychiatrischen Diagnosen der Eltern. Zwei Drittel dieser 129 Hochrisiko-Kinder hatten mit zehn Jahren Lernschwierigkeiten oder Verhaltensprobleme und waren spätestens mit 18 Jahren entweder straffällig, psychiatrisch auffällig oder sind noch als Teenager schwanger geworden. Im Umkehrschluss bedeutet das aber auch, dass immerhin ein Drittel der Hochrisiko-Kinder sich trotz allem zu kompetenten, selbstsicheren und fürsorglichen Erwachsenen ohne ernsthafte Lern- oder Verhaltensprobleme entwickelten. Die Schutzfaktoren, die Emmy Werner und ihre Kolleginnen besonders in den frühen Lebensjahren der Kinder ausmachen konnten, waren Bindungspersonen, die mit dem Kind positiv interagierten, eine Mutter mit besserer Bildung trotz Armut, wenig Kinder in der Familie, viel emotionale Unterstützung von der Mutter und/oder anderen Bezugspersonen während der ersten Jahre und ein positives Temperament des betreffenden Kindes (Werner 2007).

Die Forschungsergebnisse sind bedrückend, aber zugleich auch aufschlussreich. Aufklärung ist wichtig, um die Öffentlichkeit zu sensibilisieren. Noch viel wichtiger ist sie aber für Betroffene. Die folgende Auflistung möglicher negativer Auswirkungen ist ganz in diesem Sinne gedacht. Sie soll dich nicht traurig machen oder ausbremsen. Sie soll dir vielmehr bei einer ehrlichen Bestandsaufnahme helfen.

(Psycho-)somatische Beschwerden und Erkrankungen

„Wenn die Seele die Sprache verliert … fängt der Körper an zu reden", sagt der Mediziner Wolf-Jürgen Maurer. Wenn man sich vergegenwärtigt, dass Kinder zumeist keine Sprache für Gewalterfahrungen besitzen, kann man sich gut vorstellen, dass es nach toxischen, traumatischen Kindheitserlebnissen häufig zu psychosomatischen Beschwerden kommt. Der Körper ist ein wahres Wunderwerk und er ist unser bester Anzeiger dafür, dass wir etwas verändern sollen. Er bildet Gänsehaut, wenn uns kalt ist, er lässt uns Übelkeit verspüren, wenn wir etwas Schlechtes gegessen haben, und er entwickelt unterschiedliche Symptome, wenn wir eine belastende oder traumatische Erfahrung nicht entdeckt und / oder verarbeitet haben. Psychosomatische Beschwerden und Krankheiten sind keine sinnlosen Folgeerscheinungen. Sie wollen dich darauf hinweisen, dass du etwas verändern solltest.

Psychosomatische Beschwerden und Krankheiten weisen auf die Notwendigkeit einer Veränderung hin.

Selbstverständlich sind nicht alle somatoformen Störungen auf „alten“ Stress zurückzuführen. Es ist ebenso möglich, dass sie Hinweise auf aktuelle Stressoren und Probleme geben. Oft ist auch beides der Fall. So ziehen traumatische Erfahrungen in der Kindheit nicht selten ungesunde Partnerschaften nach sich. Jeder Körper, jede Biografie und jedes Leben ist individuell. Du wirst intuitiv am besten wissen, was dein Körper dir möglicherweise „sagen“ will. Vielleicht denkst du gerade ähnlich wie Caro, dass du überfordert bist, ihn zu verstehen. Vielleicht bist du auch aktuell nicht gut mit ihm verbunden, was für Menschen mit Gewalterfahrungen nicht ungewöhnlich wäre. Dann kann ich dich beruhigen. Es geht bei psychosomatischen Beschwerden nicht darum, detaillierte, lineare Anweisungen zu enträtseln, wie z. B. „X schadet dir, tue daher stattdessen Y“. Entscheidend ist vielmehr zu erkennen, dass X dir schadet. Wenn du wie Caro mit deinem aktuellen Leben glücklich bist, dann vertraue deiner Wahrnehmung. Lass dich nicht verunsichern. Horche in dich hinein und überprüfe, ob es nicht vielleicht doch noch etwas Unverarbeitetes in deiner Kindheit gibt. Wie bereits erwähnt, treten Auswirkungen von familiären Gewalterfahrungen oft erst bis zu 50 Jahre später ein (Beitchman et al. 1992). Insbesondere jene, die denken, sie seien unbeschadet davongekommen, werden manchmal von (psychosomatischen) Beschwerden eingeholt. Häufig geschieht das, wenn man in einer sicheren Umgebung zur Ruhe kommt. Dies könnte z. B. dann der Fall sein, wenn man einen unbefristeten Arbeitsvertrag bekommt, seine Traumwohnung anmietet oder einen liebevollen Partner findet. Denn nun ist genug Raum da, sich um das zu kümmern, was bisher nicht ausreichend Beachtung gefunden hat. Und wenn du medizinische Gründe sicher ausschließen kannst, dann will dir dein Körper möglicherweise mitteilen, dass es nun an der Zeit ist, „die Leichen aus dem Keller zu holen“. So bedrohlich sich manche psychosomatischen Beschwerden auch anfühlen mögen, sie haben immer eine Funktion für dein System. Sie brauchen dich also nicht zu ängstigen. Ganz im Gegenteil: Sie zeigen dir, dass dein physiologisches System einwandfrei funktioniert.

Psychosomatische Beschwerden, die infolge toxischer Kindheitserfahrungen auftreten können

- Magen-Darm-Beschwerden jeglicher Art, z. B. Reizdarm
- chronische Schmerzen, z. B. Fibromyalgiesyndrom
- Funktionsstörungen der Kiefergelenke und der Kaumuskulatur, z. B. CMD (= craniomandibuläre Dysfunktionen)
- Verspannungen
- zusammengesunkene, schlaffe Körperhaltung
- Schwindel und Ohnmacht
- Atemprobleme bis hin zur Atemnot
- Kloß im Hals
- Herzstolpern und Herzrasen
- Ohrrauschen und Tinnitus
- Taubheit und Lähmungserscheinungen
- erhöhte Entzündungswerte
- Ein- und Durchschlafstörungen
- Hautprobleme, z. B. Ausschläge
- chronische Erschöpfung
- (Aura-)Migräne

Erste Impulse: Was du tun kannst

Wenn du dich in dem hier Beschriebenen wiedererkennst, empfehle ich dir ein zweigleisiges Vorgehen: Zum einen solltest du die Signale deines Körpers ernst nehmen und dir professionelle Unterstützung suchen, die dir dabei hilft, an den biografiebedingten Ursachen für deine Beschwerden zu arbeiten. Zum anderen kannst du noch heute damit beginnen, eine gute und sichere Beziehung zu deinem Körper aufzubauen und seine Sprache zu lernen. Hierfür bieten sich z. B. (traumasensibles) Yoga, Achtsamkeitsübungen oder geführte Meditationen an. Ein paar Anregungen dazu findest du in Kapitel 8. Aus eigener Erfahrung weiß ich, dass psychosomatische Beschwerden manchmal langfristige Begleiter sein können. Da kann es schon einmal passieren, dass man nach dem hundertsten Herzstolpern immer noch verängstigt oder schlicht frustriert ist. Vergiss nicht, dass dein Körper dein Freund ist und nicht dein Feind. Gib ihm Zeit. Auch wenn du dir bereits Hilfe geholt hat, kann es eine Weile dauern, bis deine Beschwerden abklingen. Das ist normal. Kümmere dich in dieser Zeit besonders gut um ihn. Gönne dir leckeres Essen, massiere dich mit schönen Ölen und wenn du magst, sprich zu ihm. Hierfür könntest du z. B. einen Satz nutzen wie: „Danke, dass du mich bis hierhin gebracht hast. Ich habe dich gehört und ich kümmere mich darum. Du kannst mir vertrauen.“

ÜBUNG

Achtsamkeit

Wenn du unter psychosomatischen Beschwerden leidest, ist es wichtig, zu verstehen, dass dein Körper dir nicht schaden will. Er will dich vielmehr auf etwas aufmerksam machen, z. B. darauf, dass du etwas aus deiner Biografie noch nicht hinreichend bearbeitet hast, dass du dich in unguten Beziehungskonstellationen bewegst und/oder deine Grenzen nicht ausreichend wahrst. Achtsamkeitsübungen können dir dabei helfen, eine konstruktive Verbindung zu deinem Körper aufzubauen, um seine hilfreichen Signale zu erkennen und zu verstehen.

Für diese Übung kannst du einfach dort sitzen bleiben, wo du gerade bist. Leg das Buch nach dem Lesen dieser Anleitung kurz beiseite, richte dich auf und schließe die Augen. Nun legst du deine Hände auf deine Oberschenkel und konzentrierst dich auf deine Atmung. Atme je nach Bedürfnis fünf- bis zehnmal langsam ein und wieder aus. Nun richtest du die Aufmerksamkeit auf deinen Körper. Was nimmst du wahr? Ist dir warm oder kalt? Kribbelt es irgendwo? Bist du verspannt, hast du Schmerzen oder spürst du vielleicht gerade gar nichts? Wo berührt dein Körper dein Sitzmöbel, die Lehne oder den Boden? Lausche neugierig und möglichst wertfrei in dich hinein. Bedenke dabei, dass es völlig normal ist, immer wieder abzuschweifen. Hast du vielleicht den Wunsch, etwas zu verändern, z. B. deine Sitzposition oder deine Kleidung? Benötigst du ein Glas Wasser oder etwas zu essen? Spüre in dich hinein.

Wenn du so weit bist, öffne die Augen und verändere das, was du verändern möchtest.

Baue diese Übung in deinen Alltag ein und wiederhole sie drei-, viermal die Woche.

Psychische Beschwerden und Erkrankungen

Nicht nur der Körper kann eine Störung seiner normalen Abläufe ausbilden. Auch das psychische System kann aus dem Gleichgewicht kommen, wenn es durch toxische Familienbeziehungen verstört wird. Kann eine solche „Verstörung“ nicht ausreichend durch entsprechende Schutzfaktoren, wie z. B. anderweitige stabile und hilfreiche Beziehungen, kompensiert werden, ist die Wahrscheinlichkeit groß, dass Kinder früher oder später unter psychischen Beschwerden leiden und sogar eine psychische Erkrankung ausbilden. Diese kann als gesunde Reaktion auf eine ungesunde Umwelt interpretiert werden. So reagieren z. B. manche Kinder auf autoritäre Unterdrückung mit Resignation und Einfrieren der Gefühle (Depression). Andere versuchen ihren Ohnmachtsgefühlen zu begegnen, indem sie über das Medium Körper Macht über sich und andere gewinnen (Essstörung). Der Zusammenhang zwischen bestimmten Familienstrukturen und der Ausbildung einer Essstörung ist bereits sehr gut erforscht. Günter Reichs (2014) fasst diverse Studien wie folgt zusammen:

Familien, in denen es mindestens ein magersüchtiges Kind gibt,

- sind an Erfolg, Leistung und dem äußeren Erscheinungsbild orientiert und beschäftigen sich übermäßig stark mit Gewicht und Essen.
- sind harmoniebetont. Das offene Austragen von Konflikten und deren Lösung wird vermieden. Negative Gefühle werden nicht oder kaum geäußert, jedenfalls nicht direkt. Heftige Affekte werden kaum oder gar nicht geäußert.
- zeichnen sich dadurch aus, dass die interpersonellen Grenzen gestört sind. Die Beziehungen sind extrem eng und intensiv. Es besteht kein Gefühl für die Unabhängigkeit der Familienmitglieder. Auch die Grenze zwischen der Kernfamilie und den Ursprungsfamilien der Eltern ist in der Regel sehr durchlässig.
- zeigen oft starke Loyalitätsbindungen über die Generationen.
- fördern die Autonomie der Erkrankten nicht. Diese werden dazu erzogen, übermäßig auf die Gefühle der Eltern Rücksicht zu nehmen. Sie lernen nicht, sich nach den eigenen Empfindungen zu richten, und werden übermäßig behütet. Insgesamt findet sich in den Familien ein übermäßiger Grad gegenseitiger Fürsorge.
- erleben Trennungen als bedrohlich und schuldbelastet. Der bestehende Status Quo wird rigide aufrechterhalten. Veränderungen und Wachstum, z. B. der Eintritt eines Kindes in die Adoleszenz, werden als starke Bedrohung erlebt. Die Notwendigkeit einer internen Veränderung wird verleugnet.
- beziehen ihre Kinder in elterliche Konflikte ein.
- verbergen eheliche Konflikte, indem sie dem kranken Kind helfen. Dieses wird als das einzige Problem ausgegeben, das sie haben. Generell werden Verzicht, ein asketisches Ideal und Aufopferung überbetont.

Magersucht ist demnach ein Versuch, einen stimmigen Ausgleich zwischen Autonomie und Bindung herzustellen. Für sie gilt exemplarisch, was für alle Formen der psychischen Erkrankung im Kinder- und Jugendalter gilt: Sie sind immer auch als Reaktion auf das direkte, bedeutsame Umfeld – die Familie – zu sehen, nicht als internes „Individualproblem" des psychischen Systems.

> Psychische Erkrankungen von Kindern sind immer auch als Reaktion auf das Umfeld zu betrachten.

Bedauerlicherweise werden trotz dieser Erkenntnisse noch immer Medikamente sowie Einzeltherapien statt Familientherapien angewendet, um Betroffenen zu helfen. Die Folge ist, dass die Symptome sich entweder auf andere Bereiche verschieben oder chronifizieren. Letzteres führt dazu, dass erwachsene Kinder weiterhin mit ihren Erkrankungen zu kämpfen haben. Oft wird dann eine Individualbehandlung fortgeführt. Dabei ist es unbedingt notwendig, die Biografie und damit die Ursprungsfunktion der Symptome, z. B. Rückgewinnung von Autonomie bei der Magersucht oder emotionale Abschottung bei Depressionen, zu analysieren und dementsprechend (therapeutisch) aktiv zu werden. Ich habe schon oft erlebt, dass Menschen mir in Erstgesprächen berichten, dass sie bereits eine Vielzahl psychiatrischer und psychologischer Angebote in Anspruch genommen hätten, aber keines hätte sie dauerhaft von ihren Essstörungen oder Depressionen heilen können. Einige Sitzungen später erfahre ich, dass sie jeden Sonntag zu ihren Eltern zum Essen fahren – den Eltern, die sie einst gedemütigt, bedroht oder körperlich angegangen sind. Wenn ich sie darauf anspreche, kommt zumeist eine Antwort wie: „Ach, die ollen Kamellen haben mit meiner heutigen Depression nichts mehr zu tun!" Im Hinblick auf unsere Gesundheit ist jede vermeintliche „olle Kamelle" eine weitere Überprüfung wert. Auch wenn dies mitunter schmerzhafter sein kann, als die „Schuld" im eigenen psychischen System zu suchen.

Psychische Beschwerden und Erkrankungen, die infolge toxischer Kindheitserfahrungen auftreten können

Wann Beschwerden in ernsthafte Erkrankungen übergehen, ist auf den jeweiligen Kontinuen (siehe unten) oft nicht trennscharf festzulegen. Je größer der individuelle Leidensdruck, desto größer ist die Wahrscheinlichkeit, dass eine behandlungsbedürftige Erkrankung vorliegt, die von einem Mediziner oder Psychologen abgeklärt werden sollte.

- Energielosigkeit und Abgeschlagenheit bis hin zur Depression
- Unruhe und Übererregung bis hin zur Angst- und Panikstörung
- Kontrollneigung bis hin zu Zwangserkrankungen
- Realitätsverschiebung bis hin zu Psychosen
- ausgeprägte, wechselnde Affekte bis hin zur bipolaren Affektstörung
- ausgeprägtes Grübeln und Pessimismus
- diffuse Ohnmachtsgefühle und geringes Gefühl der Selbstwirksamkeit
- Trauer und Verzweiflung
- emotionale Erstarrung
- geringes Selbstwertgefühl
- Suizidalität.

Psychische Erkrankungen – unabhängig davon, ob sie durch toxische Familienbeziehungen verursacht wurden oder nicht – können nicht nur psychosomatische Beschwerden, Suchterkrankungen oder Suchtmittelmissbrauch nach sich ziehen. Ebenso können Folgeprobleme wie Arbeitslosigkeit auftreten. Negative Folgeerscheinungen, wie finanzielle Schwierigkeiten, schlechte Wohnverhältnisse und eine eingeschränkte Teilhabe am gesellschaftlichen Leben erschweren eine Heilung häufig zusätzlich.

Erste Impulse: Was du tun kannst

Wenn du vermutest, dass du möglicherweise eine psychische Erkrankung hast, rate ich dir dazu, schnellstmöglich professionelle Unterstützung in Anspruch zu nehmen. Dabei kann es hilfreich sein, dich medikamentös behandeln zu lassen. Zusätzlich empfehle ich dir allerdings dringend eine psychotherapeutische Behandlung. Wenn du schon länger unter einer psychischen Erkrankung leidest, kann es Sinn machen, der Frage, ob es in deiner Familiengeschichte noch unverarbeitete Themen gibt, (eventuell auch erneut) nachzugehen. Natürlich gibt es über professionelle Unterstützung hinaus immer auch Dinge, die du schon heute für dein Wohlbefinden tun kannst. Hierzu gehört ein respektvoller und selbstfürsorglicher Umgang mit dir selbst. Es ist nicht deine Schuld, dass du eine psychische Erkrankung hast, aber es ist deine Verantwortung, wie du mit dir umgehst. Dessen solltest du dir immer bewusst sein und dementsprechend liebevoll und nachsichtig mit dir sein. Dazu gehören z. B. eine empathische Kommunikation mit dir selbst, ein (im Großen und Ganzen) gesunder und selbstfürsorglicher Lebensstil und die Abkehr von destruktiven Partnerschaften, Freundschaften, Arbeitsstellen *und* Familienbeziehungen.

Persönlichkeitsstörungen

Menschen, die in ungesunden Familienverhältnissen aufwachsen, können Persönlichkeitsstörungen (PS) entwickeln. Eine solche zu diagnostizieren, ist nicht immer leicht. Nicht zuletzt auch deshalb, weil die Konzepte zu PS innerhalb der Psychologie äußerst heterogen sind. Rainer Sachse (2022) weist darauf hin, dass PS nicht als tiefgreifende Störung der Gesamtpersönlichkeit zu verstehen seien, sondern als Störungen, die sich auf Beziehungs- und Interaktionsebenen manifestieren. Es scheint dementsprechend plausibel, dass sie auch ebendort entstanden sind. Unter diesem Aspekt sind PS als Anpassungsversuch an gestörte, toxische Beziehungs- und Interaktionsebenen in der Kindheit zu verstehen. Peter Fiedler (2007, S. 26) spricht in diesem Zusammenhang auch von „Extremvarianten normalen psychischen Funktionierens". In der ICD 10 wurden diese „Extremvarianten" unter F-60 in acht unterschiedliche Kategorien[11] unterteilt. Mit der neu erschienenen ICD 11 hat sich ein Paradigmenwechsel vollzogen. Die Kategorien wurden aufgehoben. Stattdessen findet eine dimensionale Unterscheidung nach Schweregrad statt (einzige Ausnahme ist die Borderline PS).

11 Die Kategorien lauteten schizoide, histrionische, narzisstische, emotional instabile, dissoziale, selbstunsichere, dependente und anankastiche (zwanghafte) Persönlichkeitsstörung.

Dimensionale Unterscheidung von Persönlichkeitsstörungen (Renneberg & Herpertz 2021)

- Leichte Persönlichkeitsstörung: Die Funktionsbeeinträchtigung ist auf spezifische Lebensbereiche begrenzt. Zumindest einige soziale und berufliche Rollen werden aufrechterhalten. Spezifische Manifestationen gehen nicht mit gravierendem Schaden für sich selbst oder andere einher.
- Mäßige Persönlichkeitsstörung: Sie erstreckt sich auf mehrere Lebensbereiche. Die emotionalen, kognitiven und verhaltensbezogenen Manifestationen sind von mäßigem Schweregrad. Hin und wieder kommt es zu selbst- oder fremdschädigendem Verhalten.
- Schwere Persönlichkeitsstörung: Sie ist mit der Erfüllung sozialer Normen inkompatibel, erstreckt sich auf so gut wie alle Lebensbereiche und geht oft mit selbst- oder / und fremdschädigendem Verhalten einher.

Die Mindestdauer der Symptome muss zwei Jahre betragen.

Erste Impulse: Was du tun kannst

Du bist mit deinem Problem nicht allein. Ca. zehn Prozent der Gesamtbevölkerung leiden unter einer PS (Zimmerman 2021). PS sind demnach keine Randerscheinungen. Lange Zeit galten sie als unheilbar. Waren sie erst einmal manifestiert, ging man davon aus, dass den Betroffenen und den Angehörigen nichts anderes bliebe, als sich mit ihnen zu arrangieren. Insbesondere Menschen, die eine Borderline PS aufweisen, hatten dementsprechend lange Zeit mit Stigmatisierungen, Ausgrenzungen und Vorurteilen zu kämpfen. Ähnlich ergeht es im aktuellen Diskurs häufig Menschen, die unter einer narzisstischen Persönlichkeitsstörung leiden. Zum Glück gibt es zahlreiche Hinweise darauf, dass PS sehr wohl therapierbar sind. So weist Sabine Herpertz (2022) im Hinblick auf die Borderline PS darauf hin, dass unter einer Dialektisch-Behavioralen Therapie (DBT) die Störung bei jedem zweiten Patienten verschwinden würde. Zu ähnlichen Ergebnissen kommen Martin Bohus und seine Kollegen. Sie haben ehemalige Patienten 15 Jahre nach einer Behandlung mit der DBT nach ihrem Befinden befragt: 70 Prozent führen nach eigenen Angaben ein sinnerfülltes Leben und rund 40 Prozent sind sogar gänzlich frei von Symptomen (Bergemann 2017). Ebenfalls hilfreich werden die mentalisierungsbasierte Psychotherapie sowie die Schematherapie eingestuft. Wenn auch du unter einer PS leidest, bist du also weder eine „Persönlichkeit zweiter Klasse“ noch unheilbar. Du kannst vielmehr lernen, die Auswirkungen, die die PS auf dein Denken, Fühlen und Handeln hat, zu steuern.

> Eine Persönlichkeitsstörung macht niemanden zu einer „Persönlichkeit zweiter Klasse“. Die Auswirkungen aufs Denken, Fühlen und Handeln hat man selbst in der Hand.

Du musst lediglich den Mut aufbringen, dir professionelle Unterstützung zu holen. Bis dahin kannst du versuchen, deine unmittelbaren Stressoren so gering wie möglich zu halten und einen möglichst konstruktiven und empathischen Umgang mit dir zu pflegen.

Komplexe Posttraumatische Belastungsstörung

Menschen, die in ihren Familienbeziehungen körperliche, sexuelle oder emotionale Gewalt erleben oder erlebt haben, können eine Belastungsstörung ausbilden. Grundsätzlich kann man zwischen einer Posttraumtischen Belastungsstörung (PTBS) und einer *komplexen* Posttraumatischen Belastungsstörung (kPTBS) unterscheiden. Letztere tritt dann ein, wenn es sich bei der traumatischen Erfahrung nicht um ein Einzelereignis handelt, sondern wenn sie sich über einen langen Zeitraum erstreckt und sich dementsprechend ein breites Spektrum langfristiger kognitiver, affektiver und psychosozialer Beeinträchtigungen ausbildet. In missbräuchlichen Eltern-Kind-Dynamiken tritt daher vermehrt die kPTBS auf. Was genau dazu führt, dass einige Menschen eine solche Reaktion zeigen und andere nicht, ist bisher nicht abschließend geklärt. Es herrscht jedoch Einigkeit darüber, dass das Alter der Betroffenen (jünger = höheres Risiko), das Ausmaß und die Dauer der Gewalt sowie die An- bzw. Abwesenheit helfender und wohltuender sozialer Kontakte eine Rolle spielen. Menschen, die eine kPTBS ausbilden, haben keine Bewältigungskompetenz für ihre traumatischen Erfahrungen ausbilden können. Studien deuten darauf hin, dass es nach einem Trauma zu einer Fehlfunktion des Hippocampus kommt – einer Hirnregion, die für Erinnerung und Gedächtnis zuständig ist. Durch diese werden verschiedene Sinneseindrücke, die mit den Erlebnissen in Verbindung stehen, nicht geordnet, sondern als einzelne „Gedächtnisbruchstücke" gespeichert. Man nimmt an, dass das Trauma aus diesem Grund nicht erfolgreich verarbeitet und in die übrige Lebensgeschichte integriert werden kann (Siegel 2010). So holt es die Betroffenen immer wieder im Hier und Heute ein und bleibt nicht dort, wo es eigentlich hingehört: in der Vergangenheit. Die Symptome einer kPTBS können sich erst viele Jahre später zeigen. Betroffene bringen sie dann häufig nicht mehr mit den traumatischen Erfahrungen in Zusammenhang. Daher bleibt eine solche Störung, die eigentlich keine Störung, sondern eine normale Reaktion auf traumatische Erlebnisse ist, häufig unerkannt. Um deine Sensibilität für diese Erkrankung zu schärfen, habe ich im Folgenden einige Symptome der kPTBS für dich zusammengetragen. In der ICD-11 wird sie übrigens erstmals als eigenständige Erkrankung aufgeführt.[12] Ich greife an dieser Stelle allerdings auf den Symptomkatalog der amerikanischen Traumafor-

12 Neben den Hauptsymptomen der klassischen PTBS werden sogenannte Affektregulationsstörungen, eine negative Selbstwahrnehmung und Beziehungsstörungen als Zusatzfaktoren aufgeführt.

scherin Arielle Schwartz (2021) zurück, da ich ihn als besonders verständlich und umfangreich empfinde.

- **Kognitive Verzerrungen:** Es bestehen unzutreffende Vorstellungen über sich, andere und die Welt.
- **Emotionale Belastungszustände:** Es treten häufig Gefühle der Überwältigung, (Todes-)Angst, Scham, Hilflosigkeit, Verzweiflung, Einsamkeit, Hoffnungslosigkeit und Trauer auf.
- **Verstörende somatische Empfindungen:** Bedrohungsgefühle aus früher erlebten Situationen werden als unbehagliche Körperempfindungen aufrechterhalten, wobei psychisches Leiden in Form physischer Symptome (z. B. diffuse Schmerzen, Erstickungsgefühle, Magen-Darm-Probleme, Herzstolpern, Panikattacken) zum Ausdruck gelangt.
- **Desorientiertheit:** Inadäquate Überzeugungen, Emotionen und Körperempfindungen tragen zum Verlust der Fähigkeit bei, zwischen Vergangenheit und Gegenwart zu unterscheiden.
- **Hypervigilanz:** Um die eigene Sicherheit zu erhalten, wird eine starke Sensibilität hinsichtlich des Verfolgens von Nuancen und Feinheiten der Körpersprache und des Gesichtsausdrucks bei anderen Menschen entwickelt.
- **Vermeidungsverhalten:** Handlungen, Begebenheiten und Emotionen, die an das Trauma erinnern, werden vermieden, verleugnet, unterdrückt oder verharmlost.
- **Interpersonale Probleme:** Hierzu zählen Verhaltensweisen wie Rückzug, Beschuldigen, Kritisieren oder Abweisen von geliebten Menschen sowie Wiederholen dysfunktionaler Verhaltensmuster, die im Familiensystem erlernt wurden.
- **Gehirnentwicklung:** Missbrauch verursacht messbare Veränderungen der Gehirnstruktur, die sich in Schwierigkeiten hinsichtlich sozialer Kompetenzen und des schulischen Erfolgs niederschlagen können.
- **Vermehrte gesundheitliche Probleme** im Erwachsenenalter.
- **Außerdem:** Reizbarkeit, selbstzerstörerisches, riskantes oder impulsives Verhalten, Essstörungen, Stressessen, Sozialängste, Agoraphobie, Paranoia, Promiskuität, Wutausbrüche, Suizidgedanken, -pläne oder -versuche, Süchte, Probleme beim Erhalt einer Arbeitsstelle.

Häufig tritt eine kPTBS nicht allein, sondern in Kombination mit psychischen Erkrankungen und/oder psychosomatischen Erkrankungen sowie Suchterkrankungen auf. Insbesondere in der Kindheit werden vermehrt falsche Diagnosen durch Symptomähnlichkeiten gestellt, z. B. Borderline Persönlichkeitsstörung, bipolare Störung, ADHS, Lernstörungen oder Schizophrenie. Im Erwachsenenalter wird eine kPTBS nicht selten mit einem Burnout oder einer Angststörung verwechselt. Es ist also sinnvoll, bei entsprechenden Symptomen genau hinzuschauen.

Erste Impulse: Was du tun kannst

Wenn du dich in den obigen Symptomen wiedererkennst, signalisieren dir deine Psyche und dein Körper, dass sie mit der Verarbeitung deiner Erfahrungen überfordert sind. Du solltest dir unbedingt psychotherapeutische Unterstützung suchen. Dabei solltest du darauf achten, dass deine Ansprechpartnerin eine entsprechende Qualifikation in der Arbeit mit Traumata vorweisen kann. Eine kPTBS ist „das Resultat *erlernter* inadäquater Überzeugungen und Verhaltensweisen [...], die sich durch eine positive Geisteshaltung und gesundheitsförderndes Verhalten ersetzen lassen“ (Schwartz 2021, S. 15). Sie ist also heilbar. Und du kannst etwas dafür tun, um den Heilungsprozess voranzutreiben. Betroffene haben häufig mit Panik und Todesangst zu kämpfen. Hier kann ein Notfallkoffer helfen. Ein paar Impulse für einen solchen findest du in Abschnitt 8.2. Eine kPTBS ist keine Fehlfunktion der Psyche. Sie ist vielmehr eine normale, gesunde Reaktion auf schreckliche und überwältigende Erlebnisse. Auch wenn es sich für dich vielleicht manchmal so anfühlen mag: Du bist nicht verrückt. Dein Zeitgefühl ist ver-rückt. Wenn du eine kPTBS hast, ist dir auf gewisse Weise die Vergangenheit näher als die Gegenwart. Du lebst in alten Gedanken und Gefühlen. Daher ist es wichtig, dass du versuchst, dich möglichst gut im Hier und Jetzt zu verankern. Heute bist du in Sicherheit. Und das gilt es, dir selbst immer wieder deutlich zu machen. Hierfür kannst du bspw. geführte Meditationen, Affirmationen, Atem- und Achtsamkeitsübungen oder spezielle Körperübungen nutzen.

Substanzmittelmissbrauch und Suchterkrankungen

Wer in der Kindheit belastende Dinge erlebt hat, möchte diese am liebsten vergessen. Suchtmittel unterstützten nicht nur das kurzfristige Vergessen, sie ersetzen überdies negative durch positive Gefühle. Kein Wunder also, dass Menschen, die in der Familie sexuelle, körperliche und / oder emotionale Gewalt erlebt haben, häufiger substanzmittelbezogene Suchterkrankungen ausbilden als Kinder, die in intakten Familienverhältnissen groß geworden sind (für eine Übersicht s. bspw. Wieland & Klein 2018). So zeigte sich in der bereits erwähnten ACE-Studie eine 7,2-fache Erhöhung des Risikos für eine Alkoholabhängigkeit und eine 4,5-fache Erhöhung des Risikos für eine Drogenabhängigkeit, wenn Betroffene vier oder mehr Traumatisierungsformen angaben. Ebenso erhöht ist das Risiko für die Entwicklung stoffungebundener Verhaltenssüchte wie pathologisches Kaufverhalten oder (Online-)Spielen. Insbesondere Menschen, die unter einer (k)PTBS leiden, gelten hier – ebenso wie bei den substanzmittelbezogenen Abhängigkeiten – als besonders gefährdet (Laskowski et al. 2018, Langenbach & Schütte 2012). Ein Teufelskreis entsteht. Durch die fortdauernde Unterdrückung von negativen Gefühlen und Gedanken sowie den Abbau eigener Ressourcen treibt der Konsum die Symptome der (k)PTBS weiter voran. Die Folge sind noch mehr negative Gefühle, die ihrerseits durch erneuten Konsum verhindert werden müssen.

Sucht und (k)PTBS bedingen sich gegenseitig und führen in einen Teufelskreis aus negativen Gefühlen und Intensivierung der Suchtproblematik.

Erschwerend kommt hinzu, dass Begleiterscheinungen, wie z. B. Obdachlosigkeit, Prostitution oder vermehrtes risikoreiches Verhalten, eine (k)PTBS nicht nur verschlimmern, sondern ihrerseits zu einer (k)PTBS führen können. Ein undurchsichtiges mentales und emotionales Chaos entsteht, aus dem es vermeintlich kein Entkommen gibt.

Doch nicht nur schwerwiegende Suchterkrankungen kommen bei Menschen mit belastenden oder traumatischen Kindheitserlebnissen gehäuft vor. Auch partieller Suchtmittelmissbrauch kann ein Problem für Betroffene sein. Hierunter fallen das sogenannte Binge-Drinking oder Binge-Eating. Betroffene trinken bzw. essen phasenweise – insbesondere in Stress- und Konfliktsituationen – weit über das gesunde Maß hinaus. Ein geringer Selbstwert und der damit in Verbindung stehende nicht oder kaum vorhandene Selbstschutzinstinkt können dabei so weit führen, dass sie sich mit diesem Verhalten in akute Lebensgefahr bringen, z. B. durch eine Alkoholvergiftung, einen Suizidversuch oder eine Magenruptur. Doch auch wenn das Leben nicht direkt bedroht ist, können schädliche Handlungen, die in Rahmen von Binge-Verhalten auftreten, z. B. Übertreten eigener sexueller Grenzen, aggressives Verhalten oder sozialer Rückzug, das Leben der Betroffenen massiv beeinflussen. So erging es auch Caro. Sie war viele Jahre eine Binge-Trinkerin und hat sich damit mehrfach in mittelbare und unmittelbare Gefahr gebracht. Sie hat sich steuerungsunfähig in Clubs begeben, ist auf Brückenpfeilern balanciert oder hat geliebte Menschen beschimpft. Wenn sie wieder nüchtern war, schämte sie sich derart für ihr Verhalten, dass sie manchmal für Tage das Haus nicht verließ. Sie sagt heute, dass sie in dieser Lebensphase keinerlei Kontrolle über sich gehabt habe und ihr oft alles egal gewesen sei. Sie fragt sich oft, wie sie das alles überlebt hat. Unter ihren Kommilitoninnen sei sie jedoch mit diesen Verhaltensweisen keine Ausnahme gewesen.

Pathologische Konsumstörungen, die infolge toxischer Kindheitserfahrungen auftreten können

- Alkoholabhängigkeit und -missbrauch
- Drogenabhängigkeit und -missbrauch
- Medikamentenabhängigkeit und -missbrauch
- Nikotinabhängigkeit
- pathologisches Glücksspiel
- pathologisches Kaufverhalten
- pathologischer Online- und Mediengebrauch
- Sportsucht
- Arbeitssucht
- Esssucht / Ess-Brechsucht / Magersucht / Binge-Eating.

Häufig kommt es zu einer Polytoxikomanie, das heißt, dass mehrere Abhängigkeiten bzw. Missbrauchsformen in Kombination auftreten.

Erste Impulse: Was du tun kannst

Wer pathologisches Konsumverhalten zeigt, hat irgendwann einmal einen Grund gehabt, damit anzufangen. Wenn du betroffen bist, erinnerst du dich möglicherweise gar nicht mehr daran. Und möglicherweise denkst du daher mittlerweile, dass nicht deine Erfahrungen, sondern der Alkohol, die Drogen oder das Internet schuld an deiner Misere sind. Da du ein Buch zum Thema toxische Familien erworben hast, gehe ich davon aus, dass du eine leise Ahnung hast, dass das möglicherweise so nicht ganz stimmt. Ich rate dir daher, genau hinzuschauen, was hier eigentlich Henne und was Ei ist. Sucht ist Flucht.

Sucht ist Flucht.

Caro ist vor Überforderungen, ihren Emotionen und einer möglichen Konfrontation mit ihren Gewalterfahrungen geflüchtet. Wovor flüchtest du? Warum konsumierst du illegale oder legale Drogen? Warum betrinkst du dich bis zur Besinnungslosigkeit, isst, bis du dich nicht mehr bewegen kannst, oder schüttest dich mit Arbeit zu, bis du nicht mehr klar denken kannst? Was hast du noch nicht verarbeitet? Und was brauchst du, um nicht mehr auf diese Strategie zurückgreifen zu müssen? Wenn du weißt, was es sein könnte und du noch handlungsfähig bist: Tu es! Allein oder mit der nötigen Unterstützung. Wenn du bereits unter einer Abhängigkeit leidest, wirst du die Antworten nur finden, wenn du clean bist. Mach dich heute und nicht morgen auf den Weg. Morgen heißt im Suchtkontext kneifen. Vertraue dich einer geliebten Person, einer Selbsthilfegruppe, einer regionalen Suchtberatungsstelle oder deinem Hausarzt an. Wenn du die Ursachen behebst, stehen die Chancen gut, deine Abhängigkeit dauerhaft zu überwinden.

Selbstwert- und Identitätsprobleme

Neben pathologischen Ausprägungen können auch scheinbar harmlosere Folgen bei den Betroffenen einen hohen Leidensdruck verursachen. So führt ein Großteil toxischer Eltern-Kind-Beziehungen zu mehr oder weniger stark ausgeprägten Selbstwert- und / oder Identitätsproblemen. Erstere treten bei jeder Form von Gewalt auf. Es leuchtet unmittelbar ein, dass ein Kind, welches von seinen primären Bezugspersonen körperlich, sexuell oder seelisch misshandelt wurde, Schwierigkeiten hat, seinen eigenen Wert zu erkennen. Bleibt die Verarbeitung der Erlebnisse aus, wird das Gefühl vermeintlicher Wertlosigkeit auch im Erwachsenenalter fortbestehen und sich in entsprechenden Glaubenssätzen manifestieren. Schwierigkeiten im Berufs- und Privatleben können entstehen. So bleiben Betroffene im Job häufig hinter ihrem eigenen Potential zurück oder brennen aus, um sich und anderen etwas zu beweisen. Das gilt auch für ihre Beziehungsgestaltung. Sie verkaufen sich unter Wert und bleiben in Beziehungen, die sich negativ auf sie auswirken. Andere kompensieren eigene Selbstwertprobleme, indem sie den Wert anderer in beruflichen und privaten Kontexten bewusst oder unbewusst herabsetzen. Schwierigkeiten bei der Ausbildung einer eigenen Identität haben insbesondere (erwachsene) Kinder, die narzisstisch missbraucht oder anhand von Parentifizierung, Partnerfizierung oder anderweitigen Projektionsflächen für Elternzwecke instrumentalisiert wurden. Sie sind es gewohnt, für die Bedürfnisse und Wünsche ihrer Gegenüber da zu sein. Dementsprechend gibt es in ihrem Leben wenig Raum, um eigene Werte, Ideale und Pläne zu entwickeln. Sie fühlen sich oft leer und orientierungslos.

Mögliche Folgeerscheinungen von Selbstwert- und Identitätsproblemen

- mangelndes Selbstvertrauen und Selbstfürsorge (körperlich und psychisch),
- Zurückbleiben hinter dem eigenen Potential,
- Überkompensation durch übersteigerten Einsatz oder Abwertung anderer,
- Verharren in destruktiven Partnerschaften, Freundschaften oder Arbeitsumfeldern,
- häufige (nicht zufriedenstellende) Werte-, Job-, Wohnort- und Partnerwechsel,
- Schwierigkeiten bei der Berufswahl bis hin zur Arbeitslosigkeit,
- Probleme bei einer sinnvollen Zukunfts- und Freizeitgestaltung,
- Gefühl von Wertlosigkeit, Leere und Orientierungslosigkeit,
- sozialer Rückzug,
- Lebensmüdigkeit.

Erste Impulse: Was du tun kannst

Selbstwert- und Identitätsprobleme, die in toxischen Familienbeziehungen entstanden sind, sind keine Nichtigkeiten. Da sie schon früh in deinem Gehirn verankert wurden, sind sie zumeist äußerst stabil und nicht ohne ein gewisses Maß an Geduld auszumerzen. Aber: Es ist möglich! Dafür ist es wichtig, dass du in erster Linie etwas dafür tust, um deinen Selbstwert zum einen und deine Autonomie zum anderen zu stärken. Hierfür kannst du z. B. damit beginnen, deine negativen Glaubenssätze zu transformieren (eine Anleitung dazu findest du auf Seite 136). Ebenso hilfreich kann es sein, Neues außerhalb deiner Komfortzone zu erleben (z. B. einen Kurs besuchen, neue Menschen kennenlernen, eine Reise allein planen etc.) und eine Vision über deine Zukunft zu erschaffen (eine Anleitung für ein Visionboard findest du weiter unten). Außerdem kann es sinnvoll sein, dein aktuelles Verhalten sowie deine Beziehungen und Jobbedingungen zu beobachten und zu hinterfragen. Tust du dir mit deinem Verhalten gut? Wer bist du aktuell? Und wer möchtest du (lieber) sein? Tun dir deine Partnerinnen, Freunde und dein Job gut? Wenn nicht, was brauchst du, um etwas zu verändern? Und was kannst du schon heute tun? Fühlst du dich damit überfordert, gibt es zahlreiche qualifizierte Beraterinnen, Coaches und Psychotherapeutinnen, die dir je nach Problemlage und -ausprägung unterstützend zur Seite stehen.

ÜBUNG

Vision Board

Wenn du deinen Selbstwert verbessern möchtest, sind klare Ziele für dich und dein Leben wichtig. Hierfür kann es hilfreich sein, sich ein sogenanntes Vision Board zu erstellen. Alles, was du dafür brauchst, ist ein großes Stück Pappe, ein Flipchart, eine Pinnwand o. Ä. sowie Stifte, Schere, Kleber und alles, was du zum Gestalten deiner Vision benötigst. Erstelle dein Board nicht zwischen Tür und Angel, sondern plane dir bewusst Zeit dafür ein. Überlege dir, was du schon immer einmal tun wolltest, was du dir schon immer gewünscht hast und wo du beruflich und privat in Zukunft hin möchtest. Zensier dich dabei nicht, sondern lass deinen Gedanken freien Lauf. Im Anschluss schreibst du deine Gedanken auf. Natürlich kannst du auch jede andere Form der Visualisierung nutzen. Im letzten Schritt verschönerst du dein Board nach deinen persönlichen Vorlieben z. B. mit Zitaten, Aphorismen, Affirmationen, Fotos, Bildern usw. Zu guter Letzt hängst du es so auf, dass du es jeden Tag sehen kannst. Ergänze und verändere es, wann immer dir danach ist.

Kleiner Tipp: Hänge dein Board beizeiten um, um dem visuellen Gewöhnungseffekt entgegenzuwirken.

(Weitere praktische Übungen findest du in Abschnitt 8.2.)

6.2 Interpersonale Folgen: Wenn die Verbindung zu anderen gestört ist

Ich erwähnte es an verschiedenen Stellen bereits: Nicht nur unsere körperliche und seelische Gesundheit hängt maßgeblich davon ab, in welchem Umfeld wir unsere Kindheit verbracht haben. Auch unsere aktuellen Beziehungen bzw. unser Verhalten in Beziehungen werden maßgeblich davon geprägt, was wir in unseren frühen Intimbeziehungen gelernt und erlebt haben. Auf den Umstand, dass Kinder, die Gewalt in der Familie erlebt haben, einerseits als Erwachsene toleranter gegenüber Gewaltausübung sind und andererseits ihrerseits gewaltbereiter, habe ich hingewiesen. Betroffene geraten demnach häufig von toxischen Familienbeziehungen in toxische Partnerschaften, Freundschaften und Arbeitsbeziehungen. Diese können nicht nur einseitig, sondern auch wechselseitig sein. Wechselseitige destruktive Beziehungen sind solche, in denen eine ungesunde, schmerzende Dynamik vorherrscht, die von beiden Beziehungspartnerinnen generiert und aufrechterhalten wird, z. B. eine Geber-Nehmer- oder Nähe-Distanz-Dynamik.

Wechselseitige destruktive Beziehungen zeichnen sich durch eine ungesunde Dynamik aus, die von beiden Beziehungspartnern aufrechterhalten wird.

Welche Position man in solchen Beziehungsdynamiken einnimmt, hängt stark davon ab, welche Rolle man in der Herkunftsfamilie innehatte. Auch die Beziehung zu unseren eigenen Kindern wird von dem beeinflusst, was wir mit den eigenen Eltern erlebt haben. Wer selbst körperliche, sexuelle oder emotionale Gewalt innerhalb der Familie erfahren hat, hat Studien zufolge ein erhöhtes Risiko, ebenfalls bewusst oder unbewusst elterliche Gewalt auf seine Kinder auszuüben (z. B. Clemens et al. 2020). Gewalt wird also häufig von einer Generation an die nächste weitergegeben. Dies passiert vor allem dann, wenn man die eigenen belastenden oder traumatischen Erfahrungen (noch) nicht verarbeitet hat.

Wiederholung toxischer Beziehungsdynamiken

Jeder Mensch kann in toxische Beziehungsdynamiken geraten, aber nicht jeder bleibt in einer solchen. Der Grund, warum einige verharren und andere nicht, ist tief in der eigenen Beziehungsbiografie verankert. Der erste Meilenstein für unsere späteren Beziehungsmuster wird bereits im Säuglingsalter gelegt. Hier erfahren wir erstmals, ob Bindung als etwas Sicheres oder etwas Unsicheres wahrgenommen wird. Auf Grundlage dieser Erfahrung entwickeln wir eine Blaupause, sogenannte Bindungsstile, die wir unser Leben lang als Orientierung für unser Verhalten in Partnerschaften, Freundschaften und Arbeitsbeziehungen nutzen. Dabei werden sicher gebundene Kinder tendenziell gesunde, stabile Beziehungen fortführen.

Unsichere Bindungsstile hingegen werden in den meisten Fällen zu schwerwiegenden zwischenmenschlichen Schwierigkeiten führen. Eine ausführliche Erläuterung der Zusammenhänge von Bindungsstil und späterem Beziehungsverhalten kannst du in Kapitel 1 nachlesen. Darüber hinaus sind Rollen und Funktionen, die wir innerhalb unseres Familienverbundes erwerben und beobachten, bedeutsam für die Ausbildung unserer individuellen Beziehungs-DNA. Da wir als Kinder nicht in der Lage waren, diese zu analysieren oder gar zu verändern, sind sie für uns zur Normalität geworden und werden – mehr oder weniger bewusst – von uns weitergelebt (vgl. Abb. 6.1). Zum einen aus Gewohnheit, zum anderen aus Loyalität. Menschen verspüren den unbedingten Wunsch, zur eigenen Familie dazuzugehören, und Dazugehören bedeutet u. a., bekannte Beziehungsstrukturen und Glaubenssätze über Liebe sowie Zuwendung weiterzuleben.

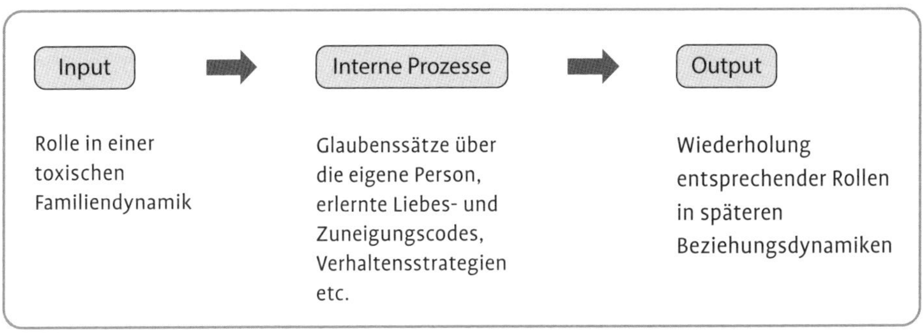

Abbildung 6.1: Toxische Familiendynamiken als Ursprung toxischer Beziehungen

Für konstruktive Dynamiken ist dieser Umstand wunderbar. Kinder, die gewaltfrei aufgewachsen und ihrer Rolle entsprechend versorgt wurden, werden später höchstwahrscheinlich weder zu Gewaltopfern noch zu Generatoren anderweitiger ungesunder Dynamiken. All jene hingegen, denen es nicht so gut erging, laufen Gefahr, in späteren Beziehungen reviktimisiert oder refunktionalisiert zu werden. Haben sie z. B. sexuelle Übergriffe erlebt, ist die Wahrscheinlichkeit hoch, dass sich diese Gewalterfahrungen in späteren Beziehungen wiederholen. Wurden sie in ihrer Familie zum Elternteil umfunktioniert, werden sie es in ihrem späteren Leben schwer haben, sich aus einer Geber-Nehmer-Dynamik zu lösen. So belegen Studien, dass insbesondere Frauen, die in alkoholbelasteten Eltern-Kind-Beziehungen parentifiziert wurden, im Erwachsenenalter dazu tendieren, mit einem Partner mit Alkoholproblemen zusammenzusein (Kelley et al.). Eine solche Wiederholung der gewohnten (Geber-) Rolle fühlt sich für Betroffene auf paradoxe Weise gut und schlecht zugleich an. Gut fühlt sie sich für all jene Persönlichkeitsanteile an, die in Loyalität und Liebe zur

Herkunftsfamilie das Bekannte wiederholen. Schlecht fühlt sie sich für all jene Anteile an, die sich autonom in gesündere Beziehungen entwickeln wollen. Ein Dilemma, aus dem der Ausstieg trotz vorhandenem Willen oft schwerfällt. So überrascht es nicht, dass 30–50 Prozent der Paare, die eine Paarberatung aufsuchen, in der Vergangenheit traumatische Erlebnisse gemacht haben (Klees 2018).

ÜBUNG

Glaubenssätze verändern

Glaubenssätze über uns selbst und über Beziehungen bestimmen unser Verhalten maßgeblich. Da sie in der Kindheit entstehen und uns daher unser Leben lang begleiten, haben die meisten Menschen irgendwann aufgehört, sie zu hinterfragen. Sie sind zu einem festen Bestandteil ihrer Identität geworden. Für positive Glaubenssätze ist dies unproblematisch. Negative Glaubenssätze hingegen können uns davon abhalten, einen gesunden Selbstwert aufzubauen. Wenn es deinen Eltern nicht gelungen ist, eine stabile, gesunde Verbindung zu dir aufzubauen, wirst du höchstwahrscheinlich eine Reihe destruktiver Glaubenssätze verinnerlicht haben. Es ist wichtig, dass du diese kennst. Erst dann kannst du sie nach und nach zum Positiven verändern. Folgende Übung kann dir dabei helfen.

1. Teil: Zugang zu negativen Glaubenssätzen finden

Nimm dir einen Moment nur für dich. Mache es dir gemütlich und schirme dich nach Möglichkeit von allen äußeren Reizen ab. Wenn du magst, schließe die Augen. Atme ein paarmal ruhig ein und aus und komme zur Ruhe.

Stelle Verbindung zu deinem Körper her. Spüre den Boden unter deinen Füßen, die Lehne und die Fläche, auf der du sitzt. Wenn du so weit bist, stelle dir dich selbst langsam vor deinem geistigen Auge vor. Lass dir ruhig einen Moment Zeit dafür. Was trägst du für Kleidung? Welche Frisur hast du? Wenn du ausreichend Verbindung zu dir aufgenommen hast, schau deinem vorgestellten Selbst tief in die Augen. Nun stell dir die folgende Frage:

„Liebe/r XY, welcher vermeintlich unerschütterliche Gedanke über dich selbst hat dich schon immer traurig gemacht?“

Denke bei der Beantwortung nicht zu lange nach, sondern lausche deinem ersten Impuls.

Versprich dir im Anschluss, während du dir weiter in die Augen schaust, dass du dich um dieses Problem kümmern wirst. Wenn deine Botschaft angekommen ist, verabschiede dich langsam von dir und komme zurück. Öffne dafür die Augen, steh auf und schüttele dich einmal kräftig.

Notiere nun, welcher Gedanke sich dir offenbart hat.

Tipp: Du kannst diese Übung jederzeit wiederholen und die entsprechende Frage beliebig variieren, um weitere Erkenntnisse über dich zu erlangen, z. B. „Liebe XY, welcher Gedanke im Hinblick auf Beziehung / Liebe / das Leben etc. hat dich schon immer traurig gemacht?"

2. Teil: Negative Glaubenssätze entmachten

Du kannst den zweiten Schritt gleich anschließen oder zu einem anderen Zeitpunkt durchführen. Nimm dir den notierten Gedanken zur Hand und beginne, ihn zunächst gehörig mit Fragen zu durchlöchern. Ich zeige dir anhand des Beispiels „Ich bin nicht liebenswert", wie dies aussehen könnte.

- Ist das wirklich wahr, dass ich nicht liebenswert bin? – *So wirklich weiß ich das gar nicht. Einige Menschen mögen mich ja schon irgendwie.*
- Wer oder was ist meine Informationsquelle für diesen Glaubenssatz? – *Das bin ich wohl selbst.*
- Stimmt das wirklich? Oder gibt es möglicherweise einen anderen Menschen, der in der Vergangenheit so über dich gedacht hat? – *Na ja, so direkt hat das, glaube ich, keiner zu mir gesagt. Aber meine Mutter hat mich nie in den Arm genommen oder mich gestreichelt. Sie hat auch nie gesagt, dass sie mich liebhat. Vielleicht habe ich das daraus schon als Kind irgendwie geschlossen.*
- Wie glaubwürdig ist diese Informationsquelle? – *Gute Frage … Ich weiß nicht. Wenn ich länger darüber nachdenke, ist sie wohl nicht besonders glaubwürdig.*
- Wie wären mein Selbstbild, mein Leben und meine Beziehungen ohne diesen Glaubenssatz? – *Viel schöner! Ich wäre nicht mehr so unsicher und würde mutiger auf andere zugehen und mich nicht mehr so allein fühlen. Ich würde wahrscheinlich auch öfter meine Bedürfnisse äußern. Das wäre schon toll.*

Die meisten Glaubenssätze lassen sich auf diese Weise gut entlarven. Ist dir dies gelungen, kannst du versuchen, ihn mit einem anderen Glaubenssatz zu überschreiben. Wichtig ist, dass du dabei den neuen Glaubenssatz ganz und gar positiv, also ohne ein „nicht" oder ein „kein" formulierst.

- Negativer Glaubenssatz: „Ich bin nicht liebenswert."
- Neuer Glaubenssatz – ungünstig formuliert: „Es stimmt nicht / keiner sagt, dass ich nicht liebenswert bin"
- Neuer Glaubenssatz – positiv und somit richtig formuliert: „Ich bin liebenswert und genau richtig, so wie ich bin."

Diese Übung kann ein Anfang auf deinem Weg sein. Das Gehirn arbeitet mit Wiederholungen – vielen Wiederholungen! Wenn du etwas an deinen Glaubenssätzen ändern möchtest, brauchst du Geduld. Wenn es also nicht auf Anhieb funktioniert, liegt das nicht an dir, sondern an der Konstruktion des menschlichen Gehirns. Neue Synapsenverknüpfungen können nur langsam gebildet werden. Stell dir diesen Vorgang wie die Ausbildung eines Trampelpfades vor. Es braucht eine Weile, bis er im unwegsamen Gelände entsteht und gut sicht- bzw. begehbar ist. Hab Geduld mit dir.

Beziehungsschwierigkeiten, die infolge toxischer Kindheitserfahrungen auftreten können

- Fortführen von ungesundem Bindungsverhalten auf Grundlage unsicherer Bindungsstile (z. B. exzessives Beziehungsverhalten oder Vermeiden von tiefen Beziehungen),
- Reviktimisierung: Wiederholung einseitig toxischer, von sexueller, körperlicher oder psychischer Gewalt geprägten Beziehungen,
- Weiterleben erlernter Rollen und Funktionen (z. B. als Gebertyp aufopfern, sich selbst als Projektionsfläche für die Wünsche und Gefühle anderer zur Verfügung stellen oder ein ungesundes Maß an Nähe oder Distanz leben),
- unreflektiertes Agieren auf Basis verinnerlichter Glaubenssätze (z. B. „Ich werde nur geliebt, wenn ich Leistung erbringe" oder „Ich werde nur geliebt, wenn ich mich kümmere" etc.),
- Verharren in Beziehungen und Arbeitsverhältnissen, die schädlich sind bzw. keinen Mehrwert bringen,
- Ohnmacht und Angst: das Gefühl haben, in Beziehungen keine Handlungswirksamkeit zu besitzen,
- (gegenseitige) Schuldzuweisungen an Stelle von Verantwortungsübernahme.

Erste Impulse: Was du tun kannst

Menschen sind soziale Wesen. Beziehungen bestimmen unser Leben, und nur wer wohltuende und gesunde Beziehungen führt, kann dauerhaft glücklich werden. Es lohnt sich also, Verantwortung zu übernehmen und die eigenen Beziehungsmuster zu erkennen, zu verstehen und ggf. zu verändern. In meinen Beratungen erlebe ich immer wieder, dass Menschen dazu tendieren, die (vermeintliche) Schuld für auftretende Beziehungsschwierigkeiten ausschließlich beim Gegenüber zu suchen. Die Folge ist, dass man in einer lähmenden Opferrolle steckenbleibt. Kommt es zur Trennung, wiederholen Betroffene zumeist die gleichen problematischen Verhaltensweisen in Folgebeziehungen. Schließlich haben sie des Pudels Kern übersehen:

Sie kämpfen nämlich eigentlich gar nicht mit dem aktuellen Gegenüber, sondern mit ihren alten Dämonen. So wird die Partnerin schnell zum Platzhalter für die alkoholkranke Mutter und der Chef spiegelt den Vater, der einen nicht hinreichend geliebt hat. Jeder Mensch hat seine ganz individuellen Bindungsmuster, Rollen und Glaubenssätze. Möchtest du in deinem Beziehungsleben etwas verändern, ist der erste Schritt, deinen auf die Spur zu kommen. Als Kind warst du abhängig von deinen Eltern. Du konntest weder Muster verändern noch einfach gehen. In heutigen Beziehungen ist das anders. Hier kannst du mitentscheiden, ob du dir Gewalt zufügen lässt, wie Dynamiken sich entwickeln, ob es Sinn macht, sie gemeinsam mit deinem Gegenüber zu verändern, oder ob es besser ist, die jeweilige Beziehung zu beenden. Was wir gelernt haben, können wir jederzeit wieder verlernen und du kannst (fast) immer etwas tun. Und sei es, dir „nur" Unterstützung zu holen, weil du so tief verstrickt bist, dass du allein keinen Ausweg findest. An deinen Beziehungsmustern trägst nicht du die Verantwortung, sondern deine Eltern. Das bedeutet aber nicht, dass du nicht die Verantwortung dafür trägst, wie du mit ihnen umgehst. Für einen erwachsenen, gesunden Umgang bietet sich ein zweigleisiges Vorgehen an. Zum einen ist es wichtig, das Problem an der jeweiligen Wurzel zu packen und – ggf. mit entsprechend qualifizierter Hilfe – zu prüfen, was in deiner Beziehungsbiografie noch verarbeitet werden muss. Parallel dazu kannst du pragmatisch an deinen aktuellen Rollen arbeiten. Bist du beispielsweise ein Gebertyp, bedenke, dass dein Gegenüber nur so viel nehmen kann, wie du bereit bist zu geben. Übe dich zukünftig darin, Kontrolle abzugeben, dich zurückzunehmen und Vertrauen in dich und andere zu entwickeln. Wenn du jemand bist, der seine Parentifizierung in Beziehungen fortführt, indem er sich für das Glück des anderen verantwortlich fühlt, lerne in kleinen Schritten, Augenhöhe zuzulassen und die Verantwortung dort abzugeben, wo sie hingehört: bei deinem Gegenüber. Wenn du mit dem Thema in Resonanz gehst und tiefer einsteigen möchtest, wirst du in meinem Buch *Du tust mir nicht gut!* fündig. Es enthält nebst ausführlichen Erkenntnissen über die Erscheinungsformen toxischer Beziehungen jede Menge weitere praktische Tipps und Übungen.

Gewalt- und Themenweitergabe an die eigenen Kinder

Rainer erzählt mir, dass er kurz vor seinem 18. Geburtstag aufgrund eines Disputs von der einen auf die andere Sekunde zu Hause rausgeschmissen wurde. Auch heute wirke diese furchtbare Erfahrung noch immer traumatisierend auf ihn. Einige Zeit später kommen wir auf seinen ältesten Sohn zu sprechen. Diesen habe er mit knapp 18 Jahren aufgrund veränderter Lebensverhältnisse dringend aus dem Haus „gebeten". Als ich ihn auf die auffällige Parallele anspreche, reagiert er unwirsch und wiegelt ab. Das sei etwas ganz anderes.

Während in erwachsenen Beziehungen beide 50 Prozent der Verantwortung tragen, liegt sie in Beziehungen zu Kindern allein bei den Erwachsenen. Demnach ist es für Eltern wichtig, die eigenen Dämonen zu kennen. Das klingt einfacher, als es ist, denn Rainer ist kein Einzelfall. Toxische, schädliche Beziehungsmuster werden häufig unbewusst weitergegeben. Es braucht eine äußerst sensible Selbstbeobachtung, um sie wahrzunehmen. Doch bevor man etwas sichtbar machen kann, muss man wissen, nach was man eigentlich sucht. Das Wissen, dass es einen sogenannten Circle of Violence gibt, ist dabei sehr hilfreich. Bereits vor 60 Jahren prägte George Curtis (1963) die Aussage „violence breeds violence" (Gewalt züchtet Gewalt). Er vermutete, dass Erfahrungen von schwerer Gewalt und Misshandlung während der Kindheit Menschen dafür anfällig machen, im Erwachsenenalter selbst zu Tätern zu werden. Seitdem belegen zahlreiche prospektive und retrospektive Studien, dass misshandelte und vernachlässigte Kinder zu Gewaltausübung neigen. Die Raten von Kindesmisshandlung durch Eltern, die in einem durch Gewalt dominierten Milieu aufwuchsen, sind doppelt so hoch wie bei denen, die bei gesunden Eltern lebten (zusammenfassend Elbert et al. 2006). Ich verstehe unter dem Zyklus der Gewalt nicht nur die unmittelbare Weitergabe körperlicher, sexueller und psychischer Gewalt (s. Kap. 3), sondern ebenso die mittelbare Weitergabe von weit zurückliegenden Traumata, z. B. Kriegstraumata, und spezifischer, belastender Themen wie z. B. irrationale, chronische Verarmungsangst (s. Kap. 5). Und obwohl die Forschung eine eindeutige Sprache in Richtung Wiederholungstendenz spricht, wird das Thema noch immer weitestgehend tabuisiert. Ich habe im Rahmen meiner Recherche nach einer Beratungsstelle für Gewalt ausübende Eltern gesucht. Und bin nicht fündig geworden. Das hat mich negativ überrascht. Betroffene sollten wissen, dass die Weitergabe schädlicher, elterlicher Verhaltensweisen weder krank noch unvermeidbar ist. Und sie sollten vor allem unbedingt dabei unterstützt werden, den Circle of Violence zu durchbrechen.

Überzeugungen und Verhaltensweisen, die infolge toxischer Kindheitserfahrungen weitergegeben werden können

- problematisches Bindungsverhalten,
- körperliche, sexuelle und psychische Gewalt,
- eigene unverarbeitete Traumata (unmittelbar und mittelbar) – teilweise über viele Generationen hinweg,
- schädliche, veraltete Erziehungsmethoden,
- destruktive Problemlösestrategien wie z. B. Suchterkrankungen und Substanzmittelmissbrauch, Totschweigen von Problemen, dramatische Inszenierungen etc.,
- negative Glaubenssätze über sich, Beziehungen und das Leben,

- fragwürdige Werte und Ideale, z. B. Rassismus oder Gewaltverherrlichung,
- problemorientiertes, aggressives Konfliktverhalten.

Erste Impulse: Was du tun kannst

Wenn du mit dir haderst, weil du das Gefühl hast, an dir selbst gescheitert zu sein, solltest du schleunigst mit der Selbstverurteilung aufhören. Hast du ein schädliches Verhalten oder eine schlimme Erfahrung an deine Kinder weitergegeben, war das zunächst einmal ein äußerst menschliches Verhalten. Das Gehirn versucht stets, möglichst schnell, effizient und sparsam zu arbeiten. Für Stresssituationen bedeutet das, dass wir auf das Verhalten zurückgreifen, welches wir gut kennen, weil wir es ohne große Überlegung abrufen können (Roth 2003). Wenn du als Kind mit Drill und Strafe erzogen wurdest, ist dir dies vertraut. Wenn du nun mit deinem Kind in einen Konflikt gerätst, der dir zunehmend aus der Hand gleitet (= massiver Stress), ist möglicherweise die schnellste, altbekannte Reaktion, mit Strafe zu drohen, selbst dann, wenn du diese Herangehensweise bei den eigenen Eltern zutiefst verurteilt hast. Gleiches kann für den Vater gelten, der – wie der eigene Vater – im Rausch zuschlägt, oder für die Mutter, die nach einer Trennung den Vater ihres Kindes aus dem Familiensystem drängt, so wie es einst ihre Mutter getan hat. Du kannst es dir wie eine gut ausgebaute Autobahn neben einem holprigen Feldweg vorstellen: Welchen würdest du unter Zeitdruck nehmen? Mit Kindern gerät man in viele Stresssituationen und demnach gibt es viele Situationen, in denen man spontan und ohne groß nachzudenken über die voll ausgebaute Autobahn düst.

Doch auch, wenn dein Verhalten menschlich war, heißt das natürlich nicht, dass du deiner Verantwortung entbunden bist. Du kannst jederzeit damit anfangen, dich zu beobachten und dein eigenes Verhalten zu analysieren und zu hinterfragen. Wann verhältst du dich so, wie du es eigentlich *nicht* möchtest? Was geht dem voran? Wie möchtest du dich eigentlich stattdessen verhalten? Und was bräuchtest du, um dies umzusetzen? Wie groß ist dein Problem? Kannst du es allein lösen oder brauchst du externe Unterstützung? Ich weiß, dass es schwer ist zuzugeben, dass man seinen Kindern an der ein oder anderen Stelle nicht guttut. Schamgefühle können überwältigend sein. Aber du kannst an dieser Stelle etwas wirklich Großes verändern. Und selbst wenn es dir bis hierhin nicht gelungen sein sollte, so kannst du dich noch heute von deinen Eltern grundlegend unterscheiden. Du kannst dich z. B. an einen Psychotherapeuten, eine Familientherapeutin oder eine Familien- oder Erziehungsberatung[13] wenden. Das beste Mittel, um eine transgenerationale Weitergabe zu

13 Besonders gute Ergebnisse erzielen z. B. Hilfsangebote, die die sogenannte Multisystemische Therapie (MST-Kinderschutz) nutzen (Hefti et al. 2019).

unterbinden, ist immer die Enttabuisierung und die Verarbeitung. So gibt es hinreichend Belege dafür, dass Mütter, die ihre eigenen Traumata überwinden, Kinder mit sicherer Bindung erziehen können (Bowlby 2021, S. 109). Sprich über deine eigenen schlimmen und verletzenden Erfahrungen und dein schädliches Verhalten, welches es nach sich zieht. Wenn dir aktuell noch der Mut für professionelle Hilfe fehlt, kannst du dich zunächst einer guten Freundin oder der Telefonseelsorge anvertrauen. Langfristig wirst du allerdings nicht umhinkommen, deine Erfahrungen und Verhaltensweisen angeleitet aufzuarbeiten. Bis dahin kannst du versuchen, deine Stressoren im Leben so gering wie möglich zu halten, um möglichst stabil zu bleiben.

Ebenfalls sinnvoll ist die Stärkung deiner eigenen Ressourcen sowie die deiner Kinder. Eine besonders wichtige Ressource für Kinder ist z. B. die eigene Wahrnehmung. Diese kannst du stärken, indem du ihnen nach einer entglittenen Stresssituation versicherst, dass dein Verhalten unangemessen war, nicht ihres.

Um Kinder in ihrer eigenen Wahrnehmung zu bestärken, ist es wichtig, eigene Fehler zuzugeben.

So umgehst du die Gefahr, dass deine Kinder schädliche, „falsche" Rückschlüsse ziehen, wie z. B. „Mama hat mich im Zimmer eingesperrt, weil ich böse bin". Darüber hinaus kannst du dir nicht nur ein professionelles, sondern auch ein privates Hilfenetzwerk aus (gesunden!) Familienangehörigen, Freundinnen und Nachbarn aufbauen, welches dich im Alltag entlastet.

7. Lösungen erarbeiten und autonom werden

In den vorangehenden Kapiteln findest du viele „erste Impulse“, die dich dabei unterstützen sollen, erste Schritte Richtung Heilung zu gehen. Wenn dir in deiner Familie Gewalt in Form toxischer Beziehungsdynamiken widerfahren ist und du dich damit auseinandersetzen möchtest, ob und wie du von dem Erlebten heilen kannst, musst du zuallererst eine Vorstellung davon entwickeln, was Heilung für dich bedeutet. In der Medizin versteht man darunter die Rückkehr zu einem gesunden Ausgangszustand. Mit dieser Definition wirst du allerdings nicht viel anfangen können, denn du bist weder krank noch gibt es einen heilen Zustand, in den du „einfach nur“ zurückkehren kannst. Darüber hinaus ist deine Verletzung unmittelbar an einen anderen Menschen geknüpft. Muss er damit nicht automatisch einen Beitrag zu deiner Heilung leisten!? Möglicherweise erscheinen dir deine Einflussmöglichkeiten auf deine Genesung äußerst begrenzt. Dem ist zum Glück aber nicht so. Du kannst sehr viel für dich tun. Wenn du nicht auf einen heilen, gesunden Zustand zurückgreifen kannst, ist es sinnvoll, dir eine zukünftige Vision von Heilung zu kreieren. Dabei können z. B. folgende Fragen hilfreich sein:

- Was genau bedeutet es für dich, von deinen Verletzungen zu heilen?
- Wie lebst du, wenn du heil bist?
- Was fühlst und denkst du?

In der systemischen Arbeit bedeutet Heilung in erster Linie, autonom zu werden. Das heißt, dass du dich befähigst, dein eigenes Leben, deine eigenen Werte, Glaubenssätze und Pläne zu entwerfen – unabhängig von den im Familiensystem erlernten Rollen und Funktionen.

Heilung bedeutet Autonomie.

Es geht also vornehmlich darum, freie und bewusste Entscheidungen zu treffen. Du kannst dir vorstellen, die Brille deiner familiären Prägungen abzunehmen und zu schauen, welche Sicht sich auf dich und die Welt eröffnet. Autonomie ist dabei nicht gleichzusetzen mit Widerstand. Sie kann auch bedeuten, *bewusst* das zu tun, was der familiären Prägung entspricht, wenn man es denn möchte. So kann sich ein Mensch, der sein Leben lang von seinem Vater als Projektionsfläche instrumentalisiert wurde, bewusst und frei dafür entscheiden, Medizin zu studieren, auch wenn dies ursprünglich der Wunsch des Vaters war. Etwa, weil er merkt, dass es ihm Freude macht. Und weil eine Entscheidung gegen das Studium eine trotzige Rebellion wäre, die ihn mehr an den Vater bindet, als ihn zu befreien. Autonomie kann für jeden Menschen etwas anderes bedeuten. Deine Aufgabe wird es sein, dein eigenes Konzept davon zu entwerfen. Meiner Erfahrung nach steht am Anfang dieses Weges die Überlegung, wie du mit den Familienmitgliedern, die dich verletzt haben, zukünftig umgehen möchtest. Sie ist die Basis, aus der heraus weitere bewusste und autonome Entscheidungen für dich und dein Leben folgen können. Willst du ihnen vergeben und neu anfangen? Wenn ja, wie könnte ein solcher Neuanfang aussehen und was bräuchtest du dafür? Wenn nein, wie kann ein Leben ohne Mutter, Vater, Oma oder Geschwister aussehen? Gern möchte ich dir im Folgenden ein paar Impulse an die Hand geben, die dir helfen können, Antworten auf diese Fragen zu finden.

7.1 Vergebung – ja oder nein?

Muss ich vergeben, um zu heilen? Nicht nur die verschiedenen Religionen, auch die Forschung scheint auf den ersten Blick eine eindeutige Antwort auf diese Frage zu haben. Menschen, die vergeben können, sind – zahlreichen Studien zufolge – sozial besser eingebunden und langfristig psychisch sowie körperlich gesünder als jene, die es nicht können (z. B. Baskin & Enright 2004, Long et al. 2020).[14] So wird Vergebung im öffentlichen Diskurs häufig zur vermeintlichen Heilungsallzweckwaffe ausgerufen. Ich stehe einer derart moralisch aufgeladenen, dogmatischen Handlungsanweisung aus zweierlei Gründen kritisch gegenüber: Erstens vereinfacht sie komplexe Zusammenhänge derart stark, dass individuelle Fälle nicht ausreichend Beachtung finden. So kann es sehr wohl einen Unterschied machen, ob ein Vater zutiefst bereut, sein Kind nach der Scheidung als Partner instrumentalisiert zu haben, oder ob eine Mutter ihre Kinder jahrelang körperlich missbraucht hat, ohne sich jeglicher Schuld bewusst zu sein. Zweitens macht ein moralisch geprägtes Dogma es Betroffenen (noch) schwerer, sich für eine nichtvergebende Herangehensweise zu entscheiden, obwohl diese für sie die bessere Wahl sein könnte. Denn sie müssen damit nicht nur den Ausschluss aus der Familie, sondern im Zweifelsfall auch den aus dem moralisch korrekt agierenden Verbund fürchten.

Heißt das im Umkehrschluss, dass Vergebung der falsche Weg ist? Nein, das heißt es selbstverständlich nicht. Vergebung kann für einige ebenso heilsam sein wie für andere schädlich und umgekehrt. Genau da liegt des Pudels Kern. Wer autonom

14 Man sollte dabei immer im Hinterkopf behalten, dass Wissenschaft nicht mit Wahrheiten, sondern mit Wahrscheinlichkeiten operiert und Berechnungen stark von den jeweiligen Begriffsdefinitionen und Versuchsanordnungen abhängen. Soweit ich es überblicke, sind Vergebungsstudien zumeist stark auf eine spirituelle und religiöse Grundversöhnlichkeit ausgerichtet. Es ist daher m. E. schwer auseinanderzuhalten, inwieweit Religiosität im Allgemeinen oder Vergebung im Speziellen dem Sozialleben und der Gesundheit zuträglich sind.

werden möchte, muss in der Lage sein, verschiedene Perspektiven wertfrei einnehmen zu können. Daher schlage ich dir vor, den Begriff der Vergebung zu entmoralisieren und ihm möglichst neutral zu begegnen. So heißt es in einem psychologischen Lexikon:

> „Vergebung […] kann verstanden werden als eine Reaktion auf persönlich oder kollektiv erfahrenes Unrecht. Diese kann Veränderungen in kognitiven (z. B. Berücksichtigung der situativen Faktoren im Gegensatz zu den persönlichen, die zur Übeltat geführt haben), affektiven (z. B. Empathie für den Täter oder die Tätergruppe entwickeln und Groll vermeiden), motivationalen (z. B. Vergeltungsimpulse hemmen) und Verhaltenskomponenten (z. B. sich für das allg. Wohlbefinden des Täters oder der Tätergruppe kümmern) beinhalten, die – im Vergleich zu der Anfangsreaktion unmittelbar nach dem Unrecht – in Bezug auf den Täter oder die Tätergruppe vorwiegend positiv sind."
>
> (Dorsch 2019, S. 1989)

Vergebung ist hier per Definition also zunächst nichts anders als ein veränderter interner Zustand im Hinblick auf ein widerfahrenes Unrecht. Nicht mehr und nicht weniger. Dabei ist die Veränderung in Bezug auf die Täter positiv. Ob sie für die Opfer positiv ist – ob sie tatsächlich Loslassen, Selbstermächtigung und emotionale Freiheit bedeutet –, steht auf einem ganz anderen Blatt. Einem Blatt, das nur die Betroffenen kennen. Lässt man religiös-gesellschaftliche Vorstellungen beiseite, geht es also nicht mehr darum, ob Vergebung gut oder schlecht ist, sondern ob sie hilfreich ist oder nicht. Jede Biografie ist anders. Jede aktuelle Situation ist anders. Ja, sogar jedes Gehirn ist neuen Erkenntnissen zufolge von einzigartiger Beschaffenheit (Siegel 2010). Ich habe Menschen gesehen, die augenscheinlich ihren Frieden darin fanden, dem sadistischen Vater im Rahmen einer Familienaufstellung seine Taten zu verzeihen. Und ich habe Caro gesehen, die der narzisstisch missbrauchenden Mutter vergab und damit zurück in den Täter-Opfer-Kreislauf geriet. Erst in der Nichtvergebung kam sie in ihre Kraft, weil sie dadurch das erste Mal im Leben empathischer mit sich selbst als mit ihrer Mutter war.

Dabei sollte man auch nicht vergessen, dass Entscheidungen immer Momentaufnahmen im Leben eines Menschen sind. Ich bin der Überzeugung, dass die Nützlichkeit von Vergebung nicht nur vom individuellen Einzelfall, sondern auch vom Zeitpunkt abhängt. Ressourcen und Begleitumstände können im Laufe des Lebens stark divergieren. Eine stabile Partnerschaft kann z. B. eine Loslösung von toxischen, destruktiven familiären Verbindungen erleichtern. Eine Lebenskrise hingegen kann sie erschweren. Und das ist in Ordnung. Zwinge dich zu nichts. Man sagt, alles kommt, wie es kommen soll. Ich denke vielmehr, alles kommt, wie es kommen kann.

Was für und was gegen Vergebung sprechen kann

Nicht nur die individuellen Umstände der Taten und der Zeitpunkt können ein entscheidender Faktor sein, wenn man sich mit dem Thema Vergebung beschäftigt. Ebenso wichtig ist, dass du dir im Klaren darüber bist, welche Ziele und Motive du mit der Vergebung verknüpfst. Möchtest du mit der betreffenden Person (weiterhin) in Beziehung bleiben und suchst in der Vergebung einen Weg für einen gemeinsamen Neuanfang? Erhoffst du dir vielleicht, in der Folge etwas nachholen zu können, was du in der Kindheit vermisst hast? Oder strebst du keine Versöhnung, sondern einen emotionalen Abschluss an? Welches Motiv dich auch immer antreiben mag, du solltest es kennen, bevor du in die eine oder andere Richtung handelst. Für einen gemeinsamen Neuanfang brauchst du in jedem Fall die Bereitschaft deines Gegenübers. Du solltest also gut prüfen, ob diese vorhanden ist. Eine Versöhnung, die auf Erwartungen oder Vermeidungsverhalten fußt, kann kontraproduktiv sein, weil sie dich weiter in der Abhängigkeit hält.

Das Festhalten an Erwartungen und Vermeidungsverhalten führen weiter in die Abhängigkeit.

Das könnte z. B. dann der Fall sein, wenn du dir im Stillen erhoffst, dass dein Vater endlich stolz auf dich ist, wenn du ihm verzeihst, oder dass deine Mutter dir endlich die Liebe entgegenbringt, die du dir immer gewünscht hast. Erwartungen sind menschlich, aber sie sind nicht immer hilfreich. Wenn du welche hast, rate ich dir daher, diese ehrlich zu reflektieren und zu kommunizieren. Gleiches gilt für Kompromisse. Überlege dir gut, ob du wirklich bereit bist, den Preis für eine Versöhnung zu zahlen. Wenn dir z. B. eine Entschuldigung wichtig ist, die aber nicht ausgesprochen wird, und du dennoch auf deinem Vergebungskurs bleibst, macht es Sinn zu überlegen, warum du das tust. Bist du wirklich fein damit? Oder verzichtest du vielleicht auf die ersehnte Entschuldigung, weil du erhoffst, noch etwas anderes zu bekommen, oder weil du befürchtest, ansonsten endgültig aus dem Familienverbund ausgeschlossen zu werden? Bedürftigkeit und Angst sind in Beziehungen keine guten Antreiber. Das gilt insbesondere für Eltern-Kind-Beziehungen, in denen naturgemäß ein Ordnungsgefälle vorhanden ist.

Vergebung als eine Möglichkeit

Nicht nur Erwartungen, die man an andere richtet, auch deine Erwartungen an den Prozess als solchen sollten dir bekannt sein. Vergebung wird häufig mit Loslassen und endgültiger emotionaler Befreiung assoziiert. So schreibt z. B. Robert Enright (2006, S. 138), ein amerikanischer Vergebungsexperte, der zahlreiche Bücher und Programme zum Thema veröffentlicht hat:

> „Wenn wir das Leiden überwinden, gewinnen wir ein reiferes Verständnis dafür, was es bedeutet, in der Welt demütig, mutig und liebevoll zu sein. Sie [Vergebung] kann uns befähigen, andere zu ermutigen, sich für Vergebung zu entscheiden und das Leiden zu überwinden, um Hass und Gewalt in unseren Gemeinschaften zu beseitigen."

Ich möchte mir nicht anmaßen, darüber zu urteilen, ob er damit recht hat oder nicht. Aber ich möchte dich darauf hinweisen, dass dies ein stark spirituell-religiöser Gedanke ist, der dementsprechend mehr Glaube als faktische Tatsache darstellt. Vergebung ist im Prinzip ein Try-and-Error-Prinzip. Möglicherweise befreit sie dich tatsächlich, weil sie dir das Gefühl gibt, den passiven Opferstatus zu verlassen. Christine Knaevelsrud und Annette Kämmerer (2010) postulieren in diesem Zusammenhang, dass viele Menschen Vergebung als etwas erleben, das ihnen Kontrolle in einer vermeintlich ausweglosen Situation zurückgibt. So rücke der Fokus weg vom Außen, in dem man nichts ändern kann („Du bist schuld, dass es mir schlecht geht"), hin zum Inneren, in dem durchaus etwas zu verändern ist („Tragen Groll und Wut zu meinem Wohlbefinden bei? Wenn nein, wo kann ich meinen Fokus zukünftig hinlenken?"). Sie betonen aber ebenfalls, dass Vergebung in der Psychotherapie ein therapeutisches Mittel sei und kein dogmatisch erstrebenswertes Ziel an sich.

Es ist also ebenso denkbar, dass die viel versprochene Befreiung ausbleibt. Das bedeutet nicht, dass etwas mit dir nicht stimmt, sondern nur, dass für dich vielleicht aktuell ein anderer Weg hilfreicher ist. Möglicherweise liegt deine Befreiung darin, dich bewusst dafür zu entscheiden, nicht zu vergeben. Die Opferrolle zu verlassen, kann eben auch heißen, sich dafür zu entscheiden, die Empathie mit dem Gegenüber einzustellen und sich stattdessen die eigenen Gefühle – so lange man möchte – zu erlauben. Insbesondere wenn Reue und Wiedergutmachung durch das Gegenüber ausbleiben und / oder Kränkungen weiterhin erfolgen, kann es notwendig sein, unversöhnlich zu bleiben, um die Integrität der eigenen Person zu wahren. Diese sollte für dich im individuellen Heilungsprozess immer an erster Stelle stehen. Wenn du mehr dazu lesen möchtest, empfehle ich dir das Buch *Vergebung* von Sonja Fücker.

> Unversöhnlich zu sein, ist manchmal notwendig, um die Integrität der eigenen Person zu wahren.

Feststellen, ob Vergebung hilfreich ist oder nicht

Vielleicht fragst du dich, woran du erkennen kannst, ob dir Vergebung nützt oder schadet. Diese Frage ist intellektuell nicht zu beantworten. Du musst dafür vielmehr in dich hineinspüren. Dein Bauchgefühl und deine Körperreaktionen können hierfür hilfreiche Anzeiger sein. Was bekommst du für Reaktionen, wenn du an Vergebung denkst? Fühlst du dich befreit und wohlig? Öffnet dein Körper sich? Oder reagierst du mit Angst- oder Überforderungssymptomen wie Herzrasen, Engegefühlen oder anderweitigem Unwohlsein? Gerade für Menschen, die Gewalt erfahren und / oder über lange Zeit hinweg Substanzmittelmissbrauch betrieben haben, kann es mitunter schwer sein, Körpersignale richtig zu deuten. Ich empfehle in diesem Fall, sich nicht allein dem Prozess der Vergebung zu stellen, sondern sich professionelle Hilfe zu suchen. Fühlst du dich hingegen stabil, probiere dich aus und schaue, was welche Schritte mit deinem Körper und deiner Seele machen und ob du sie als hilfreich oder weniger hilfreich erlebst.

Hilfreiche Fragen

- Bin ich derzeit psychisch und physisch stabil?
- Stehen mir in der aktuellen Lebensphase ausreichend Ressourcen zur Verfügung, um mich schmerzenden Themen und Gefühlen zu widmen?
- Wie hoch ist der Leidensdruck, der mit meinen Erfahrungen einhergeht?
- Erscheint mir Vergebung unabhängig von religiös-moralischen Dogmen in meinem Fall als hilfreich oder als weniger hilfreich?
- Ist übersteigerte Empathie mit dem Täter Bestandteil meiner Gewalterfahrungen?
- Was senden mir mein Bauchgefühl im Speziellen und mein Körper im Allgemeinen für Signale, wenn ich mich mit dem Thema Vergebung beschäftige?
- Welche Motive treiben mich an?
- Welche Erwartungen und Ziele knüpfe ich ans Vergeben?
- Möchte ich mich mit dem Gegenüber versöhnen oder möchte ich unabhängig vom anderen in einem internen Prozess vergeben?
- Was brauche ich von meinem Gegenüber, um mich mit ihm zu versöhnen? Ist er bereit dazu?
- Muss ich einen Preis für die Versöhnung zahlen? Wenn ja, welchen, und bin ich dazu wirklich bereit?
- Was brauche ich, um mich auf einen Vergebungsprozess einzulassen? Traue ich mir diesen allein zu oder möchte ich lieber begleitet werden?

REFLEXION

Deine Entscheidung wird akzeptiert

Stell dir vor, du würdest unabhängig von deiner Entscheidung („Vergebung – ja oder nein?") von deiner Familie, deinen Freundinnen, dem gesellschaftlichen Verbund und, wenn du religiös bist, von deinem Gott geliebt, wertgeschätzt und akzeptiert werden. Was tätest du in diesem Fall?

____

____

____

____

Wie Vergebung aussehen kann

Grundsätzlich gibt es zwei Traditionen in der Vergebungsforschung. Die eine Position geht davon aus, dass Vergebung nur dann positive Auswirkungen auf die Opfer-Täter-Beziehung haben kann, wenn der Vergebung ein gewisses Maß an Schuldanerkennung, Reue und Wiedergutmachung vorausgeht (z. B. Fücker 2020). Die zweite Position geht davon aus, dass bedingungslose Vergebung ebenfalls einen psychologischen Nutzen haben kann. Zu dieser Gruppe gehört der bereits erwähnte Richard Enright. Er beschreibt Vergebung als einen aktiven, intrapersonalen Prozess. Du kannst ihn auch dann durchlaufen, wenn du keinen Kontakt zum betreffenden Familienmitglied hast oder wenn es keine Einsicht oder Reue zeigt. Dabei ist Vergebung keine „Schnellreparatur". Sie ist vielmehr ein Ziel, das ständig in Bewegung ist. Man braucht viel Mut, Geduld und die Bereitschaft, eine Vielzahl unangenehmer Erinnerungen und Gefühle zu durchlaufen (Enright 2014). Als Unterstützung für einen solchen Prozess hat Enright die sogenannte Forgiveness-Therapy entwickelt, die sich in Amerika großer Beliebtheit erfreut. Sie baut auf der Annahme auf, dass der Vergebungsprozess aus insgesamt 20 Stufen bestehe. Diese lassen sich, wie in Abbildung 7.1 ersichtlich, grob in vier Phasen unterteilen. Bevor ich dir diese vorstelle, möchte ich dich darauf hinweisen, dass Vergebung nicht gleichbedeutend mit (Trauma-)Heilung ist und umgekehrt (Trauma-)Heilung nicht zwangsläufig Vergebung beinhaltet. Sie ist vielmehr eine unterstützende Option für all jene, die einen Abschluss für ihre negativen Gefühlen suchen.

Die vier Phasen der Vergebung

Der Prozess der Vergebung beginnt nach Enright immer damit zu erkennen, dass einem ein Unrecht widerfahren ist. Das klingt in der Theorie banaler, als es häufig in der Praxis ist. Insbesondere Menschen, die Gewalt durch die eigene Familie erfahren haben, neigen zu Bagatellisierungen und Verdrängung. Erst wenn sie ihre Verletzungen (an)erkennen, können damit verbundene Gefühle, wie z. B. Wut, Trauer, Scham oder Ohnmacht, an die Oberfläche kommen. Die erste Phase gilt als beendet, wenn alle aufkommenden Emotionen hinreichend bewusst durchlebt wurden.

Nun kann der zweite Schritt eingeleitet werden. Hier geht es darum, sich die positiven Aspekte der Vergebung vor Augen zu führen und sich in vollem Bewusstsein für sie zu entscheiden. Sie dürfe, so Enright, weder durch Vermeidung noch aufgrund fauler Kompromisse oder falscher Erwartungen angestrebt werden. Sie müsse vielmehr aus (spiritueller-religiöser) Überzeugung geschehen.

Hat man sich aus vollem Herzen für das Vergeben entschieden, folgt das Kernstück des Prozesses. Es beginnt mit dem Perspektivwechsel. Der Betroffene beginnt aktiv, eine neutrale Sicht auf den Menschen zu entwickeln, der ihm Leid zugefügt hat. Vordergründig geht es in dieser Phase darum, eine innere Distanz zum Urheber der Verletzung zu entwickeln und das Geschehene in einen sinnhaften Kontext einzubinden. Dies kann z. B. dadurch geschehen, dass man aus der emotionalen Distanz heraus erkennt, dass die Mutter, von der die toxische Beziehung ausging, ihrerseits ein Trauma erlebt hat, welches sie weitergegeben hat. Enright betont, dass dabei das Verstehen im Vordergrund sei und nicht etwa das Entschuldigen einer Tat. Aus der neu gewonnenen Distanz folgt die Akzeptanz. Betroffene erkennen an, dass das Unrecht nicht umkehrbar ist. Sie entscheiden sich bewusst gegen weitere Reaktionen wie z. B. Rückzug, Angriff oder den Wunsch nach Rache.

Aus diesem bewussten Verzicht auf weitere negative Gefühle und Verhaltensweisen erwachse, so Enright, die letzte Phase: die endgültige Vergebung. In dieser Phase gewinnen Mitgefühl, Wohlwollen und Großzügigkeit die Oberhand. Der Betroffene lässt das Geschehene endgültig los und richtet den Blick auf die Zukunft.

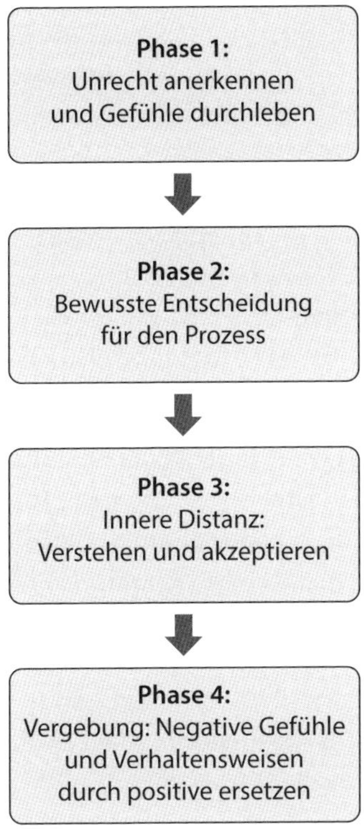

Abbildung 7.1: Der Prozess der Vergebung nach Richard Enright (2014)

Dieser Prozess ist nicht nur anspruchsvoll und schmerzhaft, er verläuft auch selten linear. Rückschritte und Wiederholungsschleifen sind normal. Enright sagt dazu, dass die Vergebung manchmal zum Greifen nah und dann wieder unerreichbar fern zu sein scheine. Es brauche vor allem eines, und das sei Zeit. Wenn am Ende tatsächlich emotionale Befreiung und endgültige Autonomie stehen, ist es ohne Frage gut investierte Zeit. Doch nicht immer heilen Zeit und Vergebung alle Wunden. Solltest du dich im Laufe des Prozesses unwohl fühlen, kannst du ihn jederzeit abbrechen. Das ist vollkommen in Ordnung. Als erwachsener Mensch bist du nicht (mehr) auf deine Familie angewiesen. Du kannst dich jederzeit bewusst dafür entscheiden, Eltern, Geschwistern oder Großeltern *nicht* zu vergeben. Eine solche Entscheidung kann schmerzhaft, aber unter Umständen hilfreich sein. Wenn du dich für diesen Weg entscheidest, kannst du ein ebenso glückliches Leben führen wie ein Mensch, der sich auf den Weg der Vergebung eingelassen hat. Lass dich nicht verunsichern, falls Menschen inner- oder außerhalb deiner Familie anderes behaupten. Es gibt immer nur einen Königsweg: deinen eigenen.

Sich selbst vergeben

Wenn es darum geht, belastende Erfahrungen zu verarbeiten, begegnet man im öffentlichen Diskurs manchmal Aussagen wie „Du musst dir selbst vergeben, um inneren Frieden zu finden" oder „Wer sich nicht selbst vergibt, kann kein glückliches Leben führen". Dies mag auf Fehlentscheidungen oder Verletzungen zutreffen, die man anderen Menschen auf Augenhöhe zugefügt hat. Im Rahmen von Gewalterfahrungen sind solche oder ähnliche Appelle jedoch fehl am Platz. Ein (erwachsenes) Kind muss sich nicht selbst vergeben, denn es hat keinen Fehler begangen.

Ein (erwachsenes) Kind muss sich nicht selbst vergeben, denn es hat keinen Fehler begangen.

Nur wer Verantwortung für etwas trägt, kann Fehler machen. Und an Gewalt tragen Kinder keine Verantwortung. Das tun ausschließlich die Eltern. Jetzt magst du vielleicht denken, dass du schon lange kein Kind mehr bist. Aber du warst mal eines. Und in dieser Zeit liegen die Ursprünge für alles, was danach passiert ist. Schuldgefühle sind normale Begleiter nach belastenden und traumatischen Kindheitserlebnissen. So schämst du dich vielleicht, weil du dich gewehrt hast, als deine Mutter dich im Alkoholrausch schlagen wollte, oder du fühlst dich schuldig, weil du den depressiven Vater nach deinem Auszug seinem Schicksal überlassen hast. Vielleicht glaubst du sogar, Schuld an sexuellen Übergriffen zu haben. Aber das hast du nicht.

Für die meisten Menschen ist es leichter, sich selbst die Schuld an etwas zu geben, als das Gefühl vollkommener Ohnmacht auszuhalten. Schuldgefühle suggerieren ihnen einen Rest von Handlungsfähigkeit. Sie sind eine gut gemeinte Schutzreaktion der Psyche, keine Tatsache. Wenn es also etwas gibt, das du dir selbst vergeben darfst, dann, dass du möglicherweise als Konsequenz aus dem Erlebten destruktive, selbstschädigende Verhaltensweisen, wie z. B. Substanzmittelmissbrauch oder Selbstboykott, entwickelt hast.

7.2 Versöhnung und „Entgiftung"

Wir haben nur eine Familie. Dementsprechend sehnen sich die meisten Menschen nach einem gemeinsamen Neuanfang. Eine „Entgiftung" toxischer Familienstrukturen ist durchaus möglich, wenn man ein paar Dinge beachtet. In erster Linie darf sie keine Einbahnstraße sein. Sonja Fücker (2020) spricht in diesem Zusammenhang davon, dass eine Versöhnung immer ein Tauschgeschäft sein sollte: „Vergebung gegen Reue." Kinder können nicht analysieren oder reflektieren, was ihnen widerfährt. Sie halten es für normal, sich um Papa zu kümmern oder das schwarze Schaf der Familie zu sein. Sie halten es auch für normal, in der Beziehung zu den Eltern traurig, einsam oder verängstigt zu sein. Selbst wenn sie wüssten, dass etwas gehörig schiefläuft, könnten sie nichts daran ändern. Als Erwachsener wendet sich das Blatt. Heute bist du in der Lage, zu verstehen und das bisher Unsichtbare sichtbar zu machen. Und genau darin liegt die Chance für einen gemeinsamen Neubeginn. Du kannst deinem Vater deutlich machen, dass du ihn gebraucht hättest und es dich überfordert hat, dich um ihn zu kümmern. Du kannst deiner Mutter und / oder deinen Geschwistern schildern, dass es dich verletzt hat, nie richtig dazuzugehören. In solchen Gesprächen geht es nicht darum, einen Sündenbock zu finden und sich in Schuldzuweisungen zu verlieren. Es geht darum, aktiv zu werden und aus der Opferrolle auszusteigen. Häufig haben wir auch als Erwachsene noch immer das Gefühl, ein Opfer der familiären Umstände zu sein, aber das sind wir nicht. Wir können beobachten, analysieren und Verantwortung übernehmen. Das Gefühl, selbstwirksam zu sein, trägt maßgeblich zur Genesung von seelischem Schmerz und psychischen Erkrankungen bei. Das hat der Psychologe Albert Bandura (1977) bereits vor knapp 50 Jahren nachweisen können. Eine Begegnung auf Augenhöhe, in der du deine Sicht auf die Beziehung und – noch wichtiger – deine Gefühle äußerst, kann deine Selbstwirksamkeit enorm stärken. Dafür ist es jedoch wichtig, nicht blindlings in einen gemeinsamen Dialog hineinzustolpern, sondern im Vorfeld zu prüfen, ob die Voraussetzungen für einen ebenbürtigen Neuanfang aktuell gegeben sind. Erst dann solltest du dich damit auseinandersetzen, was genau du wie ansprechen möchtest und was du dir in Zukunft für die gemeinsame Beziehung wünschst.

Voraussetzungen für einen gemeinsamen Neubeginn

- Du bist aktuell psychisch stabil.
- Du strebst die Versöhnung um deiner selbst Willen an (das klingt manchmal leichter, als es ist, beschäftige dich also gern umfassend mit deinen Motiven).
- Du kennst die Bedingungen, die für dich erfüllt sein müssen, um dich versöhnen zu können, z. B. Reue, eine ehrliche Entschuldigung oder eine konkrete Veränderung.
- Du hast eine (grobe) Vorstellung davon, was du dir zukünftig von der Beziehung zu deinem Gegenüber wünschst.
- Dein Gegenüber ist einsichtig, will ebenfalls etwas an eurer Beziehung verändern und ist generell bereit, auf deine Voraussetzungen und Vorstellungen einzugehen.
- Du kennst die Bedingungen und Wünsche deines Gegenübers und kannst sie erfüllen, ohne (erneuten) Schaden zu nehmen.

Für viele Menschen ist ein versöhnlicher Blick auf den anderen hilfreich, um ein klärendes Gespräch führen zu können. Wenn deine Eltern (oder andere wichtige

Bezugspersonen, denen du als Kind hierarchisch untergeordnet warst) nicht zu den 500.000 Psychopathen gehören, die hochgerechnet in Deutschland leben (Mac Kenzie 2021), haben sie ihr Bestes gegeben. Was auch immer sie getan oder nicht getan haben: Es geschah höchstwahrscheinlich nicht in böser Absicht und es hat mehr mit ihnen selbst als mit dir zu tun. Nichtsdestotrotz bedeutet eine versöhnliche Grundeinstellung keinesfalls, die eigenen Verletzungen und Kränkungen hinnehmen und kleinreden zu müssen. Es ist gut möglich, dass deine Eltern eine andere Perspektive auf deine Kindheit haben als du. Dennoch darfst du erwarten, dass sie dich in deinen Verletzungen ernst nehmen. Ebenso darfst du erwarten, dass sie heute die Verantwortung für ihr Verhalten übernehmen, wenn sie es schon damals nicht konnten. Vielen Eltern ist möglicherweise gar nicht bewusst, dass sie ihren Kindern geschadet haben. Doch spätestens nach einem offenen Gespräch wissen sie es. Spätestens jetzt sind sie gefordert, adäquat auf dich zu reagieren. Zentral sind dabei Einsicht und Empathie, auf die eine Entschuldigung folgen sollte.

Tipps für ein gemeinsames Gespräch

- Bereite dich gut vor. Überlege dir, was du sagen möchtest, was du brauchst und was du dir in Zukunft vom anderen und von eurer Beziehung wünschst.
- Wähle für ein Gespräch einen neutralen Ort (nicht unbedingt das altbekannte Wohnzimmer) oder schlage einen ausgiebigen Spaziergang an der frischen Luft vor.
- Nutze einen möglichst guten Zeitpunkt (nicht zwischen Tür und Angel, nicht, wenn du geschwächt bist, nicht vor einem wichtigen Ereignis, nicht, wenn andere Personen zugegen sind, etc.).
- Schlage vor, dass ihr vor dem Gespräch gemeinsam Gesprächsregeln festlegt. Zu diesen sollte auf jeden Fall gehören, dass ihr euch gegenseitig ausreden lasst, euch in euren Äußerungen ernst nehmt und euch mit Respekt begegnet.
- Verzichte auf eine feindliche Grundhaltung, Schuldzuweisungen oder eine Gewinner-Verlierer-Mentalität.
- Bleibe in deiner Rolle als ebenbürtige Erwachsene und vermeide, in den Kindermodus zu verfallen. Rücke z. B. nicht von deinen Wünschen und Bedürfnissen ab, bleibe sachlich statt trotzig, verfalle nicht in Kindersprache etc.
- Verwende Ich-Botschaften, mithilfe derer du deine Gefühle deutlich machen kannst, statt verbal mit dem Finger auf dein Gegenüber zu zeigen (z. B. „Ich fühlte mich überfordert, als ich nach der Trennung von Papa für dich da sein musste" oder „Ich war traurig und unsicher, weil du der älteren Schwester so viel Aufmerksamkeit geschenkt hast" statt „Du hast damals alles falsch gemacht!").
- Höre zu.
- Ein Neuanfang braucht Zeit. Geh nicht mit der Erwartung in das Gespräch, dass sich alle Verletzungen und Probleme sofort in Luft auflösen.

Sind die Eltern (dauerhaft) uneinsichtig, unempathisch und/oder nicht bereit, sich zu entschuldigen, rate ich dir, auf dein Bauchgefühl und deinen Körper zu hören. Sie werden sich bei dir melden, wenn du deine Grenzen übertrittst und Dinge tust, die dir mehr schaden als nützen. Möchtest du standhaft bleiben und für dich selbst eintreten, auch wenn das bedeutet, dich von deinen Eltern abwenden zu müssen? Oder möchtest du einen anderen Weg gehen, um Frieden zu finden? Sei ehrlich mit dir.

Für den Fall, dass deine Eltern ihr schädliches Verhalten (an)erkennen, könnt ihr gemeinsam einen Weg suchen, um mit dem Alten abzuschließen. Vielen Menschen hilft eine wie auch immer geartete Wiedergutmachung. Diese unterstreicht nicht nur, dass deine Eltern tatsächlich bereuen, was sie getan haben, sie bringt auch eure Beziehung wieder ins Gleichgewicht. Zudem richtet sie den Fokus auf das, was sein soll. Wie eine solche Wiedergutmachung aussehen kann, hängt davon ab, woran es dir als (erwachsenem) Kind besonders gemangelt hat. Dem Einfallsreichtum sind dabei keine Grenzen gesetzt. Einige Menschen bevorzugen pragmatische Lösungen. Eine Wiedergutmachung könnte in diesem Fall darin bestehen, dass deine Mutter dir für eine gewisse Zeit praktische Unterstützung im Alltag anbietet oder dein Vater sich Zeit nimmt, um endlich deine Abschlussarbeit zu lesen oder mit dir in den Urlaub zu fahren. Für andere ist es möglicherweise wichtig, sich aussprechen zu dürfen, in den Arm genommen zu werden oder zukünftig bei Bedarf Zuspruch zu erhalten. Derartige Wiedergutmachungsversuche können selbstverständlich nicht alle Verletzungen ungeschehen machen, aber sie können ein wichtiges Symbol für den gemeinsamen Neubeginn sein.

Noch ein Tipp: Ein Neuanfang ist kein Sprint, sondern ein Marathon. Muster sind hartnäckig. Das Gehirn greift – insbesondere in Stresssituationen – immer zunächst auf das Altbekannte zurück. Es ist also unwahrscheinlich, dass nach einer Versöhnung nie wieder Konflikte zwischen dir und deinen Eltern auftreten. Das ist normal und kein Grund zur Besorgnis. Es kommt bei einem Neunanfang nicht darauf an, einen endgültigen Abschluss für das Gewesene zu finden. Es geht vielmehr darum, dass Muster, Verletzungen und Wunden transparent sind und eine Daseinsberechtigung haben.

> Für einen Neunanfang müssen Muster, Verletzungen und Wunden für beide Seiten transparent sein und akzeptiert werden.

Bleibt also einfach im ehrlichen und empathischen Kontakt miteinander, wenn es zu „Rückfällen“ kommt. Verzeihen sollte kein Wahrnehmungs- und Fühlverbot mit sich bringen. Auch wer verzeiht, darf weiterhin Groll und Trauer fühlen. Es gibt keinen offiziellen „Verzeihungstermin“, ab dem du dich so verhalten musst, als wäre nie etwas Schmerzhaftes vorgefallen. Das Gegenteil sollte bei einer gesunden Versöhnung der Fall sein (dürfen).

Sollten deine Eltern für dich nicht erreichbar sein, weil sie bereits verstorben sind oder du keinen Kontakt mehr zu ihnen hast, gibt es in der systemischen und in der tiefenpsychologischen Arbeit diverse alternative Methoden, wie z. B. Familienaufstellungen, Hypnotherapie o. Ä., um Ablösungsprozesse und Neuanfänge ohne ihre Anwesenheit zu initiieren. Informiere dich am besten vor Ort über vorhandene Angebote, wenn du einen Abschluss für dich suchst.

Die besondere Rolle der Geschwisterbeziehung

Geschwisterbeziehungen sind immer sekundäre toxische Beziehungen (s. Abschn. 4.1). Der eigentliche Generator sind nämlich – von genetisch bedingten Persönlichkeitsstörungen einmal abgesehen – nicht die entsprechenden Brüder oder Schwestern, sondern die Eltern. Konflikte unter Geschwistern basieren in den meisten Fällen auf einer Ungleichverteilung materieller oder immaterieller Güter innerhalb der Familie. Hierfür sind im Ursprung einzig und allein die Eltern verantwortlich. Dies solltest du im Hinterkopf haben, wenn du mit einem Geschwister ein klärendes Gespräch suchst. Vermutlich wirst du bei genauerer Betrachtung schnell erkennen, dass dein Bruder oder deine Schwester ebenso wie du eine unfreiwillige Funktion eingenommen haben. So sitzt ihr am Ende in einem Boot. Und möglicherweise ist es dementsprechend auch nicht er oder sie, von dem oder der du eine Entschuldigung benötigst, um zu heilen, sondern von deinen Eltern. Das heißt nicht, dass dein Geschwister nicht gleichermaßen die Verantwortung für seine Handlungen als Erwachsener trägt. Es bedeutet ebenfalls nicht, dass du nicht durchaus an der ein oder anderen Stelle eine Entschuldigung für einen Beziehungs-Reset einfordern darfst. Dennoch kann es hilfreich sein, sein bzw. ihr Verhalten als unreflektiertes Kind und als entscheidungsfähiger Erwachsener auseinanderzuhalten. Wenn dir dies gelingt, können deine Geschwister zukünftig (wieder) eine große Ressource für dich sein. Schließlich gibt es niemanden, der derart ähnliche Erfahrungen in der Eltern-Kind-Beziehung gemacht hat. Im Heilungsprozess von toxischen Elternbeziehungen kann ein verständiges Gegenüber enorm hilfreich sein. Nicht umsonst heißt es, dass geteiltes Leid halbes Leid ist. Es wäre doch schade, dieses Potential aus den Händen zu geben, weil Eltern bewusst oder unbewusst Unruhe unter Geschwistern gestiftet haben.

ÜBUNG

Ho'oponopono-Ritual

Ho'oponopono kommt aus der Sprache der hawaiianischen Ureinwohner. Es bedeutet so viel wie „geistige Reinigung". Das Ritual dient dazu, leidvolle Gedanken aufzulösen und das anzunehmen, was ist: sowohl Positives als auch Negatives. Vielleicht kann es euch im Verlauf eures Versöhnungsprozesses helfen.

Wenn du die Übung für dich allein machst: Lege deine Hände auf dein Herz und sprich langsam und fokussiert die folgenden vier Sätze. Wenn ihr die Übung gemeinsam macht: Setzt euch gegenüber und sprecht nacheinander im Block alle Sätze. Legt ebenfalls eure Hände auf das Herz, schaut euch beim Sprechen in die Augen und beendet das Ritual, wenn ihr mögt, mit einer Umarmung.

1. *Es tut mir leid.* (Hiermit erkennt man an, dass man den anderen mit negativen Gefühlen und Reaktionen verletzt hat. Man übernimmt Verantwortung für seinen Anteil, den man als Erwachsener (!) zur Situation beigetragen hat.)
2. *Bitte verzeih mir.* (Dieser Satz zeigt die Bereitschaft, Vergangenes hinter sich zu lassen.)
3. *Ich liebe dich.* (Obwohl man verletzt wurde, kann man die Situation akzeptieren und den anderen sehen und lieben. Das gibt auch Raum, selbst nicht perfekt sein zu müssen.)
4. *Danke!* (Dankbarkeit ist der Schlüssel, um abzuschließen und einen Neustart zu beginnen.)

7.3 Kontaktabbruch

Nicht immer ist es möglich, sich mit seiner Familie zu versöhnen. Manchmal ist ein Kontaktabbruch die einzige Chance, sich selbst vor weiteren Verletzungen und gesundheitlichen Folgen zu schützen. Ein derart einschneidender Schritt kann äußerst schmerzhaft sein. Niemand tut sich leicht damit. Kinder lieben ihre Eltern ganz gleich, ob sie fünf oder 50 Jahre alt sind, und sie hören nicht einfach damit auf, weil diese ihnen Leid zugefügt haben. Entsprechend schwer fällt die Entscheidung, sich endgültig abzuwenden, denn mit ihr verliert man nicht nur einen bedeutsamen Menschen in seinem Leben. Man verliert auch die (letzte) Hoffnung, vielleicht doch noch eines Tages zurückgeliebt, entschädigt oder gesehen zu werden.

Caro hat ihr Leben lang gehofft, dass ihre Mutter eines Tages einsieht, was sie ihr und den Schwestern an Schmerz und Leid zugefügt hat, dass sie Reue zeigt und sich entschuldigt. Aber sie tat es nicht. Caro konnte nicht zu ihr durchdringen. „Es war, als säße meine Mutter unter einer Glaskuppel. Jegliche Gedanken und Gefühle, die ich an sie herantrug, prallten ab", schildert sie mir die Situation, „ganz gleich, ob ich wütend, traurig, diplomatisch oder sachlich war, immer endete es damit, dass meine Mutter die Tatsachen so verdrehte, dass ich mich am Ende schuldig fühlte." Schuldumkehr kommt insbesondere bei narzisstischem Missbrauch häufig vor. Sie macht es Betroffenen schwer, einen Schlussstrich zu ziehen. Zu tief sitzt der Selbstzweifel, der über Jahre oder Jahrzehnte bewusst oder unbewusst durch die Eltern eingepflanzt wurde. Nicht selten wird er zusätzlich dadurch genährt, dass ein Kontaktabbruch zur eigenen Familie – sowohl inner- als auch außerfamiliär – wenig goutiert wird. „Du hast doch nur eine Mutter", „Blut ist dicker als Wasser" oder „Jede Mutter liebt ihr Kind" sind nur einige der verunsichernden Äußerungen, die Caro immer wieder zu hören bekam. Nachdem sie dennoch schweren Herzens mit ihrer Mutter brach, habe sie sogar „wenig freundliche" Anrufe und Nachrichten von Verwandten bekommen. „Ich war total erschrocken, dass so gut wie niemand mit Verständnis, Interesse oder Mitgefühl reagierte", berichtet Caro. „Von den Menschen, die in engem Kontakt zu meiner Mutter standen, hatte ich nichts anders erwartet. Aber dass sich darüber hinaus meine Freunde oder mir nahezu fremde Personen gegen meine Entscheidung ereiferten, hat mich hart getroffen."

Wenn auch du in Betracht ziehst, den Kontakt zu einem Familienmitglied abzubrechen, solltest du dich daher gut darauf vorbereiten – sowohl auf das, was an internen Prozessen auf dich zukommen könnte, als auch auf das, was möglicherweise an Kritik von außen an dich herangetragen wird. Du solltest zuvor über einen längeren Zeitraum hinweg konstant davon überzeugt sein, dass ein Schlussstrich das einzig Richtige ist. Ansonsten gerätst du schnell in einen On-off-Teufelskreis. Dieser schwächt dich, weil er dir das Gefühl vermittelt, ohnmächtig und handlungsunwirksam zu sein. Als logische Konsequenz wird dein vermutlich ohnehin bereits angeschlagener Selbstwert weiter sinken. Als Folge steigt die Gefahr, dass du weiterhin dem Wunsch nach Liebe und Zugehörigkeit hinterherrennst, anstatt die eigene Integrität und Gesundheit zu schützen. Du solltest also erst dann den Kontakt abbrechen, wenn du dir wirklich sicher bist und der Nutzen (z. B. bessere körperliche und seelische Gesundheit, höherer Selbstwert, Freiheit etc.) die Kosten (emotionale Achterbahnfahrt, möglicher Ausschluss aus dem Familiensystem, Gegenwind von außen) überwiegt. Dir muss dieser Schritt guttun. Einige Orientierungspunkte, die dir dabei helfen können zu entscheiden, wann ein Kontaktabbruch gerechtfertigt ist, findest du im Folgenden:

Wann ein Kontaktabbruch nötig sein kann

- Das entsprechende Familienmitglied zeigt weder Einsicht noch Reue oder Empathie und / oder wünscht keine Veränderung.
- Dein Gegenüber betreibt Schuldumkehr, macht dir systematisch ein schlechtes Gewissen und / oder fordert mehr Empathie, als er / sie bereit ist, selbst zu geben.
- Gewalt, traumatische Erfahrungen und Kränkungen halten an bzw. werden in der Beziehung immer wieder aufs Neue reinszeniert.
- Du leidest unter chronischen körperlichen und seelischen Erkrankungen, die mit deiner familiären Geschichte in Verbindung stehen.
- Dir geht es in der Beziehung schlecht, aber du hältst dennoch an ihr fest, weil du z. B. hoffst, heute doch noch etwas von dem bekommen zu können, was du als Kind vermisst hast.
- Dein Bauchgefühl sagt dir über längere Zeit hinweg, dass ein Kontaktabbruch gut für dich wäre.

Hilfreiche Tipps und Impulse

- Ein Kontaktabbruch sollte niemals aus einem Impuls heraus geschehen. Überlege dir gut, ob der Zeitpunkt stimmt und was genau du brauchst, um deinen Plan in die Tat umzusetzen.
- Nicht jeder wird es verstehen, wenn du den Kontakt mit einem oder mehreren Familienmitgliedern abbrichst. Um bei dir und deiner Entscheidung zu bleiben, kann es hilfreich sein, dich bereits im Vorfeld mit einigen wichtigen Fragen zu beschäftigen. Hierzu zählen z. B.
  - Wie willst du mit inner- und außerfamiliärer Kritik umgehen?
  - Wie viel von dir, der Vergangenheit, bestehenden Konflikten etc. möchtest du anderen preisgeben?
  - Wer oder was kann in schwierigen Phasen eine Ressource für dich sein?
  - Wie gehst du mit Familienmitgliedern um, die Unverständnis, Wut oder Trauer äußern bzw. die sich loyal mit der „Gegenpartei“ zeigen? Wie mit solchen, die ungewollt Informationen in beide Seiten weitertransportieren oder anderweitig deine Grenzen überschreiten?
- Suche dir ggf. professionelle Begleitung und / oder Gleichgesinnte, z. B. eine Selbsthilfegruppe.
- Bedenke, dass du dich vor niemandem rechtfertigen, entschuldigen oder erklären musst. Es ist dein Leben und deine Entscheidung. Begegne Kritik möglichst sachlich, aber bestimmt (z. B. „Danke für deine Worte, aber das mache ich mit meiner Mutter / meinem Vater etc. allein aus“).

- Eine Familie ist etwas sehr Schönes, aber vergiss nicht, dass du als Erwachsener nicht mehr auf sie angewiesen bist. Wenn dir deine Familie nicht guttut, kannst du dir einen neuen, selbstgewählten Inner Circle suchen, z.B. in Form von Partnern, Freundinnen, Arbeitskollegen, Tieren etc. Liebe gibt es nicht nur in Familien. Umgib dich mit konstruktiven und empathischen Menschen.
- Befreie dich von Verantwortung, die nicht die deine ist.
- Mach dir klar, dass du eine freie Entscheidung triffst. Erlaube dir, dich jederzeit umentscheiden zu dürfen.
- Lass *alle* deine Gefühle zu und durchlebe sie bewusst.
- Nimm bewusst Abschied, z.B. in Form eines (nicht unbedingt abgeschickten) Briefes oder eines Abschiedsrituals (Übung s. S. 189).
- Finde langfristig einen individuellen Abschluss für deine Verletzungen und Kränkungen.
- Vergiss niemals deinen eigenen Wert, den du von Geburt an hast.

Auch wenn es sich gerade anders für dich anfühlen mag: Der Kontaktabbruch selbst wird sich nicht halb so schrecklich anfühlen wie all das, was vorher geschehen ist. Und ich nehme an, dass das eine Menge war, denn sonst ständest du wahrscheinlich nicht dort, wo du aktuell stehst. Das heißt nicht, dass es nicht wehtun wird. Aber wenn du dich – vielleicht erstmals im Leben – für dich entscheidest, wirst du neue Energien und Kapazitäten verspüren, die du bis dato möglicherweise noch gar nicht kanntest. Diesen Schub kannst du wunderbar nutzen, um dir Gutes zu tun. Arbeite an deinem Selbstwert, verlasse deine Komfortzone, übe dich in Selbstliebe und lebe (endlich) deine eigenen Träume und Visionen. Ein paar Anregungen dazu findest du im nächsten Kapitel.

By the way

Ganz gleich, ob du Vergebung, Versöhnung, beides oder einen Kontaktabbruch wählst: Nichts davon ist in Stein gemeißelt. Lebensumstände verändern sich. Man selbst verändert sich. Und du darfst dich jederzeit in welche Richtung auch immer umentscheiden. Es geht nicht darum, dir oder anderen etwas zu beweisen. Es geht auch nicht darum, ob deine Entscheidungen richtig oder falsch sind. Es geht vielmehr darum, ob sie aktuell für dich hilfreich sind oder nicht. Wenn du das für dich verinnerlichst, bist du deiner Autonomie näher denn je.

ÜBUNG

Zukunftsmail

Häufig haben wir in schweren Lebensphasen das Gefühl, auf der Stelle zu treten. Gedanken wie „Dieser Schmerz wird niemals enden" oder „Ich werde das niemals schaffen" kennst du vielleicht nur zu gut. Die folgende Übung hilft dir dabei, diesen Trugschluss aufzulösen. Sie zeigt dir, dass du jeden Tag im Wandel bist und niemals stillstehst – egal, was dir das kleine Teufelchen in dir heute erzählt. Wenn du in vier Wochen, drei Monaten oder einem halben Jahr deine eigene E-Mail erhältst, wirst du ganz sicher überrascht sein, was sich alles in dir und deinem Leben verändert hat.

Geh dafür auf eine Website (z. B. www.futureme.org oder www.zukunftsmail.com), die es dir ermöglicht, dir selbst eine E-Mail zu schreiben, welche du zu einem selbst gewählten Zeitpunkt zugestellt bekommst. Du kannst sie nutzen, um dich selbst zu motivieren, dir Ziele zu stecken oder um alles aufzuschreiben, was dich gerade beschäftigt. Deiner Kreativität sind keine Grenzen gesetzt. Wofür auch immer du sie nutzen möchtest, achte bitte darauf, dass deine Ansprache an dich respektvoll und liebevoll ist. Folgende Fragen können dir behilflich sein:

- Warum habe ich mich entschieden, den Kontakt abzubrechen?
- Wie geht es mir aktuell damit?
- Was glaube ich, wie es mir in x Wochen / Monaten damit gehen wird?
- Welche Gedanken beschäftigen mich?
- Was wünsche ich mir und was / wer hilft mir / hilft mir nicht dabei, mein Ziel zu erreichen?
- Wo hoffe ich, in x Wochen / Monaten zu stehen?
- Was würde mein zukünftiges Ich mir heute raten?

8. Impulse für einen heilsamen Umgang mit dir selbst

Wer in toxischen Familienverhältnissen aufwächst, entwickelt oft (unbewusst) eine toxische Beziehung zu sich selbst. Psychische, körperliche und soziale Schwierigkeiten, die als Folge der ungesunden Beziehungsdynamik auftreten, fördern Selbstzweifel, Unsicherheiten und mangelnde Selbstliebe. Umso wichtiger wäre es, sich möglichst sorgsam um sich zu kümmern. Doch für wen als Kind nicht gut gesorgt wurde, dem wird es später meist selbst schwerfallen, gut für sich zu sorgen.

> Für wen als Kind nicht gut gesorgt wurde, dem wird es schwerfallen, später gut für sich selbst zu sorgen.

Entsprechend geraten Betroffene oft in einen Teufelskreis aus mangelnder Selbstfürsorge, daraus resultierendem Stress (da keine Grenzen gezogen und keine Ressourcen gestärkt werden) und eine Intensivierung bereits vorhandener psychischer, körperlicher und sozialer Probleme. Da eine solche Negativspirale über Jahrzehnte im eigenen System wirkt, verschwinden die zugehörigen Muster und Mechanismen in den meisten Fällen nicht automatisch, sobald man sich mit der Familie aussöhnt und gemeinsam von vorn beginnt oder sich abwendet und eigene Wege geht. Fälschlicherweise kann es sich dann so anfühlen, als ob „das alles gar nichts gebracht hat". Dabei ist die Klärung der familiären Konflikte der Ausgangspunkt für eine Veränderung. Ohne sie bemerken die meisten Menschen gar nicht, dass sie nicht gut zu sich sind. Nur wenn du erkennst, dass du dich in einem Teufelskreis befindest, kannst du ihn durchbrechen. Wenn es dir gelingt, dich von dem zu befreien, was man dich über dich selbst hat glauben lassen, wird es dir gelingen, dich endgültig von der Vergangenheit zu lösen und ein autonomes, selbstbestimmtes Leben im Hier und Jetzt zu führen.

Dieser Weg ist ein Prozess. Du wirst nicht von heute auf morgen in permanenter Harmonie mit dir leben. Du wirst auch nicht plötzlich aufwachen und alles vergessen haben, was dir deine Familie an Schmerz und Bürde mitgegeben hat. Aber wenn du einen Fuß vor den anderen setzt, wirst du langsam, aber kontinuierlich heilen. Manchmal vielleicht sogar, ohne es sofort zu bemerken.

8.1 Prinzipien für mehr Resilienz

Gern möchte ich dir ein paar Impulse für deine Reise mitgeben. Sie lehnen sich im Kern an die sieben Säulen der Resilienz von Ursula Nuber an. Such dir das aus dem Angebot heraus, womit du in Resonanz gehst.

Hab Geduld mit dir

Die Heilung von Wunden braucht nicht nur Zeit, sie verläuft auch selten linear. Du wirst möglicherweise deine Entscheidungen anzweifeln, dich mit deinen Gedanken und Gefühlen überfordert fühlen, Rückschritte machen und deinen eingeschlagenen Weg verteufeln. Wichtig ist, Hindernisse und Engpässe auf deinem Weg als vorübergehend und bewältigbar zu sehen und dir klarzumachen, dass es immer Kleinigkeiten gibt, die du selbst gestalten kannst. Selbsthilfegruppen können an dieser Stelle sehr hilfreich sein. Menschen, die Kindheitswunden mit sich herumtragen, haben im Kern ähnliche wiederkehrende Gedanken und Gefühle. Manchmal kann es heilsam sein, sie miteinander zu teilen und zu erkennen, dass man gar nicht so „sonderbar" ist, wie man denkt.

Nimm deine Verletzungen und Emotionen an und ernst

Wer in der Kindheit viel Leid erfahren hat, tendiert oft dazu, dieses aus Gewohnheit oder Selbstschutz zu bagatellisieren. So höre ich in meiner Praxis viel häufiger „So schlimm war das alles gar nicht!" als „Es tut mir wirklich leid für mich, dass ich so viel Trauriges erleben musste". Insbesondere dann, wenn du mit Eltern aufgewachsen bist, die ihre eigenen Emotionen wichtiger nahmen als deine, kennst du dieses Verhalten vielleicht von dir. Doch negative Gefühle verschwinden nicht einfach, nur weil wir sie kleinmachen. Sie suchen sich ihren Weg, sei es als psychosomatische Reaktion oder in Form von psychischen Krankheiten. Daher ist es wichtig, dass du lernst, dich in deinen Verletzungen und Gefühlen ernst zu nehmen. Das gilt sowohl für die aktuellen als auch für die alten. Versäumnisse dürfen dich traurig machen. Wunden dürfen dich wütend machen. Was du fühlst, ist immer wahr und immer „richtig". Und wenn du dich von deiner Vergangenheit befreien willst, ist es wichtig, dass du dich von hinderlichen Glaubenssätzen (z. B. „Ich darf mich nicht so anstellen") und selbstschädigenden Verhaltensweisen (z. B. die eigenen Gefühle, Kränkungen und Bedürfnisse hintanstellen) befreist. Dafür kann es hilfreich sein zu lernen, dich selbst wie deine beste Freundin zu behandeln. Was würdest du zu ihr sagen, wenn sie verletzt und traurig wäre? Und wie würdest du deine Sätze formulieren?

Harsch und abwertend oder vielleicht doch empathisch und liebevoll? Und was würdest du tun? Sie wegstoßen oder sie umarmen? Den empathischen Umgang mit sich selbst kann man lernen. Je weniger du einen solchen als Kind erlebt hast, umso wichtiger ist es, dass du dir heute liebevoll begegnest.

Beobachte doch einmal einen Tag lang ganz genau, wie du mit dir selbst sprichst, wenn du traurig, wütend, verzweifelt oder hilflos bist. Und dann versuche, negativen Impulsen bewusst positive entgegenzusetzen. Auch Affirmationen (positive Aussagen über dich) können helfen. Du findest eine Vielzahl eingesprochener Affirmationen in Apps oder bei YouTube. Entscheidend bei der „Umprogrammierung" sind die Wiederholungen. Bleib am Ball. Nach ca. drei bis vier Wochen kannst du mit ersten positiven Auswirkungen rechnen.

Bleib standhaft, aber nicht unflexibel

Bleib Entscheidungen, die sich für dich richtig anfühlen, treu. Auch dann, wenn du einen schlechten Tag hast und/oder Kritik von außen bekommst. Das gilt insbesondere für Entscheidungen, die mit deiner Familie in Verbindung stehen, aber natürlich auch für alle anderen. Vielleicht bist du es gewohnt, dich permanent vor dir selbst oder anderen zu entschuldigen und zu rechtfertigen. Hör damit auf! Du nährst damit lediglich deine Selbstzweifel. Und ich vermute, wenn du in toxischen Familienverhältnissen aufgewachsen bist, hast du von diesen schon genug.

Überlege dir ein oder zwei Sätze (z. B. „Das steht und wird nicht diskutiert" oder „Darüber möchte ich nicht sprechen") und wiederhole diese stoisch, wenn du mit dir selbst oder anderen in die immer gleichen Diskussionen abzurutschen drohst. Sollten dir Zweifel an bestimmten Entscheidungen dauerhaft keine Ruhe lassen, schau dir sachlich an, ob sie noch immer richtig sind oder ob du dich umentscheiden möchtest. Jede Entscheidung darf überdacht werden, muss es aber nicht. Bedenke in diesem Zusammenhang auch, dass die eigene Autonomie nicht nur dann ausgebremst werden kann, wenn du dasselbe tust wie als Kind (z. B. immer die eigenen Bedürfnisse zurückstellen), sondern auch dann, wenn du zwanghaft versuchst, das Gegenteil zu tun (z. B. immer das eigene Bedürfnis in den Fokus rücken). Autonomie bedeutet nicht, es anders zu machen. Autonomie bedeutet, das zu tun, was dir entspricht.

> Autonomie bedeutet, das zu tun, was dir selbst entspricht.

Erkenne deinen Wert und schütze ihn

Häufig ist die Beziehung zu sich selbst unterbrochen und / oder negativ eingefärbt, wenn man in toxischen Familienbeziehungen gelebt hat. Der Selbstwert ist gering oder gar nicht vorhanden und die Eigenwahrnehmung gestört. Das liegt in der Natur der Dinge. Wie soll man in der Lage sein, den eigenen Wert zu erkennen, wenn er von der Familie nicht geachtet wurde? Wenn du dich an dieser Stelle wiedererkennst, ist es an der Zeit, die alte familiengeprägte Brille abzunehmen und es mit einer neuen wohlwollenderen zu probieren. Du musst dir deinen Wert nicht erarbeiten oder verdienen. Du hast ihn von Geburt an. Dies zu erkennen, ist ein entscheidender Schlüssel in ein autonomes Leben frei von alten Verletzungen. Kümmere dich daher gut um dich. Stelle eine Verbindung zu deinem Körper her, z. B. durch Yoga, Meditation, neurogenes Zittern o. Ä., und lebe entsprechend seiner Bedürfnisse. Sorge für dein psychisches und soziales Wohlbefinden. Entdecke und achte deine Grenzen. Gönne dir wohltuende Beziehungen, positive Glaubenssätze und ein gesundes Verhältnis von Ent- und Anspannung. Du kannst nicht rückgängig machen, wie deine Familie dich in der Vergangenheit behandelt hat, aber du kannst aktiv darüber entscheiden, wie du in Zukunft selbst mit dir umgehst.

Umgib dich mit konstruktiven und empathischen Menschen

Wir verletzen uns in Beziehungen und wir heilen in Beziehungen. Ein liebevolles und empathisches Umfeld kann dir dabei helfen nachzuholen, woran es dir in deiner Familie gemangelt hat. Im Umkehrschluss sind Partnerschaften, Freundschaften und Arbeitsbeziehungen, in denen du bekannte destruktive Verhaltensmuster wiederholst, schädlich für deinen Körper und für deine Seele. Achte also gut darauf, mit wem du dich umgibst und wie du dich in Beziehungen verhältst. Wie du mittlerweile weißt, tendieren Menschen dazu, in Beziehungen zu wiederholen, was sie in ihren Familienbeziehungen erlebt haben. So wurden z. B. wiederholt Zusammenhänge zwischen frühkindlicher Misshandlung und erneuter Misshandlung durch einen Partner in einer Erwachsenenbeziehung nachgewiesen (z. B. Ehrensaft et al. 2003). Solche Verhaltenswiederholungen sind derart tief verankert, dass Betroffene die Wiederholung oft nicht bemerken oder aber keinen Bezug zu ihren Familienbeziehungen herstellen. Jene, die als Kinder in einem von (körperlicher und / oder psychischer) Gewalt geprägten Umfeld gelebt haben, müssen sich dementsprechend besonders aufmerksam in Beziehungen beobachten. Wenn du wissen möchtest, worauf du genau achten solltest, wirst du z. B. in meinem Buch *Du tust mir nicht gut* fündig. Es beschäftigt sich ausführlich mit den unterschiedlichen Erscheinungsformen toxischer Beziehungsdynamiken in Partnerschaften, Freundschaften und Arbeitsbeziehungen.

Wir verletzen uns in Beziehungen und wir heilen in Beziehungen.

Bedenke, dass alles seine Zeit hat

Viele Wege führen nach Rom und du gehst deinen. Auf dem Weg der Heilung durchläuft jeder Mensch viele unterschiedliche, individuell ausgeprägte Phasen. Setze dich nicht unter Druck, sondern vertraue dem Prozess. Ein guter Impuls ist nicht in jeder Phase hilfreich. Manchmal fühlt sich der ein oder andere Ratschlag, den du hörst oder liest, für dich falsch an. Das ist in Ordnung. Das heißt weder, dass du ein hoffnungsloser Fall bist, noch, dass der Hinweis unnütz ist. Möglicherweise ist schlicht das Timing falsch und du wirst an einem späteren Punkt etwas damit anfangen können. Wer sich z. B. in einer Phase emotionaler Verarbeitung befindet, in der Trauer, Wut, Angst oder Scham omnipräsent sind, wird mit dem Appell, auch das Gute im Schlechten zu sehen, wenig anfangen können. Später wird ein ressourcenorientierter Perspektivwechsel hingegen möglicherweise zum entscheidenden Werkzeug auf dem weiteren Weg werden. Zwinge dich nicht, etwas Bestimmtes denken, fühlen oder tun zu müssen. Tue immer nur das, was sich in dem entsprechenden Moment stimmig für dich anfühlt.

Schaffe Visionen für ein selbstbestimmtes Leben

Wer loslässt, hat beide Hände frei. Wenn du dich aus alten familiären Funktionen und Rollen löst, indem du beispielsweise aufhörst, dich um das Wohl deiner Eltern zu kümmern, erlangst du ein Maß an zeitlicher und/oder emotionaler Freiheit, das du vorher gar nicht für möglich gehalten hättest. Nach und nach wirst du bemerken, dass sich etwas in dir verändert. Du wirst selbstsicherer und mutiger und lässt als Folge weitere energieraubende Partnerschaften, Freundschaften oder Arbeitsstellen hinter dir. Deine neugewonnene Energie kannst du nutzen, um dich selbst besser kennenzulernen und all das zu tun, was du dir vielleicht immer gewünscht, aber dich nie getraut hast. Probiere dich aus, verlasse deine Komfortzone und stecke dir erstrebenswerte Ziele. Der Rückkopplungseffekt wird dafür sorgen, dass dich all jenes noch stärker und sicherer macht. Dies führt wiederum zu einem erneuten Energieschub usw. Ein positiver Kreislauf beginnt. Jetzt ist die Zeit, die Früchte deiner Arbeit zu ernten. Versäume die Ernte nicht, denn du hast sie mehr als verdient.

Ändere die Perspektive und finde (d)einen Sinn

Aus der Resilienzforschung wissen wir, dass Menschen, denen es gelingt, Dingen und Geschehnissen einen Sinn zuzuschreiben, besser mit Krisen zurechtkommen (Schnell 2020). Oft verbirgt sich ein solcher Sinn in vermeintlich sinnlosen Situationen. Denn vieles, was auf den ersten Blick ausschließlich negativ aussieht, hat in einem anderen Kontext durchaus positive Gesichtspunkte. In der Psychotherapie nennt man dieses Vorgehen Reframing (deutsch: Neu-Rahmung). Wer z.B. aufgrund von Gewalterfahrungen besonders vorsichtig bis ängstlich durchs Leben geht, hat andererseits eine schnelle und feine Beobachtungsgabe, die in bestimmten Kontexten von Vorteil sein kann; wer aufgrund traumatischer Erfahrungen hochsensibel und reizempfindlich ist, kann auf der anderen Seite das Leben sehr intensiv spüren; und wer als Kind seine Eltern versorgen musste, ist gut darin, Probleme eigenständig zu lösen. Dabei geht es nicht darum, dass Erlebte zu beschönigen. Gewalt bleibt Gewalt. Sie ist für sich betrachtet immer sinnlos. Es geht vielmehr darum, dir etwas Gutes zu tun, indem du die Perspektive auf dich selbst und auf das Leben änderst. Schau dir die andere Seite der Medaille an. Es wird sich immer etwas finden, für das du dankbar sein kannst. Wenn du nichts findest, dann ist wahrscheinlich der Zeitpunkt deiner Betrachtung falsch. Das kann der Fall sein, wenn du dich in einer akuten Verarbeitungsphase befindest, in der du von intensiven negativen Gefühlen vereinnahmt bist. Gib dir Zeit und nimm es, wie es ist. Zwinge dich nicht zu künstlicher Dankbarkeit oder Schönmalerei.

Möglicherweise hilft es dir, dem, was du erlebt hast, einen „höheren Sinn" zu verleihen. Du könntest z.B. beruflich oder ehrenamtlich in einem Feld tätig werden, in dem deine Erfahrungen benötigt werden. Vielleicht findest du ihn auch in der Religion, der Spiritualität oder der Natur. Oder du schreibst ein Buch, um deine Erfahrungen und dein Wissen an andere Betroffene weiterzugeben.

8.2 Praktische Übungen

Wenn du anfängst, dich mit deiner Familiengeschichte auseinanderzusetzen, wirst du dich möglicherweise zunächst überfordert fühlen. Das ist normal. Mehr noch: Es ist ein gutes Zeichen. Gefühle – auch belastende wie Angst oder Trauer – zeigen dir, dass du mit dir und deinen Verletzungen in Verbindung stehst. Das Gute ist: Du kannst jederzeit etwas tun, um deinen Weg in die Autonomie zu unterstützen. Dabei sind vor allem folgende drei Bereiche von großer Bedeutung:

1. Ein starker Selbstwert und ein gesundes Maß an Selbstliebe,
2. ein guter Zugang zu deinem Körper und deiner Intuition und
3. ausreichend Skills, um mit intensiven Gefühlen umzugehen.

Je mehr du an diesen Bereichen arbeitest, desto mehr wird der Wunsch in dir wachsen, dich selbst in vollem Ausmaß zu entdecken, dein Leben zu sortieren, Ziele und Visionen zu entwickeln und konstruktive außerfamiliäre Beziehungen einzugehen. Und je mehr du das tust, desto mehr Selbstliebe wirst du verspüren und desto besser wird die Beziehung zu deinem Körper, deiner Seele und deinem Geist. Entsprechend wird es dir immer leichter fallen, mit Gefühlen umzugehen, was wiederum deine Selbstliebe stärkt etc. Du kannst schon heute damit anfangen, einen solchen positiven Kreislauf in Gang zu setzen. Im Folgenden habe ich dir dafür ein paar Übungen zusammengestellt. Bitte vergiss nicht, dass diese als Ergänzung zu einer psychotherapeutischen Aufarbeitung gedacht sind und nicht als Ersatz für eine solche. Wenn du dich aus irgendwelchen Gründen mit einer Übung unwohl fühlst, brich sie ab. Achte bitte besonders sensibel auf dich, wenn bei dir die Diagnose einer psychischen Erkrankung oder einer Traumafolgestörung gestellt wurde und / oder du dich aktuell instabil fühlst.

8.2.1 Selbstliebe und Selbstwert stärken

Du bist von Geburt an wertvoll und richtig, genau so, wie du bist. Möglicherweise fällt es dir schwer, das zu glauben bzw. zu spüren. Häufig mündet das Aufwachsen in toxischen Familienverhältnissen in einer toxischen Beziehung zu sich selbst. Aber es ist die Wahrheit. Frag doch einmal einen Menschen, der dich gernhat. Er wird es sicher bestätigen. Um von den Wunden deiner Kindheit zu heilen, ist es wichtig, dass du lernst, dich mit den Augen eines dich liebenden Menschen zu betrachten. Sprich wertschätzend mit dir, sei empathisch, nimm Rücksicht auf deine Bedürfnisse und Grenzen und entdecke deine äußere und innere Schönheit.

Time-Line: Zeige dir, was du kannst

Ziel

Wer als Kind Gewalt erfahren hat, wurde (zu) früh mit Ohnmacht und Hilflosigkeit konfrontiert. Dementsprechend zweifeln Betroffene als Erwachsene häufig an ihren Ressourcen und Fähigkeiten. Gedanken wie „Ich schaffe das alles nicht“, „Ich kann nichts“ oder „Ich bin doch eh ein Niemand“ sind vielleicht auch dir bekannt. Das Fatale ist, dass sie insbesondere dann verstärkt auftreten, wenn wir sie am wenigsten gebrauchen können: in belastenden, stressigen Lebensphasen, in denen es uns ohnehin nicht gutgeht. Doch du kannst etwas tun, um diesen Mechanismen aktiv entgegenzuwirken. Jeder hat in seinem Leben bereits Ressourcen aktiviert, um Krisen zu überwinden. Jeder hat Erfolge gefeiert und Schönes erlebt. Auch du. Die Time-Line-Übung kann dir helfen, dich daran zu erinnern.

Was du brauchst

Schnur oder Wolle, Moderationskarten oder Tonkarton in verschiedenen Farben, Stifte

Dauer

Ca. 60–90 Minuten

Ablauf

Nimm dir eine Schnur und lege sie auf dem Boden aus. Achte darauf, dass du ausreichend Platz hast, um oberhalb und unterhalb der Schnur Tonkarton anlegen zu können. Die Schnur symbolisiert deine Lebenslinie von der Geburt bis heute. Wenn du magst, kannst du aus dem Tonkarton ein paar kleine Quadrate o. Ä. zurechtschneiden, diese mit Jahreszahlen versehen und sie als Orientierungspunkte auf die Time-Line legen. Nun schreitest du langsam deine Lebenslinie ab. Das kannst du im Geist oder besser noch tatsächlich auf bzw. neben der Schnur tun. Beim Abschreiten stellst du dir folgende Frage: *Welcher Erfolg war im entsprechenden Lebensabschnitt besonders bedeutsam und schön für mich?* Notiere Erfolge wie Schulabschluss, Überwinden von Liebeskummer, Berufseinstieg etc. jeweils auf einem Tonkarton. Gern kannst du dafür eine einheitliche Farbe wählen. Jeder Tonkarton wird nun der entsprechenden Zeitmarkierung auf der Lebenslinie zugeordnet. Du kannst der besseren Übersicht zuliebe alle Erfolge unterhalb der Schnur anlegen. Oberhalb legst du nun jeweils einen zweiten Tonkarton an. Auf diesem notierst du die wichtigsten Ressourcen und Fähigkeiten, die du für diesen Erfolg benötigt und an den Tag gelegt hast. Gern kannst du hierfür eine andere einheitliche Farbe wählen. Am Ende hast du einen schönen Überblick darüber, was du in deinem Leben schon alles erreicht hast. Vor allem aber gewinnst du einen Eindruck davon, welche Fähigkeiten und Ressourcen du in dir trägst. Alles, was du an Fähigkeiten vor dir liegen hast, ist da. Auch heute. Du kannst jederzeit auf sie zurückgreifen, um Probleme zu lösen, Zukunftsvisionen zu entwickeln und Neuanfänge zu wagen.

Dein Safe Space: Schütze dich und deine Grenzen

Ziel

Um Körper und Seele zu schützen, ist es wichtig, dass du in der Lage bist, deine Grenzen zu wahren. Menschen, die in ihrer Kindheit ständig auf der Hut waren, besitzen als Erwachsene häufig eine besonders sensible Sinneswahrnehmung. Dementsprechend viele Reize gelangen täglich in den Organismus und müssen dort verarbeitet werden. Da kann es schnell zu einem Overload kommen. Vielleicht kennst du das auch: Du ermüdest schnell und fühlst dich wie gerädert, wenn du viel zu erledigen hast oder viel unter Menschen bist. Oft bleibt in dir das Gefühl zurück, nicht so belastbar zu sein wie andere. Dabei nimmst du die Welt nur anders – intensiver – wahr und brauchst dementsprechend mehr Ruhe- und Verarbeitungsphasen.

Besonders herausfordernd wird der Umgang mit Stressoren, wenn du überdies dazu tendierst, in Beziehungen die Verantwortung zu übernehmen, weil du es von Kindesbeinen an gewohnt bist. So spürst du vielleicht Konflikte bereits, wenn du einen Raum betrittst, und versuchst in der Konsequenz, diese schnellstmöglich zu lösen. Das kann besonders im Arbeitskontext viel Energie kosten. Grundsätzlich können eine feine Wahrnehmung und ein hohes Verantwortungsbewusstsein wertvolle Eigenschaften für dein Leben sein, wenn du sie einzusetzen weißt. Dazu gehört in erster Linie, dich abgrenzen zu können, wenn dir etwas zu viel wird. Die folgende Übung kann dir dabei helfen.

Was du brauchst

Seil, Hula-Hoop-Reifen o. Ä., ggf. Entspannungsmusik und/oder Duftöl

Dauer

Ca. 5–10 Minuten

Ablauf

Lege das Seil kreisförmig auf den Boden. Wahlweise kannst du einen Hula-Hoop-Reifen o. Ä. nutzen. Setze dich im Schneidersitz in „deinen Kreis". Gern kannst du dir Entspannungsmusik anmachen, wenn sie dir guttut. Auch ein angenehmes Duftöl (oder etwas anderes, das deine Sinne anregt wie ein Handschmeichler) können nützlich sein, um einen sogenannten Anker zu setzen. Nun atme langsam ein und aus. Schau dich um und nimm deine Umgebung wahr: Was siehst du? Was hörst du? Was riechst du? Spüre den Boden unter deinem Gesäß. Wenn du „angekommen bist", stell dir vor deinem geistigen Auge vor, wie das Seil eine leuchtende, goldene Farbe annimmt. Es schützt dich vor allen äußeren Einflüssen. Keine Reize, Appelle oder andere Stressoren können ungefragt zu dir durchdringen. In deinem Safe Space ist es vollkommen ruhig und friedlich. Lass dich fallen und genieße die Sicherheit, die dich umgibt. Bleib so lange in deinem Kreis sitzen, bis du dich erholt fühlst.

Wenn du diese Übung ein paarmal gemacht hast, kannst du dich darin üben, deinen Safe Space an beliebige Orte mitzunehmen. Dafür kannst du dir einfach vorstellen, wie du in Arbeitssituationen, in Prüfungen, in Streiten etc. langsam deinen Kreis um dich ziehst. Auch bei dieser Imagination gilt: Nur das, was du wünschst, dringt durch ihn hindurch. Wenn du vorher eine bestimmte Musik, ein Duftöl oder einen anderen Sinnesanker genutzt hast, kannst du diesen jetzt als unterstützende Erinnerung einsetzen.

Selbstliebe-Ritual: Tue dir jeden Tag etwas Gutes

Ziel

Selbstliebe und ein gesunder Selbstwert bauen sich nicht von heute auf morgen auf. Um deine gewohnten Gedanken und Gefühle zu überschreiben, braucht es Wiederholungen. Viele Wiederholungen. Hierfür kann sich ein individuelles Selbstliebe-Ritual anbieten, welches du täglich (am besten ungefähr zur selben Zeit) ausführst. Anfangs mag es eine Herausforderung für dich sein, dir konsequent 20–30 Minuten Zeit für dich zu nehmen, aber bereits nach drei bis vier Wochen wirst du spüren, wie dein Selbstliebe-Ritual in eine lieb gewonnene Gewohnheit übergeht.

Was du brauchst

Abhängig von deinen individuellen Vorlieben

Dauer

Mindestens 20–30 Minuten

Ablauf

Nimm dir jeden Tag mindestens 20–30 Minuten Zeit, um dir etwas Gutes zu tun. Geh spazieren, höre Musik, tanze, lies oder höre ein Buch, meditiere, mache Yoga oder Sport, male oder tue etwas anderes, nach dem dir der Sinn steht. Dabei kannst du jeden Tag dasselbe oder etwas ganz anderes machen. Wichtig ist nur, dass du dich auf dich und deine eigenen Bedürfnisse einstellst. Zeige dir selbst, dass du dir wichtig bist, und achte sorgsam darauf, deinem Ritual eine ebenso hohe Priorität zuzuschreiben wie anderen Alltagserledigungen. Streiche es nicht bei der erstbesten Gelegenheit. Sei aber auch nachsichtig, wenn du an einem schlechten Tag mal so gar keine Lust hast.

Bitte bedenke, dass es sich die ersten drei bis vier Wochen mühsam und ungewohnt anfühlen kann, dem Ritual nachzukommen. Das ist normal. Wenn du magst, kannst du deine Erfahrungen in einem Ritual-Tagebuch festhalten. Vielleicht hast du auch Lust, ergänzend aufzuschreiben, was dir am heutigen Tag besonders gut an dir selbst gefallen hat, was dir Schönes widerfahren ist und / oder wofür du dankbar bist.

8.2.2 Körperwahrnehmung und Intuition schärfen

Body-Scan: Nimm Verbindung zu deinem Körper auf

Ziel

Unser Körper ist unser wichtigster Kompass. Er zeigt uns an, ob unserem System etwas guttut oder nicht. Du kennst sicher das leichte Herzrasen und die „Schmetterlinge im Bauch", wenn du dich auf etwas freust, oder aber Kopfschmerzen und Verspannungen, wenn du gestresst bist und dir zu viel zumutest. Auch unsere Intuition äußert sich über den Körper, z. B. in Form eines flauen Gefühls im Magen oder eines kurzen Zögerns der Gliedmaße, etwa beim Unterschreiben eines Vertrags oder beim Überschreiten einer Schwelle. Manchmal übersehen oder ignorieren wir im Alltag diese Signale – so lange, bis unser Körper die Kompassnadel stärker zum Ausschlagen bringt, was z. B. in einem Burn-out enden kann.

Eine intakte und sorgsame Verbindung zu unserem Körper ist in der westlichen Welt keine Selbstverständlichkeit. Menschen, die in ihrer Kindheit Gewalt erfahren haben, besitzen oft eine besonders zarte (manchmal sogar eine destruktive) Verbindung zu ihrem Körper, insbesondere dann, wenn eine Suchterkrankung oder eine Traumafolgestörung[15] vorliegt. Da Betroffene häufig ohnehin Schwierigkeiten haben, ihre Grenzen (an-)zuerkennen oder ihrer Intuition zu vertrauen, ist dies besonders ungünstig. Umso wichtiger ist es, die Beziehung zu deinem Körper zu stärken. Er kann dir vieles erleichtern, wenn du lernst, gut auf ihn zu hören. Ein regelmäßiger Body-Scan kann dir dabei behilflich sein.

Was du brauchst

Sitzmöbel oder Kissen, ggf. Decke

Dauer

Ca. 10 Minuten

Ablauf

Setze dich bequem auf ein Sitzmöbel oder ein Kissen deiner Wahl. Wichtig ist, dass du einige Minuten in dieser Position bleiben kannst. Beim Body-Scan geht es darum, deinen Körper *urteilsfrei* wahrzunehmen. Es gibt keine richtige oder falsche Vorgehensweise. In erster Linie geht es darum, Verbindung zu deinem Körper aufzuneh-

---

15 Wenn du von einer PTBS oder einer (k)PTBS betroffen bist, empfehle ich dir *Traumayoga – Heilung durch sorgsame Körperarbeit* von David Emerson und Elizabeth Hopper. Es enthält nebst theoretischem Wissen eine praktische Übungsreihe für Zuhause.

men und dir ggf. seine Spannungsmuster bewusst zu machen. Anfangs wird dir die Übung möglicherweise schwerfallen, weil es ungewohnt ist, in sich hineinzuspüren. Mit ein bisschen Übung wird es dir immer leichter fallen.

Nimm dir für jede Anweisung ausreichend Zeit und lies sie sorgsam durch. Spüre im Folgenden der Reihe nach in die genannten Körperbereiche hinein und konzentriere dich auf das, was du wahrnehmen kannst. Verweile jeweils so lange, wie es sich für dich richtig anfühlt.

1. Richte deine Aufmerksamkeit zuerst auf deinen Atem. Atme langsam ein und aus und beobachte deinen Atem. Was spürst du beim Ein- oder Ausatmen? Entspannung? Anspannung? Leichtigkeit? Schwere? Weite oder Enge?

2. Konzentriere dich nun auf deine Füße, deine Beine und dein Becken. Achte auf deine Empfindungen in den Muskeln und auf der Haut. Was nimmst du wahr? Vielleicht Wärme, Kälte oder ein Kribbeln? Vielleicht Anspannung oder auch gar nichts? Behalte dabei im Hinterkopf, dass du die entsprechenden Bereiche neutral und ohne Wertung beobachtest.

3. Atme dann tief ein und richte deine Aufmerksamkeit auf deinen Rumpf. Konzentriere dich erst auf deinen Bauch und wandere langsam hoch in deinen Brustbereich. Was kannst du spüren? Fokussiere dich danach auf deine Wirbelsäule. Gehe Wirbel für Wirbel hinauf zu deinem oberen Rücken. Beobachte ganz genau, was du wahrnehmen kannst.

4. Gehe nun langsam über zu deinen Schultern, deinen Armen und deinen Händen. Wo kannst du Entspannung und wo kannst du Anspannung spüren?

5. Wandere nun hoch zu deinem Hals, zu deiner Kehle und zu deinem Gesicht. Konzentriere dich auf deinen gesamten Kopfbereich – insbesondere die Augen, den Kiefer und die Zunge. Was nimmst du wahr? Wärme? Kälte? Ein Kribbeln? Entspannung? Anspannung? Nichts?

6. Beende deinen Body-Scan, indem du dich noch einmal auf deinen gesamten Atem konzentrierst.

Tipp: Wenn du den Body-Scan lieber unter Anleitung durchführen möchtest, findest du einige auf YouTube oder in entsprechenden Apps (s. S. 198).

Achtsamkeit: Lebe im Hier und Jetzt

Ziel

Wer als Kind Belastendes erlebt hat, wird häufig als Erwachsener mit einer Vielzahl negativer Gefühle und Gedanken überschwemmt. Da ist es nur verständlich, sich möglichst viel ablenken zu wollen. Ablenkung bringt jedoch mindestens zwei Folgeprobleme mit sich. Erstens hört jede Ablenkung irgendwann auf und dann sind die negativen Gefühle und Gedanken automatisch wieder da. Wie ein Ball, den man versucht, unter Wasser zu drücken, der aber hochschnellt, sobald man loslässt. Zweitens ist unser Gehirn nicht in der Lage, unsere Emotionen nur in eine Richtung hin zu regulieren. Es kann Unangenehmes nicht weniger fühlen als Angenehmes. Es kann nur generell weniger fühlen (Mayer 2016). Früher oder später flachen also auch die schönen Gefühle ab.

Eine achtsame Wahrnehmung deiner selbst und deiner Umwelt kann dir dabei helfen, deinen Fokus auf das Hier und Heute zu richten und negative wie positive Gefühle wertfrei kommen und gehen zu lassen. Achtsam sein ist einfach. Du brauchst keine besondere Technik zu erlernen. Es bedeutet, die kleinen Momente des Lebens bewusst wahrzunehmen. Das kann ein Sonnenstrahl sein, der dir an der Bushaltestelle ins Gesicht scheint, das Lachen eines Kindes, das aus dem Freibad zu dir herübergetragen wird, oder ein Eichhörnchen, das vor deiner Nase einen Baum hochflitzt. Du brauchst lediglich ein wenig Ausdauer. Achtsamkeit integriert sich bei niemandem über Nacht. Man muss sie vielmehr nach und nach kultivieren.

Was du brauchst

Ein wenig Ausdauer

Dauer

Ein paar Sekunden bis Minuten (am besten täglich)

Ablauf

Bei der achtsamen Wahrnehmung ist es nicht wichtig, was genau du wahrnimmst, sondern wie. Du kannst also anfangen, wo immer du magst. Caro hat mit achtsamem Zähneputzen angefangen, weil sie es hilfreich fand, Neues in Form wiederkehrender Rituale in ihr Leben zu integrieren. Sie hat sehr bewusst darauf geachtet, wie sich die elektrische Zahnbürste in der Hand und auf dem Zahnfleisch anfühlt. Sie hat den Griff berührt, über die Borsten gestrichen, dem Summen gelauscht, die Zahnpasta gerochen und den Geschmack bewusst wahrgenommen. Ebenso hat sie nachgespürt, was sie fühlt und denkt.

Bei welcher Aktivität du auch anfängst, setze ganz bewusst alle deine Sinne ein und versuche, deinen Fokus ganz und gar auf das zu richten, was du gerade tust. Bei Achtsamkeitsübungen geht es darum, den Autopiloten zu stoppen. Versuche, die Dinge so zu tun und wahrzunehmen, als würdest du sie gerade das erste Mal in deinem Leben tun.

Ideen für alltägliche Achtsamkeitseinheiten:

- Geschirrspüler ein- und ausräumen
- Tisch decken oder abräumen
- duschen
- essen
- trinken
- aus dem Fenster schauen
- den Müll herausbringen
- einen Spaziergang machen (mit oder ohne Ziel)
- den Arbeitsweg bewusst wahrnehmen
- einige Minuten auf deinem Lieblingsplatz sitzen und nichts tun.

Intuition: Vertraue deinem inneren Kompass

Ziel

Wenn du bereits als Kind die Bedürfnisse deiner Eltern und Geschwister mehr wahrgenommen und befriedigt hast als deine eigenen, fällt es dir heute womöglich schwer, deine eigenen wahrzunehmen und zu erkennen. Ein intuitiv ausgerichtetes Leben kann dir nach und nach dabei helfen, einen Zugang zu deinen Bedürfnissen, deinen Wünschen und deinen Träumen zu finden.

Man kann sich Intuition bzw. das Bauchgefühl auf viele Arten erklären. Einige sehen in ihnen die unbewusste Führung durch Gott oder das Universum. Für andere sind sie eine Art Speicher, der alle (unbewusst gemachten) Beobachtungen, Erlebnisse und Erkenntnisse sammelt und auf deren Basis Einschätzungen trifft. Wie auch immer du dir deine Intuition erklären magst, sie geht niemals verloren. Möglicherweise ist jedoch die Verbindung zu ihr so schwach, dass du sie (nur noch) schwer wahrnehmen kannst. Das Gute ist, dass sie dir immer mehrere Chancen gibt, ihr Gehör zu schenken. Sie ist nämlich nicht zu verwechseln mit dem ersten Handlungsimpuls. Sie ist vielmehr eine leise Stimme oder ein gutes oder ungutes Gefühl, die / das immer wiederkehrt. Vielleicht erinnerst du dich an Momente, in denen sie sich dir gezeigt hat, z. B. bei einem ersten Date, einem Vorstellungsgespräch oder einer Wohnungsbesichtigung. Die folgende Übung kann dir dabei helfen, die Verbindung zu deiner

Intuition (wieder) stark zu machen. Menschen, die früh traumatischen Erlebnissen ausgesetzt waren, haben übrigens sehr oft eine besonders feine Intuition.

Was du brauchst

Ein wenig Geduld

Dauer

Ein paar Sekunden bis Minuten (am besten täglich)

Ablauf

Die folgende Übung bzw. Vorgehensweise habe ich in einem Buch von Thomas Hohensee (2019) gefunden. Sowohl ich selbst als auch einige meiner Klienten haben sie mehrfach ausprobiert und sie als anspruchsvoll, aber extrem wertvoll wahrgenommen. Sie besteht aus insgesamt sechs Phasen.

1. **Freiraum schaffen:** In dieser Phase geht es darum, deinen Kopf freizumachen und deinen Körper von Anspannung zu befreien. Hierfür setzt oder legst du dich bequem hin. Wenn du magst, kannst du dir gern Entspannungsmusik anmachen, eine Kerze anzünden oder ein Duftöl nutzen. Nun stelle dir folgende Frage: Was belastet dich im Moment? Nimm das Erste, was gedanklich auftaucht, und packe es in deiner Vorstellung in eine Schachtel. Beschrifte sie und stelle sie neben dich. Dann fragst du dich erneut, was dich belastet, und wiederholst den Vorgang. Fühlst du dich nun rundherum wohl und frei? Wenn ja, prima. Wenn nein, forsche weiter. Manchmal belasten uns Dauerprobleme. Stelle auch sie beiseite. Es geht beim Freiraumschaffen übrigens nicht darum, möglichst viele Probleme ausfindig zu machen. Nur die Probleme, die aktuell spürbar für dich sind, gilt es, für einen Moment beiseitezustellen. Wenn du dies getan hast, wird dein Körper sich leichter und angenehmer anfühlen. Eine Außenstehende würde dich vielleicht als aufgeräumt und entspannt wahrnehmen.
2. **Ein Thema wählen:** Wähle nun eines der Probleme aus, um es besser zu verstehen und eine Lösung zu finden. (Es ist übrigens genauso gut möglich, diese Übung für schöpferische Prozesse zu nutzen, weil du z. B. einen Umzug planst, aber nicht weißt, welche Stadt du wählen sollst, oder weil du dich beruflich neu orientieren willst.) Mit welchem Problem / Thema möchtest du arbeiten? Worauf suchst du aktuell am dringlichsten eine Antwort? Was brennt dir am meisten auf der Seele? Lass deine Intuition entscheiden, was du als Erstes wählst. Stelle die restlichen Probleme zunächst beiseite. Du kannst sie später angehen.

3. **Auf Empfang schalten:** Sobald du dein Problem benannt hast, wird eines von zwei Dingen passieren: Entweder stellt sich ein vages Gefühl ein oder du erhältst sofort eine konkrete Antwort, die es zu überprüfen gilt. Ersteres nimmst du vielleicht in Form einer körperlichen Reaktion wahr. Die meisten Menschen spüren sie im Brust-Bauch-Raum. Oft ist sie sehr fein, ähnlich einem leisen Flüstern in einem großen Raum. Nur sehr selten wirst du eine heftige Reaktion bemerken, spüre also ganz genau hin. Es werden sich auch andere Resonanzen zeigen, die um deine Aufmerksamkeit konkurrieren, z. B. die Vernunft. Deine Aufgabe besteht nun darin, peu à peu diese von der Intuition zu unterscheiden. Die Vernunft ist grundsätzlich leicht zu entlarven. Sie sendet dir Antworten, die du schon hundertmal gehört hast. Sie ist nicht besonders kreativ. Wenn du über einen Kontaktabbruch zu deiner Familie nachdenkst, könnten z. B. Gedanken kommen wie „Man hat doch nur eine Familie!" oder „Was wird man dann von mir denken?". Deine Intuition erkennst du nicht an solchen oder ähnlichen altbekannten Gedanken, sondern in deinem Körper und deinen Gefühlen. Es ist gut möglich, dass die Verbindung zu dem vagen Gefühl immer wieder abreißt. Das macht nichts, denn sie wird wiederkommen. Spüre einfach weiter hin und bleibe auf Empfang. Je mehr Freiraum du zuvor geschaffen hast, desto weniger Störquellen wirst du wahrnehmen.

4. **Einen passenden Ausdruck finden:** In diesem Schritt geht es darum, dein vages Gefühl greifbarer zu machen, z. B. indem du es in konkrete Worte fasst. Die Suche nach Worten kann dem Topfschlagen auf Kindergeburtstagen gleichen. Du arbeitest dich von „kalt" über „noch kälter" bis hin zu „warm" und „heiß" vor, bis es schließlich „klonk" macht. Bleiben wir bei der Frage, ob du den Kontakt zu deiner Familie abbrechen solltest. In der Praxis könnte der Findungsprozess wie folgt aussehen:
   Warum überlege ich, den Kontakt abzubrechen? Sind es die aktuellen Vorkommnisse? (Pause) *Nein, eigentlich nicht so sehr. Sind es die Geschehnisse von früher?* (Längere Pause) *Hmm … ja, das fühlt sich schon eher richtig an* (Intuition). *Welche genau?* (Pause) *Papas Trinkerei.* (Pause) *Na ja, vielleicht mehr noch.* (Längere Pause) *Nämlich, dass seine Bedürfnisse immer wichtiger waren als meine* (Intuition). *Aber sollte man die alten Kamellen nicht besser ruhen lassen? Heute ist er ja anders.* (Pause) *Ja, sollte man.* (Längere Pause) *Nein, das fühlt sich nicht gut an. Es tut mir immer noch sehr weh und wenn ich ehrlich bin, hat es sich auch nie geändert (Intuition). Aber es könnte sich noch ändern, oder?* (Längere Pause) *Das fühlt sich irgendwie nach Selbstbetrug an* (Intuition). *Nein, das kann es nicht. Ich habe es schon so oft versucht.*

In diesem Fall wäre das vage Gefühl transformiert in die Aussage: Meine Bedürfnisse haben für meinen Vater nicht so eine große Bedeutung wie seine eigenen, deshalb möchte ich mich nach vielen erfolglosen Versuchen, ihm dies zu erklären, distanzieren.
Achte bei dem Prozess besonders auf deine (Körper-)Gefühle in den Pausen.

5. **Fragen stellen:** Es kann vorkommen, dass die Intuition dir nicht antwortet. Möglicherweise ist die Frage in diesem Fall zu offen und zu komplex (z. B. „Was brauche ich, um den Kontakt zu meiner Familie abzubrechen?“). Für den Anfang können Entscheidungsfragen sich besser eignen, z. B. „Soll ich den Kontakt zu meiner Familie abbrechen?“ Normalerweise wirst du eine schnelle, wenn auch gegebenenfalls feine Erleichterung bei „Ja“ oder „Nein“ verspüren. Reagiert deine Intuition auch hier nicht, kannst du es mit Aussagen probieren, z. B. „Ich bleibe in Kontakt“ oder „Gut, dann breche ich morgen den Kontakt ab“. Möglicherweise reagiert dein Inneres hierauf ablehnend oder bejahend.
Behandele deine Intuition wertschätzend und baue behutsam eine Beziehung zu ihr auf. Aussagen oder Gedanken wie „Nun komm schon!“ oder „Wird‘s bald!“ sind wenig hilfreich. Versuche nicht, etwas zu erzwingen. Manchmal kommt die Antwort später. Vielleicht, wenn du gar nicht mehr damit rechnest; ähnlich wie ein vergessener Name, der einem plötzlich wieder einfällt. Manchmal braucht es auch weitere kleine Impulse. In diesem Fall kann dir wie beim Topfschlagen ein behutsames Herantasten helfen. Welche Richtung ist so „kalt“, dass du getrost umkehren kannst? Und was braucht eine Richtung, um von „warm“ zu „heiß“ zu werden? Dieses Herantasten dauert natürlich etwas länger, aber es geht schließlich nicht darum, möglichst schnelle, sondern möglichst „echte“ Antworten aus deinem Inneren zu erhalten.

6. **Die Antworten annehmen und schützen:** Wie bereits gesehen, konkurrieren Vernunft und Intuition häufig miteinander. Die Intuition bringt oft Neues in unser Leben und Neues macht der Vernunft erst einmal Angst. Sie hält lieber am Altbewährten fest. Sowohl die Vernunft als auch die Intuition haben eine gute Absicht. Es geht also keineswegs darum, die Vernunft zu verurteilen. Nimm wertfrei und ohne Streit zur Kenntnis, was sie zu sagen hat, aber schütze ebenso deine intuitiven Erkenntnisse. Sie haben es meist weitaus schwerer als die Vernunft. Hierfür könntest du z. B. den Prozess noch einmal in deiner Erinnerung durchgehen, damit dir der Weg klar ist. Oft sind es bestimmte Worte oder Bilder, die den Aha-Effekt bewirkt haben. Du kannst daraus Anker machen, indem du sie schriftlich, bildlich oder über ein Symbol festhältst.

Weitere Impulse, um deine Intuition zu stärken

Versuche, möglichst oft kleine intuitive Entscheidungen zu treffen. Achte dabei besonders darauf, die Intuition vom ersten Handlungsimpuls, von der Vernunft sowie vom inneren Kritiker zu unterscheiden. Folgende Fragen kannst du dafür nutzen:

- Wann und was möchte ich essen?
- Wann und was möchte ich trinken?
- Wann brauche ich eine Pause? Wie sollte sie aussehen?
- Was hilft mir, mich zu entspannen? Was ist kontraproduktiv?
- Was hilft mir, energetisch zu werden?
- Welche Menschen fühlen sich gut an in meiner Nähe? Welche nicht?
- Welche Schlafrituale sind hilfreich für mich?
- Tut mir mein aktueller Arbeitsrhythmus gut?

8.2.3 *Mit Gefühlen umgehen*

Wenn es ganz akut ist – der Notfallkoffer: Beruhige dich bei Angst und Panik

Ziel

Angst und Panik entstehen größtenteils in unserem Kopf. Zumeist geht ihnen ein bekannter oder unbekannter Trigger voraus und dann machen sie sich mithilfe unserer Gedanken selbstständig. Auftretende Körperreaktionen, wie z.B. Engegefühle in Brust und Hals, Atemnot, Schwindel und Herzrasen, verschlimmern die Situation. Am Ende verliert man die Kontrolle und rauscht im wahrsten Sinne des Wortes ab. Jeder, der einen solchen Zustand schon einmal durchlebt hat, kennt die Angst vor der nächsten Angstattacke. Da kann es sehr hilfreich und sinnvoll sein, wenn man der Erwartungsangst etwas entgegenzusetzen hat, etwa in Form eines eigens zusammengestellten Notfallkoffers. Natürlich kannst du einen solchen Koffer auch für jedes andere intensive und unangenehme Gefühl nutzen.

Was du brauchst

Nach individuellem Bedarf, z.B. Schachtel, Igelball, Handschmeichler, ätherische Öle, Anleitungen kurzer Atem- und Körperübungen, Kopfhörer etc.

Dauer

Vorbereitungszeit ca. 60–90 Min.

Ablauf

Nimm dir eine Kiste und befülle sie mit Dingen, die dich beruhigen und ablenken. So komplex unser Gehirn auch ist, wir können uns immer nur auf eine Sache konzentrieren und das kannst du dir bei Angst und Panik (sowie anderen intensiven unangenehmen Gefühlen) zugute machen. Packe also all jene Dinge in die Kiste, die deine Sinne und deinen Geist beschäftigen. Angst ist eine Überreaktion deines Körpers und je mehr es dir gelingt, deinen Geist und deinen Körper zu beruhigen, desto eher wird sie wieder verschwinden. Jedem Menschen helfen unterschiedliche Dinge, um sich bestmöglich abzulenken oder zu entspannen. Nimm dir Zeit für das Entdecken deiner Entspannungshilfen. Du musst den Koffer nicht in einem Zug befüllen, sondern kannst seinen Inhalt peu à peu ergänzen. Ich habe dir im Folgenden ein paar Ideen zusammengetragen, die sich bei den meisten Menschen bewährt haben und die du einmal für dich ausprobieren kannst.

Materielles

- Igelball
- Akupressurring
- Handschmeichler
- ätherische Öle
- Chilischote
- Gummiband fürs Handgelenk (leicht daran ziehen und zurückschnippen lassen)
- scharfes Kaugummi
- Ingwer
- saure Bonbons oder Weingummi
- kleines Kuscheltier
- Parfum
- Minipuzzle
- Zettel und Stift, um dich mit Zeichnen oder Schreiben (z. B. eines Einkaufszettels, möglicher Urlaubsziele, einer To-do-Liste etc.) abzulenken
- Entspannungsmusik
- geführte Meditationen oder Affirmationen

Übungen

- Atemübung 4–6: Konzentriere dich auf deinen Atem. Atme vier Mal ein und sechs- bis achtmal aus. Mache dabei mindestens sechs Durchläufe.
- „Fünf gelbe Dinge": Schau dich um und benenne fünf Dinge gleicher Farbe. Mache mindestens drei Durchgänge mit unterschiedlichen Farben.

- Aufstampfen: Stelle dich fest auf den Boden und stampfe mit den Füßen auf. Du kannst auch die Fersen möglichst weit anheben und sie dann fest auf den Boden plumpsen lassen. Zusätzlich kannst du stampfend auf- und abgehen.
- Standwaage: Stelle dich auf ein Bein, strecke das andere nach hinten, breite die Arme aus und beuge den Oberkörper so nach vorn, dass dein Oberkörper und das ausgestreckte Bein eine Waagerechte ergeben. Halte die Stellung und zähle dabei langsam mindestens bis fünf.

Akut und mittelfristig – innere Helfer: Stelle dir jemanden zur Seite

Ziel

Nicht immer haben wir Menschen an der Seite, die uns unterstützen können, wenn wir von starken negativen Gefühlen wie Trauer, Angst oder Wut überwältigt werden. Der innere Helfer ist ein Anteil deiner Persönlichkeit, der dir in einer solchen Situation helfen kann. Er kann dir zuhören, dich in den Arm nehmen oder dir Mut zusprechen. Er ist eine Art Ersthelfer. Der Perspektivwechsel, den du während der folgenden Übung vollziehst, kann dich emotional entlasten, Ressourcen (re)aktivieren oder dich dabei unterstützen, Lösungen für ein bestehendes Problem zu finden.

Was du brauchst

Einen gemütlichen Liege- oder Sitzplatz

Dauer

10–15 Minuten

Ablauf

Suche dir einen Platz, an dem du dich wohl und beschützt fühlst. Mache es dir gemütlich und nimm, so gut du kannst, Verbindung zu deinem Körper auf. Mache dafür ein paar kleine Dehnübungen und / oder konzentriere dich auf deinen Atem. Gern kannst du die Atemübung 4–6 (s. oben) nutzen, wenn du aufgeregt und unruhig bist.

Wenn du es nicht bereits getan hast, schließe bitte jetzt die Augen und imaginiere dir deinen ganz persönlichen inneren Helfer. Gern kannst du dir dafür vorstellen, dass ihr zwei euch an einem deiner Lieblingsplätze, z. B. auf einer Bank am See oder einer Decke am Strand, trefft. Lass dir Zeit und sei geduldig mit dir selbst. Imaginationsübungen sind reine Übungssache. Probiere es gegebenenfalls zu einem späteren Zeitpunkt noch einmal, wenn es auf Anhieb nicht funktioniert.

Widme nun deine ganze Aufmerksamkeit deinem inneren Helfer und schau ihn dir ganz genau an.

Wie sieht er aus? Ist er älter als du? Oder jünger? Ist er ein Mensch, ein Tier oder ein Fantasiewesen? Was trägt er für Kleidung? Welche Farbe haben seine Haare und seine Augen? Sticht ein besonderes äußeres Merkmal an ihm heraus?

Was hat er für besondere Eigenschaften? Strahlt er Ruhe und Gelassenheit aus oder eher quirlige Lebensfreude?

Nachdem du ihn gemustert hast, kannst du Kontakt zu ihm aufnehmen und ihn um Hilfe bitten. Du kannst ihm gegenüber eine konkrete Bitte äußern, wenn du bereits weißt, was dir hilft (z. B. „Nimm mich bitte fest in den Arm“ oder „Bitte sag mir, dass es mir gleich wieder besser gehen wird“). Du kannst ihm aber auch eine offene Frage stellen, z. B. „Ich bin gerade so ängstlich / panisch / traurig / verzweifelt / wütend / allein. Was kann ich tun?“

Was rät er dir? Was solltest du in seinen Augen auf gar keinen Fall tun? Was solltest du vielleicht einmal ausprobieren? Wen könntest du (noch) um Hilfe bitten?

Wenn es dir besser geht und / oder du einen hilfreichen Handlungsimpuls bekommen hast, verabschiede dich und öffne langsam deine Augen. Steh auf und schüttele dich gern einmal kräftig. Meist reicht die Fokussierung auf die Imagination bereits aus, um dich aus einem intensiven Gefühl rauszuholen. Du kannst natürlich zusätzlich gern etwas von dem Gehörten umsetzen oder dir hilfreiche Notizen machen.

Kurzversion: Telefonjoker

Wenn du geübt in der Umsetzung von Imaginationen bist, kannst du deinen inneren Helfer auch in akuten emotionalen Stresssituationen außerhalb deiner vier Wände, z. B. bei Panikattacken im Bus, aufkommender Wut oder Trauer in Konfliktsituationen, wie einen Telefonjoker nutzen. Stell dir hierfür einfach vor, dass du ihn anrufst und ihn entweder bittest, dich zu beruhigen oder dir auf die Schnelle einen Rat zu geben.

Langfristig – Blick in den Spiegel: Entwickele Selbstmitgefühl und nimm wertfrei an, was ist

Ziel

Menschen, die in der Eltern-Kind-Beziehung Gewalt erfahren haben, tendieren häufig dazu, sich selbst streng und unbarmherzig zu begegnen. Sie grübeln viel über ihre eigenen Fehler und Schwächen nach und verurteilen ihre vermeintlich übersteigerten Emotionen. „Ich bin zu ängstlich / zu traurig / zu sensibel etc." sind Aussagen, die mir häufig in der Praxis begegnen. Dabei sind Betroffene mit ihren Mitmenschen oft überdurchschnittlich empathisch. Kein Wunder, denn oft haben sie genau das früh gelernt: „Das Gegenüber macht keine Fehler" oder „Das Gegenüber verdient mehr Fürsorge als ich". Wenn es dir auch so ergehen sollte, ist es vielleicht an der Zeit, das Verständnis und das Mitgefühl, welches du für andere Menschen empfindest, auch für dich selbst zu entwickeln. Insbesondere dann, wenn du viel Belastendes in deinem Leben sehen und erleben musstest, kannst du es besonders gut gebrauchen.

Selbstmitgefühl ist übrigens nicht zu verwechseln mit Selbstmitleid. Letzteres bedeutet, sich allein und unverstanden zu fühlen. Es lähmt und führt dazu, dass wir uns immer weiter passiv in unsere Leidensgeschichte verstricken. Ersteres hingegen schafft Raum für Trost und Verständnis. Es ermöglicht, langfristig anzunehmen, was ist. Es löst uns von der Vergangenheit und ermöglicht den Blick nach vorn. Selbstmitgefühl zu entwickeln, ist ein Prozess. Haltungen kann man nicht von heute auf morgen verändern. Doch jeder Weg beginnt mit dem ersten Schritt. Die folgende Übung kann vielleicht noch heute dein erster sein. Ich habe sie dem Buch *Selbstmitgefühl entwickeln* (Brähler 2017) entnommen, dessen Lektüre ich jedem empfehlen kann, der das Thema vertiefen möchte.

Was du brauchst

Spiegel, ggf. Kladde für Notizen

Dauer

5–10 Minuten

Ablauf

Suche einen Raum mit einem Spiegel auf, in dem du dich sicher und unbeobachtet fühlst. Stelle dich vor den Spiegel und schaue dich an, ohne etwas an dir zu bewerten (auch nicht deine Gedanken und Gefühle). Blicke dir selbst in die Augen und lasse dabei ein sanftes Lächeln entstehen. Wenn du magst, begrüße dich selbst innerlich oder laut. Du könntest z. B. so etwas sagen wie

„Liebe(r) … (Name)! Ich sehe dich,

- du hast einen langen Weg zurückgelegt und du hast jeden Tag dein Bestes gegeben."
- du bist genau richtig so, wie du bist."
- du genügst."
- du bist ein Mensch wie jeder andere. Du machst Fehler und das ist völlig in Ordnung."
- du wirst geliebt."
- …

Schau, womit du in Resonanz gehst. Sei in den nächsten Momenten einfach genau so, wie du bist. Versuche nicht, aufkommende Gedanken, Gefühle oder Körperreaktionen verändern zu wollen. Geh für einen kurzen Moment in den Waffenstillstand. Wenn du magst, darfst du dich dabei liebevoll streicheln oder selbst umarmen. Wenn es noch etwas gibt, was du dir selbst sagen möchtest, kannst du auch das tun. Wichtig ist, dass du bei deiner Ansprache wertfrei und verständnisvoll bleibst. Wie fühlt sich das an? Spüre genau hin. Verabschiede dich, wenn es für dich stimmig ist. Gern kannst du im Anschluss Notizen machen. Wiederhole die Übung immer dann, wenn du merkst, dass du wieder einmal hart mit dir, deinen Gefühlen, deinen Gedanken etc. umgehst.

8.2.4 *Mit Altem abschließen*

Bodenanker-Übung: Räume hinter dir auf

Ziel

Wer loslässt, hat beide Hände frei. Doch insbesondere dann, wenn uns in der Kindheit Belastendes widerfahren ist, halten wir häufig an der Vergangenheit fest. Oft sogar, ohne es unmittelbar zu bemerken. Irgendetwas zieht uns immer wieder zurück und hält uns davon ab, in der Gegenwart zu leben und für unsere selbstbestimmte, glückliche Zukunft zu planen. Das ist deshalb besonders bedauerlich, weil es für die Heilung wichtig ist, Zukunftsvisionen zu entwickeln und sich erstrebenswerte Ziele zu stecken. Denn nur so kann man sich selbst das Signal geben, dass es – mit oder ohne Familie – weitergeht. Persönliche Weiterentwicklung kann beizeiten schmerzhaft und langwierig sein. Da ist es hilfreich, wenn man eine Zukunft vor Augen hat, für die es sich lohnt, trotz schwerer Momente am Ball zu bleiben. Erst wenn alte, ungeklärte Themen wahrgenommen, ausgesprochen und/oder verarbeitet sind, kann hierfür Raum entstehen. Daher ist es wichtig, dass du weißt, was dich zurzeit noch an das Früher bindet. Im zweiten Schritt kannst du es aus dem Weg räumen. Diese Übung unterstützt dich dabei hinzusehen und nachzuspüren, ob und, wenn ja, was genau dich aktuell (noch) an deine Vergangenheit bindet.

Anmerkung: Bitte mache diese Übung nicht (ohne psychotherapeutische Begleitung), wenn du ein bisher unaufgedecktes Trauma vermutest und / oder dich aktuell in einer instabilen Lebensphase befindest.

Was du brauchst

Drei Filzmatten (am besten in unterschiedlicher Farbe) o. Ä., Tonkarton / Papier und Stift

Dauer

Ca. 30 Minuten

Ablauf

Lege die Filzmatten in eine Reihe mit ausreichend Platz dazwischen. Sie stehen für deine Vergangenheit, deine Gegenwart und deine Zukunft. Wahlweise nimmst du dir verschiedenfarbige Tonkartons oder Papier, welches du beschriften kannst, wenn du magst. Nun stellst du dich auf die mittlere Matte. Sie ist deine Gegenwart. Fühle dich in deine Position hinein. Hierfür kannst du mit den Füßen bewusst Kontakt mit der Matte aufnehmen und einen Moment die Augen schließen und dich auf deinen Atem konzentrieren. Wenn du „da bist", wirfst du deinen Blick nach vorn auf die Zukunft. Was siehst du dort? Was hat sich verändert? Wie geht es dir dort? Was wünschst du dir? Wenn es dir möglich ist, kannst du auch ein ganz bestimmtes Ziel vor deinem geistigen Auge erscheinen lassen (z. B. Versöhnung mit deinem Vater oder aber Kontaktabbruch, neuer Job etc.). Nun spürst du genau hin und beantwortest dir folgende Frage: Kann ich von hier in die Zukunft (bzw. auf die „Zukunftsmatte") gehen oder hält mich noch etwas davon ab? Wenn du problemlos in Richtung Zukunft gehen kannst, tu dies gern. Verbinde dich dort mit der Matte und dem Gefühl, das sich einstellt, wenn du dir vorstellst, dass du dein Ziel bereits erreicht hast. Wenn dich noch etwas zurückhält, drehe dich um und blicke auf deine Vergangenheit, symbolisiert durch die „Vergangenheitsmatte". Was fühlst du, wenn du zurückschaust? Siehst oder spürst du ein Thema, das dich bindet, das noch in dir brodelt, das dich traurig oder wütend macht, das dich lähmt? Gern kannst du ganz langsam ein paar Schritte auf die Matte zugehen oder dich ganz auf sie stellen, wenn du kein Signal empfängst. Höre ganz genau auf deine innere Stimme. Was sagt sie dir? Wenn du ein Thema hast, geh zurück auf die Gegenwart und überlege dort, was es bräuchte, um das Thema hinter dir zu lassen. Achte besonders darauf, was dein Körper dir im Hinblick auf deine Lösungsideen für Impulse sendet. Was fühlt sich stimmig an?

Nun stelle dir vor, dass die Lösung des Themas auf diese Weise bereits vollzogen wäre. Kannst du nun in die Zukunft gehen? Wenn ja, geh und verbinde dich mit ihr. Wenn nein, drehe dich erneut um und schaue, was noch fehlt bzw. was dich noch immer zurückhält. Dies machst du so lange, bis du frei und gelöst in die Zukunft gehen kannst. Steige danach langsam aus. Du kannst dich dafür schütteln oder tanzen. Gern kannst du dir ein paar Notizen machen und / oder bereits die ersten Lösungsschritte planen.

Ein schöner Tag: Hole Versäumtes nach

Ziel

Wenn wir als Kind (zu) wenig Aufmerksamkeit, Fürsorge und / oder Liebe erfahren haben, bleibt oft ein emotionales Loch in uns zurück. Nicht selten geraten wir in die Versuchung, unsere aufgestaute Bedürftigkeit von anderen, insbesondere von Partnern, ausfüllen lassen zu wollen. Andere erhoffen, dass die Eltern doch noch irgendwann nachholen, was sie versäumt haben, und schaffen deshalb den Absprung in die Autonomie nicht. Natürlich spricht grundsätzlich nichts dagegen, sich Liebe und Aufmerksamkeit im Außen zu suchen. Menschen sind soziale Wesen. Sie brauchen andere. Schwierig wird es jedoch dann, wenn die gesunde Ordnung zu unseren Mitmenschen ins Wanken gerät, weil wir dem anderen (oft unbewusst) eine Eltern- und uns eine Kinderrolle zuschreiben. Das überfordert nicht nur das Gegenüber, es macht uns auch abhängig. Hilfreicher ist es, sich selbst ein gutes Elternteil zu sein. Wie kann das gehen? Stell dir deine Persönlichkeit als ein Sammelsurium unterschiedlicher Persönlichkeitsanteile vor. Einige von ihnen sind erwachsen, souverän und autonom. Andere sind noch immer verletzt, traurig und unterversorgt. Sicher hast du in diesem Zusammenhang schon einmal vom inneren Kind oder vom Schatten-Ich gehört. Deine Aufgabe ist es, dich um jene zu kümmern, die in deinem Leben bisher zu kurz gekommen sind. Hierbei handelt es sich um einen Prozess, der ein eigenes Buch füllen könnte. Die folgende Übung dient als Einstieg für jene, die noch wenig Erfahrung mit ihrem inneren Kind haben, oder als Reminder für all jene, die es schon gut kennen, aber es aus dem Blick verloren haben. Wenn du psychisch sehr belastet bist oder unter einem unverarbeiteten Trauma leidest, überlege dir bitte vorher gut, ob sie momentan das Richtige für dich ist.

Was du brauchst

Zettel, Stift, Zugang zu verletzten Persönlichkeitsanteilen, z. B. zum inneren Kind oder Teenager

Dauer

Vorbereitung: ca. 30 Minuten

Ablauf

Teil I: Verbindung aufnehmen

Sorge dafür, dass du ungestört bist, und mache es dir so richtig gemütlich. Je nach Vorliebe kannst du dich einkuscheln, Musik anmachen, Öle nutzen, dir einen leckeren Tee kochen etc. Schließe nun für einen Moment die Augen und konzentriere dich auf deinen Atem. Nimm Kontakt mit einem Persönlichkeitsanteil auf, der besonders bedürftig ist, z. B. dein inneres Kind oder dein innerer Teenager. Fühl dich in diesen Anteil hinein. Wie alt ist er? Wie sieht er aus? Wie geht es ihm? Was belastet ihn? Was macht ihn traurig, wütend? Was glücklich? Was wünscht er sich? Was braucht er? Wenn du die Verbindung hergestellt hast, schreibe einen Brief aus der Perspektive dieses Anteils, in dem du alles festhältst, was er sich immer gewünscht, aber nie bekommen hat. Das können immaterielle Dinge sein wie z. B. eine liebevolle Ansprache, Zuspruch oder in den Arm genommen zu werden. Doch auch materielle Dinge können aufgeführt werden, wie ein großes Eis, ein Besuch im Zoo, im Freizeitpark oder im Freibad, die Turnschuhe aus dem Schaufenster o. Ä.

Teil II: Erkenntnisse umsetzen

Nimm dir einen Tag Zeit, an dem du einige der Dinge, die dein inneres Kind vermisst hat, nachholst. Geh in den Zoo oder in den Freizeitpark, streife durch den Wald, iss so viel Eis, wie du kannst, kauf dir etwas, das du als Kind immer haben wolltest etc. Lasse es dir so richtig gutgehen und mache das, was du magst, nicht das, was du musst. Du kannst auch einen Geburtstag oder ein Weihnachtsfest nach deinen Wünschen nachholen. Der Fantasie sind keine Grenzen gesetzt. Dabei geht es nicht darum, alles wiedergutzumachen, das dir widerfahren ist bzw. das du versäumt hast. Das ist unmöglich. Es geht vielmehr darum, dir selbst zu zeigen: Ich bin mir wichtig. Ich kann etwas für mich tun. Ich habe mich lieb und kümmere mich gut um mich. Gern kannst du regelmäßig einen solchen Tag planen. Darüber hinaus kannst du versuchen, einige der Wünsche und Bedürfnisse deines inneren Anteils in deinen Alltag zu integrieren, z. B. eine wohlwollende Ansprache, Mut machende Worte vor einer Herausforderung, Kakao zum Frühstück oder ein Hörbuch am Abend.

Abschiedsritual: Lasse Altes los

Ziel

Damit du Neues zulassen kannst, ist es wichtig, zuvor vom Alten Abschied zu nehmen.

Diese Übung ist ein Allrounder fürs Abschiednehmen. Du kannst sie nutzen, wenn du dich von deiner Familie distanzieren möchtest, wenn du von außerfamiliären destruktiven Beziehungen Abstand nehmen möchtest oder wenn du deine Arbeitsstelle verlassen willst. Ich habe sie einem Methodenwerk für Psychotherapeutinnen entnommen (Jänicke 2015) und gute Erfahrungen damit gemacht. Besonders empfehlenswert ist sie in meinen Augen für all diejenigen, die sich in einer Abschiedsphase im Kreis drehen und/oder den Absprung nicht schaffen. Abschiede von Menschen, die uns viel bedeuten, sind besonders schmerzhaft und überfluten uns zumeist mit allen möglichen (unangenehmen) Emotionen, Gedanken und Handlungsimpulsen. In familiären Kontexten fallen sie oft besonders schwer. Diese Übung hilft dir dabei, Ordnung und Halt in dein Chaos zu bringen, indem du deinen Abschied klar strukturierst. Des Weiteren kann sie dir eine Hilfe sein, wenn du deine Trauer aktiv angehen möchtest. Weniger geeignet ist die Übung, wenn du dich gerade in einer akuten Krisensituation befindest.

Was du brauchst

Fünf Stühle oder Sitzkissen, fünf Moderationskarten oder Zettel, Stifte

Dauer

Ca. 30–45 Minuten

Ablauf

Nimm dir die fünf Moderationskarten und beschrifte sie wie folgt:

1. Bilanz ziehen
2. Zulassen, was ist
3. Loslassen
4. Akzeptanz
5. Neuausrichtung

Im Folgenden findest du Fragen, die jeweils einer Karte zugehörig sind. Wenn du die Übung mit jemandem zusammen durchführst, macht es Sinn, wenn sie oder er dir diese Fragen aus dem Buch vorliest. Bist du hingegen allein, empfehle ich dir, die Fragen im Vorfeld – mit Platz für Antworten – auf die Rückseite der Karten zu schreiben. Dann kannst du dich später auf das Wesentliche konzentrieren und musst dieses Buch nicht auf dem Schoß balancieren.

Positioniere die fünf Stühle oder Sitzkissen hinter- oder nebeneinander in einer Reihe und bestücke sie mit den fünf Moderationskarten. Setz dich nun als erstes auf den Bilanz-Stuhl und beschäftige dich in aller Ruhe und möglichst ausführlich mit den folgenden Fragen:
- Wie geht es dir auf diesem Stuhl?
- Welche Gedanken kommen dir?
- Was hast du mit der Person, von der du dich distanzieren willst, bzw. in dem Lebensabschnitt, den du hinter dir lassen möchtest, erlebt?
- Was fehlte dir?
- Was hättest du dir gewünscht?

Fühl dich einmal so richtig in die Situation ein. Gern kannst du dir auf der Rückseite der Moderationskarte ein paar Notizen machen.

Wenn es sich richtig anfühlt, wechsele auf den Zulassen-Stuhl. Auch hier versuchst du, Verbindung mit deinen Gefühlen und Gedanken aufzunehmen. Ist dir dies gelungen, stell dir folgende Fragen:
- Welche Gefühle und Gedanken kommen bei diesem Abschied auf?
- Was würde ich gern noch sagen / hätte ich gern gesagt oder getan?
- Was brauche ich noch für diesen Abschied?
- Mach dir auch hier Notizen.

Setz dich nun der Reihe nach auf die drei verbleibenden Stühle. Fühl dich jedes Mal wieder neu in die Situation hinein und stell dir zu Beginn die Fragen: Wie geht es mir hier und welche Gedanken kommen auf?

Zudem stellst du dir auf dem Loslassen-Stuhl die Fragen:
- Was werde ich so nicht mehr erleben?
- Was lasse ich gern zurück?
- Welche neuen Chancen ermöglicht mir das Loslassen?

Auf dem Akzeptanz-Stuhl beschäftigst du dich mit diesen Fragen:
- Was kann ich gut hinnehmen?
- Wogegen sträube ich mich (noch) und warum?
- Was kann mir dabei helfen, es hinzunehmen?

Zu guter Letzt setzt du dich auf den Neuausrichtung-Stuhl und beantwortest folgende Fragen:

- Wer und was kann mir helfen, wenn ich nach vorne blicken möchte?
- Für was habe ich jetzt (endlich) Kapazitäten?
- Was wollte ich schon immer einmal machen?
- Welchen Gewinn bringt der Abschied für mich mit sich?

Wenn du fertig bist, schüttele dich gehörig aus und lüfte einmal kräftig durch. Vielleicht magst du auch Musik anmachen und ein bisschen tanzen oder eine Runde an die frische Luft gehen.

Anmerkung: Die Fragen sind als Vorschläge zu betrachten. Wähle einfach diejenigen aus, die dir gefallen, oder entwirf eigene Fragen. Du kannst pro Stuhl so viele oder so wenige Fragen stellen, wie du magst. Bedenke jedoch, dass weniger oft mehr ist. Wenn du merkst, dass du genug hast, unterbrich die Übung und führe sie zu einem späteren Zeitpunkt fort. Es geht nicht darum, möglichst schnell fertig zu werden. Lass dir die Zeit, die du brauchst!

8.2.5 *Das Leben sortieren und sich neu ausrichten*

Steckbrief

Ziel

Wenn du von alten Wunden heilen möchtest, sind Selbstliebe und Selbstfürsorge enorm wichtig für dich. Doch um sich gut um sich selbst kümmern zu können, muss man sich gut kennen. Und genau dort liegt für Menschen, welche die meiste Zeit mehr mit anderen als mit sich selbst assoziiert waren, oft das Problem. Sie wissen zwar, was andere brauchen, aber sie wissen nicht, was sie selbst brauchen. Sie kennen ihre Mitmenschen oft besser als sich selbst. Das ist eine ungünstige Voraussetzung, um ein Leben zu führen, das einem selbst gerecht wird. Diese Übung dient dazu, dich mit dir selbst zu beschäftigen und etwas über dich und dein Leben zu erfahren. Sie verschafft dir einen Überblick darüber, was dich ausmacht, was aktuell in deinem Leben bedeutsam ist, was sich verändern und was vielleicht so bleiben darf, wie es ist.

Was du brauchst

Papier oder Pappe (groß), Stifte, Material für eine Collage: Zeitschriften, Postkarten, Schere, Kleber etc.

Dauer

Ca. 60–90 Minuten

Ablauf

Nimm dir mindestens eine Stunde Zeit für diese Übung. Sorge dafür, dass du in dieser Zeit nicht gestört wirst. Gern kannst du dein Handy ausschalten. Richte dir nun einen gemütlichen Platz für dich ein. Wenn du magst, stelle dir einen leckeren Tee und Kekse o. Ä. bereit, mache dir Entspannungsmusik an, öffne oder schließe die Fenster, mache eine Duftlampe an etc. Erstelle nun einen Steckbrief über dich und deine momentane Stimmungslage. Das kannst du in Form eines Plakates, einer Skizze oder einer Collage tun. Selbstverständlich kannst du deinen Steckbrief auch ausschließlich verschriften, wenn dir das lieber ist. Wichtig ist nur, dass du dich in den folgenden Minuten ganz dir selbst widmest. Folgende Fragen können dir dabei helfen:

- Wie sehe ich mich? Was macht mich aus?
- Wer bin ich? Wer will ich sein?
- Was macht mir Freude? Bei was komme ich so richtig in Flow?
- Welche Menschen / Tiere sind bedeutsam für mich?
- Wie geht es mir?
- Welche Themen beschäftigen mich aktuell?
- Welche Wünsche, Ziele und / oder Träume habe ich?

Tipp: Wenn es dir schwerfällt, diese Fragen zu beantworten, stelle dir zunächst indirekte, sogenannte zirkuläre Fragen. Diese Technik besteht darin, deine Gefühle und Haltungen nicht direkt zu beschreiben, sondern von der Position einer anderen Person aus, z. B.: Wie sehen mich Menschen, die mich mögen und schätzen? Was würden sie sagen, wenn ich sie fragte, was mich besonders ausmacht, wie es mir aktuell geht, was mich beschäftigt etc.?

Wenn du fertig bist, kannst du deinen Steckbrief sofort oder zu einem späteren Zeitpunkt reflektieren und mögliche zukunftsweisende Schlüsse ziehen. Du kannst ihn aber auch nur „sein lassen“ und verstauen, ihn aufhängen oder ihn einem geliebten Menschen vorstellen. Spüre in dich hinein und schau, was sich davon stimmig für dich anfühlt.

Die fünf Säulen der Identität: Analysiere den Ist-Zustand deines Lebens

Ziel

Wer früh gelernt hat, die eigenen Bedürfnisse zurückzustellen, hat oft wenig oder gar keinen Bezug zu sich bzw. zu seinem Leben, da der Fokus mehr auf den Mitmenschen als auf der eigenen Person liegt. So funktioniert unterm Strich alles irgendwie, aber das Leben gleicht eher einer Fahrt im Autopilotmodus als einer selbstgewählten Reise. Wenn du heilen möchtest, ist es wichtig, dass du Zugriff auf den Menschen bekommst, der hinter den automatisierten Verhaltensweisen (wie „es allen Recht machen", „sich um andere kümmern" etc.) steckt. Diese Übung kann dir dabei helfen, dich und dein Leben besser kennenzulernen. Sie dient zum einen einer Bestandsaufnahme und zum anderen dem Entwurf einer Zukunftsvision. Sie baut auf Hilarion Petzolds Theorie der fünf Säulen der Identität auf (Petzold 2012).

Was du brauchst

Zwei Flipcharts, Tonkarton, Zettel o.ä., Stifte

Dauer

Ca. 45 Minuten

Ablauf

Nimm Flipchart und Stift zur Hand. Zeichne nun ein Säulen- oder Kreisdiagramm bestehend aus fünf Feldern auf (vgl. Abb. 8.1). Insgesamt hast du 100 Prozent zur Verfügung, die du auf folgende Bereiche verteilen kannst:

- Körper und Gesundheit
- soziale Beziehungen
- Arbeit und Leistungsfähigkeit
- materielle Sicherheit
- Werte und Ideale

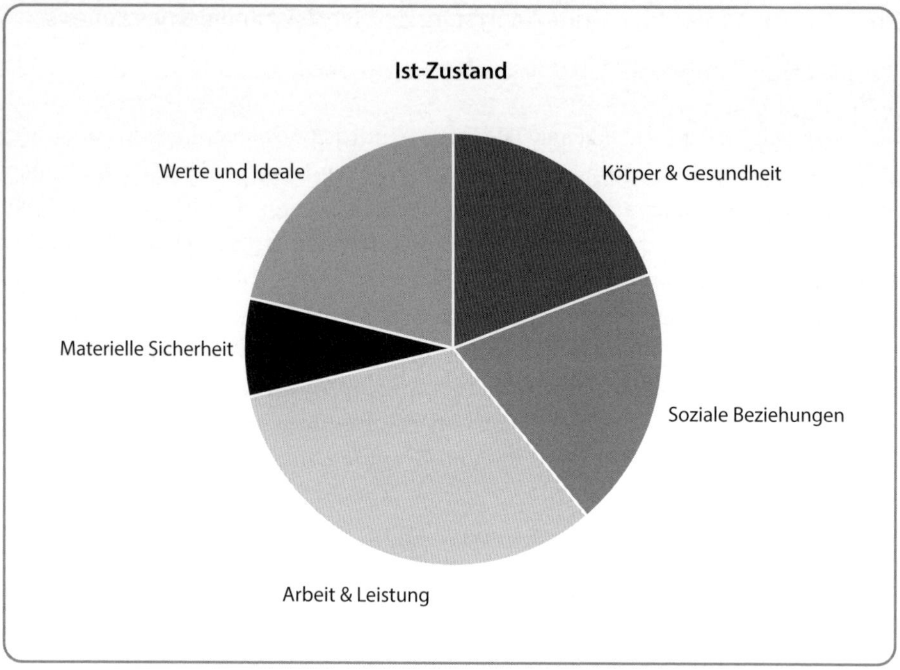

Abbildung 8.1: Beispiel für eine Darstellung aktueller Lebensbereiche

Wie viel Prozent macht der jeweilige Bereich aktuell in deinem Leben aus? Achte bei jedem „Tortenstück“ (bzw. bei jeder Säule) darauf, dass es groß genug ist, um Notizen eintragen zu können. Nachdem du die Prozente verteilt und die fünf Bereiche aufgezeichnet hast, schreibst du in jeden hinein, inwieweit dieser zurzeit inhaltlich ausgefüllt ist, z. B. bei „Körper und Gesundheit“: einmal wöchentlich Sport, täglich Süßigkeiten, Alkohol; bei „soziale Beziehungen“: teilweise schwieriger Freundeskreis, täglich Konflikte auf der Arbeit, glückliche Partnerschaft etc. Dies sind verkürzte Beispiele. Mache bitte eine möglichst detailreiche Bestandsaufnahme des Ist-Zustandes.

Im zweiten Schritt nimmst du dir einen neuen Flipchart. Dieses Mal zeichnest du auf, wie deine prozentuale Wunschverteilung für die fünf Bereiche aussieht. Danach füllst du sie jeweils mit den Inhalten, die du dir in Zukunft wünschen würdest. Sei dabei bitte so konkret wie möglich! Schreib also z. B. „zweimal die Woche Krafttraining im Fitnessstudio“ statt „ausreichend Sport“ oder „eine Paarbeziehung / Freundschaften führen, in der ich meine Bedürfnisse kenne und kommuniziere“ statt „glückliche Partnerschaft“ oder „mich von den Erwartungen meiner Mutter distanzieren und Krankenpfleger statt Notar werden“ statt „mich von der Familie abgrenzen“.

Im Anschluss versuchst du, dir anhand deiner Notizen erreichbare Ziele zu stecken. Du kannst dir hierfür entweder einen Bereich aussuchen, mit dem du beginnen möchtest, oder dir ein Ziel pro Bereich herauspicken. Im letzten Schritt überlegst du dir, was du brauchst, um dein(e) Ziel(e) zu erreichen. Besonders hilfreich ist es, wenn du dir dabei auch etwas überlegst, was du sofort umsetzen kannst, z. B. verschiedene Fitnessstudios vergleichen, deiner Freundin sagen, dass du ihr morgen nicht helfen wirst, oder eine Bewerbung schreiben. Bitte achte unbedingt darauf, dass du dir nicht zu viele Ziele setzt. Außerdem sollten dich die Ziele zwar fordern, aber keinesfalls überfordern. Weniger ist manchmal mehr. Übersteigerte Anforderungen und dementsprechend deprimierende Erlebnisse sind sicher das Letzte, was du gerade gebrauchen kannst.

Treffen mit dem zukünftigen Ich: Finde Antworten und schaffe Visionen

Ziel

Möglicherweise kennst du den Ist-Zustand deines Lebens bereits sehr gut, aber es mangelt dir an Ideen, welche Veränderungen dir guttäten. Vielleicht weißt du auch nicht, wie du gewünschte Ziele erreichen kannst. Doch klare, lohnenswerte Ziele und Träume sind wichtig, um dich aus alten Ohnmachtsgefühlen zu befreien und dich handlungswirksam und stark zu fühlen. Diese Übung kannst du sowohl dafür nutzen, Impulse für Zukunftsvorstellungen als auch Ideen für die Umsetzung zu erhalten. Hierfür unternimmst du eine Zeitreise, um deinem zukünftigen Ich zu begegnen. Du greifst also (ähnlich wie bei der Arbeit mit dem inneren Kind) auf das vorhandene, aber im Alltag häufig wenig präsente / bewusste Wissen eines deiner Persönlichkeitsanteile zurück. Ich habe sie der Methodensammlung *Act creative* (Stadler et al. 2018) entnommen.

Was du brauchst

Einen ruhigen Ort

Dauer

Ca. 15–20 Minuten

Ablauf

Setze dich entspannt hin, sodass dein Atem frei fließen kann. Stelle deine Füße bequem nebeneinander und spüre, wie sie den Boden berühren. Atme drei- bis viermal tief ein und lange aus. Stell dir vor, dass deine Schultern nach unten wachsen und dein Kopf zur Decke. Du brauchst es dir nur vorzustellen und musst nichts aktiv tun. Wenn du magst, schließe deine Augen und stelle dir einen konkreten Ort vor, wo du deinem zukünftigen Ich begegnen möchtest. Das kann eine Picknickdecke, eine Parkbank, ein Café o. Ä. sein. Versuche, dir den Platz so detailreich wie möglich vor deinem geistigen Auge auszumalen. Nun schau dich um. Kannst du dein zukünftiges Ich vielleicht schon sehen? Bleibe entspannt und setze dich nicht unter Druck. Warte einfach, was passiert. Sobald du ein Bild deines zukünftigen Ichs hast, schau es dir ganz genau an und trete mit ihm in Kontakt, indem du einen inneren Dialog entwickelst. Du kannst deine Fragen, Wünsche oder Botschaften an dein zukünftiges Ich richten. Im Hinblick auf Visionen und nächste Schritte könntest du es z. B. fragen:

- Was, glaubst du, ist wichtig für eine selbstbestimmte, glückliche Zukunft? Wie sieht ein „gutes“ Leben für mich aus?
- Was sollte ich verändern? Welches Umfeld braucht es dafür? Welche Menschen gehören dazu (und welche nicht)? Welche beruflichen Ziele? Wie sollte meine Freizeit aussehen? Wie der Umgang mit meinem Körper, meinem Geist und meiner Seele?
- Welchen Schritt kann ich als erstes, zweites etc. gehen? Was kann ich vielleicht noch heute tun?
- Was sollte ich auf gar keinen Fall (weiterhin) tun? Was schadet mir? Was hindert mich daran, meine Ziele zu erreichen? Was kann ich stattdessen tun?

Wenn alle deine Fragen beantwortet sind, kannst du dich langsam verabschieden und ins Hier und Jetzt zurückkehren. Öffne die Augen, recke dich, steh langsam auf und schüttele dich, wenn du magst. Welche Botschaften hast du erhalten? Was war besonders relevant für dich? Lass die Imagination noch einmal Revue passieren. Wenn du magst, halte deine Erkenntnisse schriftlich fest.

Hilfsangebote und Ressourcen

An diese Stellen kannst du dich wenden, wenn …

… du akute Hilfe benötigst

- Telefonseelsorge: 0800 111 0 111 oder 0800 110 0 222 oder 116123 (kostenlos, tägl. 24 Std.) sowie per Mail oder Chat unter ↗https://online.telefonseelsorge.de
- Muslimische Telefonseelsorge: 030 443 509 821 (kostenlos, tägl. 24 Std.)
- Hilfetelefon sexueller Missbrauch: 0800 22 55 530 (kostenlos, Mo., Mi., Fr. 9–14 Uhr, Di., Do. 15–20 Uhr)

… du unter einer stoffgebundenen oder stoffungebundenen Abhängigkeit leidest

- Sucht- und Drogenhotline: 01806 313031 (20 Cent / Minute, tägl. 24 Std.)
- Essstörungen: Hotline 0221 892031 (dt. Festnetz, Mo.–Do. 10–22 Uhr & Fr.–So. 10–18 Uhr) oder online unter ↗https://www.bundesfachverbandessstoerungen.de
- Glücksspiel: 0800 1 37 27 00 (kostenlos, Mo.–Do. 10–22 Uhr & Fr.–So. 10–18 Uhr) oder online unter: ↗https://www.check-dein-spiel.de
- Onlinesucht: 0800 1 529 529 (kostenlos, Mo.–Fr. 12–17 Uhr) oder online unter ↗https://www.fv-medienabhaengigkeit.de
- Verzeichnis regionale Beratungsstellen (alle Süchte): ↗https://www.dhs.de/service/suchthilfeverzeichnis

… du psychische Probleme hast

- Beratungshotlines für Menschen, die an psychischen Erkrankungen oder Belastungen leiden: 0241 8036777 (kostenlos, Mo.–Fr. 9–12 Uhr & 13–16 Uhr) sowie 0800 377 377 6 (kostenlos, tägl. 8–20 Uhr)
- Info-Telefon Depression für Betroffene und Angehörige: 0800 3344533 (kostenlos, Mo., Di., Do. 13–17 Uhr, Mi., Fr. 8.30–12.30 Uhr)
- Akute Unterstützung bei Angst und Panik von (ehemals) Betroffenen: 04191-27 49 28 0 (Kosten dt. Festnetz, Mo.–Do. 10–18 Uhr, Fr. 10–12 Uhr)

… du dich in einer Gewaltbeziehung befindest

- Opfertelefon 116 006 (kostenlos, tägl. 7–22 Uhr) oder per Mail und Chat unter ↗https://weisser-ring.de/hilfe-fuer-opfer/onlineberatung
- Hilfetelefon Gewalt an Frauen: 0800 116 016 (kostenlos, tägl. 24 Std.) sowie per Mail oder Chat unter ↗https://www.hilfetelefon.de
- Hilfetelefon Gewalt an Männern: 0800 1239900 (kostenlos, Mo.–Do. 8–20 Uhr, Fr. 8–15 Uhr) sowie per Mail oder Chat unter ↗https://www.maennerhilfetelefon.de

… du als Elternteil Unterstützung suchst

- Elterntelefon: 0800 111 0 550 (kostenlos, Mo., Mi., Fr. 9–17 Uhr, Di., Do. 9–19 Uhr sowie per Mail oder Chat unter ↗ https://www.bke-elternberatung.de
- Regionale Beratungsstellen „Frühe Hilfen" für Eltern mit Kindern unter 3 Jahren: ↗ https://www.elternsein.info/fruehe-hilfen/suche-fruehe-hilfen

… du einen Therapieplatz suchst

Hilfe bei der Suche findest du unter ↗ https://www.psychotherapeutensuche.de. Du kannst dich auch an deine Krankenkasse wenden, um eine Psychotherapeuten-Liste deiner Region zu erhalten. Du hast Anspruch auf mindestens vier probatorische Sitzungen, die du ohne eine Überweisung bei jedem Psychotherapeuten bzw. jeder Psychotherapeutin in Anspruch nehmen kannst, sofern diese Kapazitäten frei haben. Du brauchst also nur anzurufen und einen Termin auszumachen. Wenn du auf diese Weise nicht erfolgreich bist, kannst du dich an die Terminservicestelle Psychotherapie der Kassenärztlichen Bundesvereinigung wenden. Unter der Rufnummer 116117 sowie über die Internetseite ↗ https://www.116117.de/de/terminservice.php bekommst du schnellstmöglich einen Termin für eine erste Diagnose. Ebenso kannst du dich an Fachärzte für Psychiatrie und Psychotherapie oder an die Institutsambulanzen der psychiatrischen Kliniken und Universitäten in deiner Nähe wenden.

… du geführte Meditationen, Entspannungs- und Achtsamkeitsübungen suchst

YouTube

Anika Henkelmann: ↗ https://www.youtube.com/@AnikaHenkelmann
Peter Beer: ↗ https://www.youtube.com/@PeterBeerOfficial
Mady Morrison: ↗ https://www.youtube.com/c/MadyMorrison
Ohrinsel: ↗ https://www.youtube.com/user/ohrinsel
Higher Mind: ↗ https://www.youtube.com/@highermind

Apps

7Mind Meditation & Achtsamkeit: ↗ https://www.7mind.de
Balloon: ↗ https://www.balloonapp.de
Calm: ↗ https://www.calm.com/de
Petit BamBou: ↗ https://www.petitbambou.com/de
Happify: ↗ https://www.happify.com

Literatur

AUHAGEN-STAPHANOS, UTE (2020): Bindung beginnt mit der Zeugung. *Kinderanalyse – Psychoanalyse im Kindes- und Jugendalter und ihre Anwendungen*, Bd. 28 (4), 301–322.

BAIER, TINA (2006): Mutterliebe – Das stärkste Gefühl entschlüsselt. *Spiegel Wissenschaft*. Einzusehen unter: ↗https://www.spiegel.de/wissenschaft/mensch/mutterliebe-das-staerkste-gefuehl-entschluesselt-a-415306.html (zuletzt aufgerufen am 14.03.23).

BANDURA, ALBERT (1977): Self-efficacy: Toward a unifying theory of behavioral change. *Psychological Review*, Bd. 84 (2), 191–215.

BASKIN, THOMAS W. & ENRIGHT, RICHARD D. (2004): Intervention studies on forgiveness: A meta-analysis. *Journal of Counseling & Development*, Bd. 82 (1), 79–90.

BEITCHMAN, JOSEPH H., ZUCKER, KENNETH J., HOOD, JANE E., DACOSTA, GRANVILLE A. & AKMAN, DONNA (1991): A review of the short-term effects of child sexual abuse. *Child Abuse & Neglect*, Bd.15 (4), 537–556.

BEITCHMAN, JOSPH H., ZUCKER, KENNETH J., HOOD, JANE E., DACOSTA, GRANVILLE A., AKMAN, DONNA & CASSAVIA, ERIKA (1992): A review of the long-term effects of child sexual abuse. *Child Abuse & Neglect*, Bd.16 (1), 101–118.

BERGEMANN, WIBKE (2017): Ruhe nach dem Daueralarm – Wie sich Borderline heilen lässt. *Deutschlandfunk*. Einzusehen unter: ↗https://www.deutschlandfunk.de/ruhe-nach-dem-daueralarm-wie-sich-borderline-heilen-laesst-100.html (zuletzt aufgerufen am 31.03.23).

BOWLBY, JOHN (2021): *Bindung als sichere Basis. Grundlagen und Anwendung der Bindungstheorie* (5. Aufl.). Reinhardt.

BRÄHLER, CHRISTINE (2017): *Selbstmitgefühl entwickeln – liebevoller werden mit sich selbst* (4. Aufl.). Scorpio.

BRISCH, KARL HEINZ (2002): Bindungsstörungen, ihre Folgen und die Möglichkeiten der Therapie. In: Karl Gebauer & Gerald Hüther (Hg.): *Kinder brauchen Wurzeln: Neue Perspektiven für eine gelingende Entwicklung* (2. Aufl.). Walter, S. 64-78.

BRISCH, KARL-HEINZ (2008): Bindung und Umgang. In: *Deutscher Familiengerichtstag* (Hg.): Siebzehnter Deutscher Familiengerichtstag vom 12. bis 15. September 2007 in Brühl. Gieseking, S. 89–135.

BRISCH, KARL-HEINZ (2013): *Bindungsstörungen – Von der Bindungstheorie zur Therapie* (12. Aufl.). Klett-Cotta.

BUNDESKRIMINALAMT (2021): *Vorstellung der Zahlen kindlicher Gewaltopfer. Auswertung der Polizeilichen Kriminalstatistik 2021*. Einzusehen unter: ↗https://www.tagesschau.de/inland/bka-kriminalstatistik-101.pdf (zuletzt aufgerufen am 13.01.23).

CLEMENS, VERA, SACHSER, CEDRIC, WEILEMANN, MITJA & FEGERT, JÖRG M. (2020): *20 Jahre gewaltfreie Erziehung im BGB: Aktuelle Einstellungen zu Körperstrafen und elterliches Erziehungsverhalten in Deutschland: Ein Blick auf Veränderungen seit der parlamentarischen Entscheidung von 2000*. Klinik für Kinder- und Jugendpsychiatrie/Psychotherapie, Universitätsklinikum Ulm. Einzusehen unter: ↗https://www.unicef.de/_cae/resource/blob/239474/ee770482a72a5f51bd3ece14c519a78c/aktuelle-einstellungen-zu-koerperstrafen-und-elterliches-erziehungsverhalten-in-deutschland-pdf-data.pdf (zuletzt aufgerufen am 20.01.23).

Conger, Katherine J., Shebloski, Barbara & Widaman, Keith (2005): Reciprocal links among differential parenting, perceived partiality, and self-worth: A three-wave longitudinal study. *Journal of Familiy Psychology*, Bd. 19 (4), 633–642.

Cummings, E. Marc., Ballard, Mary, El-Sheikh, Mona & Lake, Margaret (1991): Resolution on children's responses to interadult anger. *Developmental Psychology*, Bd. 27, 462–470.

Cummings, E. Marc, Simpson, Kelly S. & Wilson, Amy (1993): Children's responses to interadult anger as a function of information about resolution. *Developmental Psychology*, Bd. 29, 978–985.

Curtis, George C. (1963): Violence breeds violence – perhaps? *American Journal of Psychiatry*, Bd. 120 (4), 386–387.

Deegener, Günther & Körner, Wilhelm (Hg.) (2005): *Kindesmisshandlung und Vernachlässigung: Ein Handbuch*. Hogrefe.

Deutsches Ärzteblatt (2013): Hartz-IV-Empfänger: Mehr als ein Drittel psychisch krank. *Deutsches Ärzteblatt PP*, Bd. 11, S. 485.

Donath, Orna (2016): *#regretting motherhood – Wenn Mütter bereuen*. Albrecht Knaus.

Drexler, Katharina (2020): *Ererbte Wunden erkennen: Wie Traumata der Eltern und Großeltern unser Leben prägen*. Klett-Cotta.

Ehrensaft, Miriam K., Cohen, Patricia, Brown, Jocelyn, Smailes, Elizabeth, Henian Chen & Johnson, Jeffrey G. (2003): Intergenerational transmission of partner violence: A 20-year prospective study. *Journal of Consult Clinical Psychology*, Bd. 71(4), 741–753.

Elbert, Thomas, Rockstroh, Brigitte, Kolassa, Iris-Tatjane, Schauer, Maggie & Neuner, Frank (2006): The influence of organized violence and terror on brain and mind: A co-constructive perspective. In: Paul B. Baltes, Frank Rösler & Patricia Reuter-Lorenz (Hg.): *Lifespan development and the brain: The perspective of biocultural co-constructivism*. Cambridge University Press, S. 326–349.

Emerson, David & Hopper, Elizabeth (2021): *Trauma-Yoga – Heilung durch sorgsame Körperarbeit* (4. Aufl.). Probst.

Enright, Robert D. (2006): *Vergebung als Chance*. Hogrefe.

Enright, Robert D. (2014): *Forgiveness therapy: An empirical guide for resolving anger and restoring hope* (2. Aufl.). American Psychological Association.

Felitti, Vincent J. & Anda, Robert (1998): Relationship of childhood abuse and household dysfunction to many of the leading causes of death in adults. The Adverse Childhood Experiences (ACE) Study. *American Journal of Preventive Medicine*, Bd. 14 (4), 245–258.

Felitti, Vincent J., Anda, Robert F., Nordenberg, Dale, Edwards, Valerie, Koss, Mary P. & Marks, James S. (2014): The lifelong effects of Adverse Childhood Experiences In: D.L. Chadwick, A.P. Giardino, R. Alexander, J.D.Thackeray & D. Esernio-Jenssen (Hg.): *Child maltreatment: Sexuals abuse as psychological maltreatment*, Bd. 2 (4. Aufl.). STM learning Inc., S. 203–216.

Fiedler, Peter (2007): *Persönlichkeitsstörungen* (6. Aufl.). Beltz.

Fücker, Sonja (2020): *Vergebung – Zu Soziologie einer Nachsicht*. Campus Verlag.

Fuhs, Burkhart (2007): Zur Geschichte der Familie. In: Jutta Ecarius (Hg.): *Handbuch Familie*. Verlag für Sozialwissenschaften, S. 17–35.

Gardner, Richard A. (1998): Recommendations for dealing with parents who induce a parental alienation syndrome in their children. *Journal of Divorce and Remarriage*, Bd. 28 (3-4), 1–23.

GEISSLER, HOLGER & LAUDE, SONJA (2016): *YouGov-Studie, regretting parenthood.* Einzusehen unter: ↗ https://yougov.de/topics/politics/articles-reports/2016/07/28/ein-funftel-der-deutschen-eltern-bereut-die-eltern (zuletzt aufgerufen am 24.02.2023).

GERSHOFF, ELIZABETH T. & GROGAN-KAYLOR, ANDREW (2016): Spanking and child outcomes: Old controversies and new meta-analyses. *Journal of Family Psychology*, Bd. 30 (4), 453–469.

GROSSMAN, KARIN & GROSSMANN, KLAUS E. (2012): *Bindungen – Das Gefüge psychischer Sicherheit*, (7. überarb. u. erw. Aufl.). Klett-Cotta.

GROSMANN, KLAUS E. (2020): *Bindung und menschliche Entwicklung: John Bowlby, Mary Ainsworth und die Grundlagen der Bindungstheorie* (6. Aufl.). Klett-Cotta.

HÄUSER, WINFRIED, SCHMUTZER, GABRIELE, BRÄHLER, ELMAR & GLAESMER, HEIDE (2011): Misshandlungen in Kindheit und Jugend: Ergebnisse einer Umfrage in einer repräsentativen Stichprobe der deutschen Bevölkerung. In: *Deutsches Ärzteblatt* PP, Bd. 108 (17), S. 287–294.

HAUSSER, AGNIESZKA ALEKSANDRA (2012): *Die Parentifizierung von Kindern bei psychisch kranken und psychisch gesunden Eltern und die psychische Gesundheit der parentifizierten Kinder.* Universitätsklinikum Hamburg-Eppendorf. Dissertation. Einzusehen unter: ↗ https://ediss.sub.uni-hamburg.de/bitstream/ediss/5171/1/Dissertation.pdf (zuletzt aufgerufen am 13.02.23).

HEFTI, STEPHANIE, PÉREZ, TANIA, RHINER, BRUNO, FÜRSTENAU, UTE & SCHMID, MARC (2019): Multisystemische Therapie-Kinderschutz (MST-CAN): Wie erleben die zuweisenden Fachkräfte MST-CAN? Ergebnisse einer qualitativen Untersuchung. *Trauma & Gewalt*, Bd. 13 (1), 62–77.

HELLINGER, BERT (2015): *Ordnungen der Liebe – Ein Kursbuch* (11. Aufl.). Carl Auer.

HERPERTZ, SABINE (2022): Prof. Dr. Sabine Herpertz als Expertin zur Borderline-Persönlichkeitsstörung in der „Sprechstunde" des Deutschlandfunks. Einzusehen unter: ↗ https://www.klinikum.uni-heidelberg.de/15022022-prof-dr-sabine-herpertz-als-expertin-zur-borderline-persoenlichkeitsstoerung-in-der-sprechstunde-des-deutschlandfunks (zuletzt aufgerufen am 18.04.23).

HERRMANN, BERND, DETTMEYER, REINHARD B., BANASCHAK, SIBYLLE & THYEN, UTE (2022): *Kindesmisshandlung – Medizinische Diagnostik, Intervention und rechtliche Grundlagen* (4. Aufl.). Springer.

HOHENSEE, THOMAS (2019): *Intuitiv leben – Folge deiner inneren Stimme.* Scorpio.

HOHM, ERIKA, LAUCHT, MANFRED, ZOHSEL, KATRIN, SCHMIDT, MARTIN H., ESSER, GÜNTER, BRANDEIS, DANIEIL & BANASCHEWSKI, TOBIAS (2017): Resilienz und Ressourcen im Verlauf der Entwicklung – Von der frühen Kindheit bis zum Erwachsenenalter. *Kindheit und Entwicklung*, Bd. 26 (4), 230–239.

JÄNICKE, WOLFGANG (2015): Trauer und Abschiedsritual. In: Steffen Fliege & Annette Kämmerer (Hrsg.): *Psychotherapeutische Schätze II – 130 weitere praktische Übungen, Methoden und Herausforderungen* (2. erw. Aufl.). dgvt, S. 183 f.

JAKOBI, FRANK ET AL. (2014): Psychische Störungen in der Allgemeinbevölkerung: Studie zur Gesundheit Erwachsener in Deutschland und ihr Zusatzmodul Psychische Gesundheit (DEGS1-MH). *Der Nervenarzt*, Bd. 1, 77–90.

KARNILOWICZ, HELENA R., WATERS, SARA F. & MENDES, WENDY B. (2019): Not in front of the kids: Effects of parental suppression on socialization behaviors during cooperative parent–child interactions. *Emotion, Bd. 19* (7), 1183–1191.

Knaevelsrud, Christine & Kämmerer, Annette (2010): Ist Vergebung eine Voraussetzung für therapeutische Veränderungen? *Verhaltenstherapie*, Bd. 20, 136–138.

Keller Heidi (2019): *Mythos Bindungstheorie: Konzept – Methode – Bilanz*. Verlag das Netz.

Kelley, Michelle L., Linden, Ashley N., Milletich, Robert J., Lau-Barraco, Cathy, Kurtz, Erin D., D'Lima, Gabrielle M., Bodkins, Jessica A. & Sheehan, Brynn E. (2014): Self and partner alcohol-related problems among ACOAs and non-ACOAs: Associations with depressive symptoms and motivations for alcohol use. *Addictive Behaviours*, Bd. 39 (1), 211–218.

Klees, Katharina (2018): *Traumasensible Paartherapie: Mit dem Traum(a)-Haus-Konzept aus der Beziehungskrise*. Junfermann.

Klein, Michael (2006): *Kinder drogenabhängiger Mütter*. Roderer.

Klein, Michael, Thomasius, Reiner & Moesge, Diana (2017): *Kinder von suchtkranken Eltern – Grundsatzpapier zu Fakten und Forschungslage* (Die Drogenbeauftrage der Bundesregierung, Marlene Mortler: Kinder in suchtbelasteten Familien). Einzusehen unter: ↗ https://www.bundesgesundheitsministerium.de/fileadmin/Dateien/5_Publikationen/Drogen_und_Sucht/Broschueren/Broschuere_Kinder_aus_suchtbelasteten_Familen.pdf (zuletzt aufgerufen am 16.03.23).

Krupinski, Martin & Tutsch-Bauer, Edith (2009): Misshandelte Kinder und als Missbraucher missbrauchte Ärzte: Münchhausen-by-proxy-Syndrom. In: Oliver Peschel, Elisabeth Mützel & Randolph Penning: *Das Kind in der Forensischen Medizin – Festschrift für Wolfgang Eisenmenger*. Ecomed, S. 381–394.

Langenbach, Michael & Schütte, Julia (2012): Online-Spielsucht als Kompensationsversuch posttraumatischer Belastung. *Sucht*, Bd. 58 (3), 195–202.

Laskowski, Nora M., De Zwaan, Martina & Müller, Astrid (2018): *Der Zusammenhang zwischen posttraumatischer Belastungsstörung und Kaufsucht in der Bevölkerung*. Conference-Paper Suchtkongress Hamburg.

Lautmann, Rüdiger (2020): Doppelbindungshypothese. In: Klimke, Daniela, Lautmann, Rüdiger, Stäheli, Urs, Weischer, Christoph & Wienold, Hanns (Hrsg.): *Lexikon zur Soziologie* (6. Aufl.). Springer, S. 160.

Ledoux, Joseph (2006): *Das Netz der Gefühle – Wie Emotionen entstehen* (4. Aufl.). dtv.

Lee Cori, Jasmin (2020): *Wenn die Mutterliebe fehlte: Wie wir das ungeliebte Kind in uns entdecken und heilen* (2. Aufl.). Kösel.

Leeb, Rebecca, Paulozzi, Leonard J., Melanson, Cindy, Simon, Thomas R. & Arias, Ileana (2008): *Child maltreatment surveillance: Uniform definitions for public health and recommended data elements*. Centers for Disease Control and Prevention, Department of Health and Human Services. Einzusehen unter: ↗ https://www.cdc.gov/violenceprevention/pdf/cm_surveillance-a.pdf (zuletzt aufgerufen am 17.08.23).

Lenz, Albert & Kuhn, Juliane (2011): Was stärkt Kinder psychisch kranker Eltern und fördert ihre Entwicklung? Überblick über die Ergebnisse der Resilienz- und Copingforschung. In: Silke Wiegand-Grefe, Fritz Mattejat & Albert Lenz (Hrsg.): *Kinder mit psychisch kranken Eltern – Klinik und Forschung*. Vandenhoeck & Ruprecht, S. 269–298.

Lenz, Albert (2015): *Kinder psychisch und suchtkranker Eltern. Risiko und Resilienz*. Vortrag für die Fachtage der Caritas Gladbeck. Einzusehen unter: ↗ https://www.caritas-gladbeck.de/cms/contents/caritas-gladbeck.de/medien/dokumente/fachtage/prof.-dr.-albert-len/prof._dr._albert_lenz_-_vortrag_kinder_psychisch_und_suchterkrankter_eltern_-_risiko_und_resilienz_-_27.10.2015.pdf (zuletzt aufgerufen am 31.08.23).

Long, Katelyn N. G., Worthington, Everett L., VanderWeele, Tyler J. & Chen, Ying (2020): Forgiveness of others and subsequent health and well-being in mid-life: A longitudinal study on female nurses. *BMC Psychology*, Bd. 8 (1), Artikel 104.

Luby, Joan L., Barch, Deanna M. ,Belden, Andy, Gaffrey, Michael S., Tillman, Rebecca, Babb, Casey, Nishino, Tomoyuki, Suzuki, Hideo & Botteron, Kelly N. (2012): Maternal support in early childhood predicts larger hippocampal volumes at school age. Psychological and *Cognitive Sciences*, Bd. 109 (8), 2854–2859.

Luskin, Fred (2003): *Forgive for good: A proven prescription for health and happiness.* Harper Collins.

Mac Kenzie, Jason (2021): *Keine Macht den Psychopathen – So befreien sie sich aus emotional traumatisierenden Beziehungen.* Kösel.

Main, Mary (1995): Desorganisation in der Bindung. In: Gottfried Spangler & Peter Zimmermann (Hrsg.): *Die Bindungstheorie: Grundlagen, Forschung und Anwendung.* Klett-Cotta, S. 120–139.

Magaard, Julia, Köhnen, Moritz, Liebherz, Sarah, Dirmaier, Jörg & Härter, Martin (2018): Trauma – Was ist ein seelisches Trauma? *Psychenet – Netz psychische Gesundheit.* Einzusehen unter: ↗https://www.psychenet.de/images/Themen/FC-Trauma_24062022.pdf (zuletzt aufgerufen am 02.02.23).

Mayer, Heike (2016): *Achtsam leben – Das kleine 1x1 für ein Leben im Hier und Jetzt* (3. Aufl.). Scorpio.

Meyer, Gerhard (2018): Glücksspiel – Zahlen und Fakten. In: Deutsche Hauptstelle für Suchtfragen e.V. (Hrsg.): *DHS Jahrbuch Sucht* 2018. Pabst, S. 113–132.

Mikolajczak, Moira & Roskam, Isabelle (2018): A theoretical and clinical framework for parental burnout: The balance between risks and resources (BR^2). *Frontiers in Psychology*, Bd. 9: Artikel 886.

Miller, Alice (2021): *Das Drama des begabten Kindes* (32. Aufl.). Suhrkamp.

Noor, Masi (2019): Vergebung. In Markus A. Wirtz (Hrsg.): *Dorsch – Lexikon der Psychologie.* Hogrefe AG, S. 1989.

Okoro, Joy, Ahuja, Manik & Frimpong, Esther (2020): The association between feeling unwanted /unloved and other predictors in producing adult depressive symptoms: Does gender matter? *Add Health.* Einzusehen unter: ↗https://addhealth.cpc.unc.edu/publications/bib/6506/ (zuletzt aufgerufen am 16.03.23).

Petzold, Hilarion (2012): Transversale Identität und Identitätsarbeit – Die integrative Identitätstheorie als Grundlage für eine entwicklungspsychologisch und sozialisationstheoretisch begründete Persönlichkeitstheorie und Psychotherapie - Perspektiven klinischer Sozialpsychologie. In: Hilarion Petzold (Hrsg.): *Identität: Ein Kernthema moderner Psychotherapie – interdisziplinäre Perspektiven.* VS Verlag für Sozialwissenschaften, S. 407–604.

Pollack, Seth, Wismer Fries, Alison B., Ziegler, Toni E., Kurian, Joseph R. & Jacoris, Steve (2005): Early experience in humans is associated with changes in neuropeptides critical for regulating social behavior. *Proceedings of the National Academy of Sciences of the United States of America*, Bd. 102 (47), 17237–17240.

Polz, Julia (2018): Wenn Kinder zu Eltern werden – Parentifizierung als Chance oder Risikofaktor für die kindliche Entwicklung. *Zeitschrift für freie psychoanalytische Forschung und Individualpsychologie*, Bd.5 (2), 47–59.

Reich, Günter (2005): Familienbeziehungen und Familientherapie bei Essstörungen. *Praxis der Kinderpsychologie und Kinderpsychiatrie*, Bd. 54 (4), 318–333.

Renneberg, Babette & Herpertz, Sabine C. (2021): *Persönlichkeitsstörungen.* Hogrefe.

ROSMANITH, SIGRUN (2020): *Täterin – Gewalt- und Sexualstraftaten von Frauen*. Springer.

SACHSE, RAINER (2022): *Persönlichkeitsstörungen therapieren – Theorie und Praxis*. Junfermann.

SCHÄFER, INGO (2006): Die Bedeutung von Traumatisierungen für die Entwicklung und den Verlauf von Suchterkrankungen. In: Ingo Schäfer & Michael Krausz (Hrsg.): *Trauma und Sucht – Konzepte, Diagnostik, Behandlung*. Klett-Cotta, S. 11–32.

SCHILLING, CHRISTOPH & WEIDNER, KERSTIN (2021): Das Fibromyalgiesyndrom aus der psychosomatischen Perspektive: Ein Überblick. *Aktuelle Rheumatologie*, Bd. 46 (3), 281–290.

SCHIRALDI, GLENN R. (2022): *Belastende Kindheitserlebnisse hinter sich lassen – Ein Arbeitsbuch*. Junfermann.

SCHNELL, TATJANA (2020): *Psychologie des Lebenssinns* (2. Aufl.). Springer.

SCHULZE, ULRIKE M.E., KLIEGL, KATRIN, MAUSER, CHRISTINE, RAPP, MARIANNE, ALLROGGEN, MARC & FEGERT, JÖRG M. (2014): *ECHT STARK! Ein Manual für die Arbeit mit Kindern psychisch kranker und suchtkranker Eltern*. Springer.

SCHWARTZ, ARIELLE (2021): *Arbeitsbuch Komplexe PTBS – Ein Geist-Körper-Ansatz zur Wiedererlangung der Emotionskontrolle und der Ganzheit* (2. Aufl.) Probst.

SIEGEL, DANIEL J. (2010): *Wie wir werden, die wir sind – Neurobiologie & die Entwicklung des Menschen in Beziehungen* (2. Aufl.). Junfermann.

SPITZER, CARSTEN & GRABE, HANS JÖRGEN (Hrsg.) (2013): *Kindesmisshandlung: Psychische und körperliche Folgen im Erwachsenenalter*. Kohlhammer.

STADLER, CHRISTIAN, SPITZER-PROCHAZKA, SABINE, KERN, EVA & KRESS, BÄRBEL (2018): *Act creative! Effektive Tools für Beratung, Coaching, Psychotherapie und Supervision* (2. Aufl). Klett-Cotta.

STATISTISCHES BUNDESAMT (2016): Pressemitteilung Nr. 461 vom 19. Dezember 2016. Einzusehen unter: ↗ https://www.destatis.de/DE/Presse/Pressemitteilungen/2016/12/PD16_461_126.html (zuletzt eingesehen am 31.07.23).

STATISTISCHES BUNDESAMT (2021): Pressemitteilung Nr. 350 vom 21. Juli 2021. Einzusehen unter: https://www.destatis.de/DE/Presse/Pressemitteilungen/2021/07/PD21_350_225.html (zuletzt aufgerufen am 31.07.2022).

STATISTISCHES BUNDESAMT (2022): Anzahl der Alleinerziehenden in Deutschland nach Geschlecht von 2000 bis 2021. Einzusehen unter: ↗ https://de.statista.com/themen/5182/alleinerziehende-in-deutschland/#topicOverview (zuletzt aufgerufen am 31.07.23).

STIERLIN, HELM (1989): *Individuation und Familie: Studien zur Theorie und zur therapeutischen Praxis*. Suhrkamp.

TAGAY, SEFIK, HERPERTZ, STEPHAN, LANGKAFEL, MATHIAS & SENF, WOLFGANG (2004): *Trauma, posttraumatische Belastungsstörung und Somatisierung. Psychotherapie – Psychosomatik – Medizinische Psychologie*, Bd. 54 (5), 198–205.

TAZI-PREVE, MARIAM IRENE, KAPELLA, OLAF, KAINDL, MARKUS, KLEPP, DORIS, KRENN, BENEDIKT, SEYYED-HASHEMI, SETARE & TITTON, MONICA (2007): *Väter im Abseits: Zum Kontaktabbruch der Vater-Kind-Beziehung nach Scheidung und Trennung*. Deutscher Universitäts-Verlag.

TEMPEL, JEFF R., CHOI, HYE JEONG, REUTER, TYSON, WOLFE, DAVID, TAYLOR, CATHERINE A., MADIGAN, SHERI & SCOTT, LAUREN E. (2017): Childhood corporal punishment and future perpetration of physical dating. *The Journal of Pediatrics*, Bd. 194, 233–237.

TROST, ALEXANDER (2018): *Bindungswissen für die systemische Praxis: Ein Handbuch*. Vandenhoeck & Ruprecht.

Unabhängige Beauftragte für Fragen des sexuellen Kindesmissbrauchs (2020): *Zahlen und Fakten – Sexuelle Gewalt gegen Kinder und Jugendliche.* Unabhängige Beauftragte für Fragen des sexuellen Missbrauchs. Einzusehen unter: ↗ https://beauftragte-missbrauch.de/fileadmin/Content/pdf/Zahlen_und_Fakten/220810_UBSKM_Fact_Sheet_Zahlen_und_Fakten_zu_sexuellem_Kindesmissbrauch_.pdf (zuletzt aufgerufen am 31.07.23).

Vachon, David D., Krueger Robert F., Rogosch Fred A. & Ciccheti, Dante (2015): Assessment of the harmful psychiatric and behavioral effects of different forms of child maltreatment. *JAMA Psychiatry – The science of mental health and the brain*, Bd. 72 (11), 1135–1142.

Vicedo, Marga (2017): Putting attachment in its place. Disciplinary and cultural contexts. *European Journal of Developmental Psychology*, Bd. 14 (6), 684–699.

Wiegand-Grefe, Silke & Petermann, Franz (2016): Kinder psychisch erkrankter Eltern. *Kindheit und Entwicklung – Zeitschrift für klinische Kinderpsychologie*, Bd. 25 (2), 63–67.

Wieland, Nuri & Klein, Michael (2018): *Substanzbezogene Störungen und traumatische Erfahrungen in der Kindheit – Ein Überblick.* Deutsches Institut für Sucht- und Präventionsforschung, Katholische Hochschule NRW, Köln. Einzusehen unter: ↗ https://www.thieme-connect.com/products/ejournals/pdf/10.1055/a-0582-1751.pdf (zuletzt aufgerufen am 31.07.23).

Werner, Emmi E. (2007): Entwicklung zwischen Risiko und Resilienz. In: Günter Opp, Michael Fingerle & Andreas Freitag (Hrsg.): *Was Kinder stärkt. Erziehung zwischen Risiko und Resilienz (2. Aufl.).* Reinhardt, S. 20–31.

Zemp, Martina & Bodemann, Guy (2020): *Kinder als Seismografen für elterliche Paarkonflikte.* Universität Wien, Universität Zürich. Einzusehen unter: ↗ https://www.researchgate.net/publication/343812597_Kinder_sind_Seismografen_fur_elterliche_Paarkonflikte (zuletzt aufgerufen am 09.08.2023).

Zimmerman, Mark (2021): *Übersicht über die Persönlichkeitsstörungen. MSD Manual – Ausgabe für Patienten.* Einzusehen unter: ↗ https://www.msdmanuals.com/de-de/heim/psychische-gesundheitsst%C3%B6rungen/pers%C3%B6nlichkeitsst%C3%B6rungen/%C3%BCbersicht-%C3%BCber-die-pers%C3%B6nlichkeitsst%C3%B6rungen (zuletzt aufgerufen am 31.03.2023).

Zimmermann, Peter, Suess, Gerhard J., Scheuerer-Englisch, Hermann & Grossmann, Klaus E. (1999): Bindung und Anpassung von der frühen Kindheit bis zum Jugendalter: Ergebnisse der Bielefelder und Regensburger Längsschnittstudie. *Kindheit und Entwicklung – Zeitschrift für klinische Kinderpsychologie*, Bd. 8 (1), 36–48.